劉伯驥著

六藝通論

中華書局印行

自序

六藝之學，漫漶冥晦者久矣。六藝之目爲禮、樂、射、御、書、數。顧禮、樂、射、御、書、數之藝既不易知；六藝與六經混稱，則六藝之義更難明。自闕里宏敎，孔門以四術授徒，歷代彥儒，抱殘經而追訓詁，守師法而重微言，故以儒家該其全，舍六經而殆無學矣。世人知六經爲儒家之師承，而不知六藝爲儒家所自出；世人知六經爲中國學術思想之傳統，庸詎知六藝爲中國文化敎育之淵源。蓋六經乃載道之文耳，六經要旨，仍以六藝爲內容。彼軒輊之殊途，致本末而失統。孔子曰：「有馬者，借人乘之，今亡已夫！」是以六藝雖有其名，而莫辨其實也。

竊思各國古代文明，如埃及、巴比崙、希臘、希伯萊、印度等，均有授學之課程，爲其民族思想之定型，生活方式之指導。換言之，卽爲民族所用以求生存之方法。方法有精粗，卽爲文野所由分也。古代中國民族，其團結生存之方法，及社會文化之發展，自循固有之途徑；而其敎人，又必有共通之課程，始能適應當時環境之需要，此理至爲明顯。西洋敎育旣以自由七藝爲課程，而中國亦以六藝敎人，無論範圍有大小，影響有久暫，其爲東西民族生活之方式，學術思想之中心，意義原無以異焉。

慨自赤虜猖披，大陸成蜩螗之局，豈唯江左衣冠，抑且吾民其魚，痛念國難，環顧世變，今華夏遘罹厄運，廣言之，實由於文化崩潰之結果。若匡復中國之文化，首應認識自己民族之特徵，然而欲究察其特徵，又必需瞭解社會之本質，生活之方式，思想之傳統，舍六藝何由得哉？當今談西洋教育者，當倡自由藝之學，以爲科學之補偏救弊。然則，談民族文化者，若棄六藝而空思冥索，不啻適燕而南轍也。六藝之蘊義與價值，既深厚如此，用敢不揣淺陋，探求先哲遺言，編爲專書，以就教於邦人君子。若夫莊生譏大儒以伐冢，老聃斥六經爲陳迹，遠古文獻之蒐輯，豈徒求詩禮玩朽骨之學而已耶！是爲序。

民國四十四年雙十節劉伯驥書於美國舊金山國民日報

六藝通論目次

自　序

導　言

第一章　周代學校教育

第一節　教育觀念……一

第二節　學校制度……三

第三節　修學程序……八

第四節　教學理論和方法……一一

第五節　師生的關係……一五

第二章　儒家教學與課程

第一節　釋　儒……一九

第二節　師與儒……二一
第三節　儒的特性……二五
第四節　儒家的流派……三一
第五節　儒家教學課程……三四
第三章　何謂六藝
第一節　六藝的定義……四三
第二節　孔門的六藝……四六
第三節　六藝的批評……五一
第四章　禮
第一節　禮的起源……五五
第二節　禮的定義……五八
第三節　禮的目的……五九
第四節　禮的內容……六三

第五章　樂

第一節　樂的起源……九七
第二節　樂的目的和效用……一〇一
第三節　樂器與樂律……一〇五
第四節　舞與樂……一一一
第五節　詩與樂……一一四
第六節　禮樂的合一……一一八

第六章　射

第一節　射的意義……一二五
第二節　射的效用……一二七
第三節　射　器……一二九
第四節　射　禮……一三一
第五節　射　學……一三八

第七章　御
第一節　車的起源……一四三
第二節　車和戰爭……一四五
第三節　御　學……一五七
第四節　射御的合一……一六二
第八章　書
第一節　文字的起源……一六五
第二節　文字的演變……一六八
第三節　六　書……一七一
第四節　文具書籍……一八四
第九章　數
第一節　數的起源……一九一

第二節　數的觀念……一九三
第三節　應用數學……一九五
第四節　幾何與三角……一九八
第五節　天文與曆算……二〇二
第六節　數的教學……二〇五
第十章　歷代的六藝
第一節　六藝的演變……二〇九
第二節　漢儒與六藝……二一二
第三節　唐儒與六藝……二一三
第四節　宋儒與六藝……二一四
第五節　明儒與六藝……二三一
第六節　清儒與六藝……二三五
第十一章　結論

第一節　六藝對教育的影響……二三五
第二節　六藝和中國民族性……二三六
第三節　六藝和自由七藝的比較……二四〇
第四節　六藝的評價……二四四

導言

六藝一詞，學者常持兩種不同的意見：一種是認為周禮係漢人的偽書，對於禮、樂、射、御、書、數的六藝，不信有它的存在，且以論語等書中並未提及六藝，故孔子所教的，也決不是禮、樂、射、御、書、數。另一種則認為六藝是中國教育最古的課程，尤其為小學的主要教材。從第一種意見來說，他們懷疑六藝的存在，却未能確切提具其否定的理由，如根據姚際恒的古今偽書考，或毛奇齡的逸講箋等說法，不過是憑空臆測，而忽略了細微的考徵，故懷疑六藝者，實未有充份的證據。從第二種意見來說，六藝既為古代的教人課程，但自東漢以後，何以學者罕有談及，直至宋儒治經，始闡揚其義，尤其一部份重視小學工夫的理學家，才特別倡導六藝的學旨，這是什麼緣故？細考其原因有二：一由於六藝之名，自西漢起與六經混為一談，六藝卽六經，六經卽六藝，六藝遂失去其固有的含義，且後人蓄志於治經，對六藝的禮、樂、射、御、書、數，更不措意講求。二由於六藝之目，始自鄭司農的注周禮和禮記的內則篇，但只有其綱目而缺乏詳細內容。禮樂書數，雖恍惚有所依循，而射御之學，簡直全乏師承了。因此六藝雖有其名而難考其實，卽使後代理學家倡言六藝者，亦僅涉於曲禮幼儀的小學工夫而止，對於六藝本身的內容，依然晦而不顯。六藝的眞面貌隨以消失，不復為人所注意。

從周代教育來說，六經不過是藏於王官的經典。古代天子聽政，使公卿至於列士獻詩，瞽獻曲，史獻書，就是這類東西。在西周國家政治尚稱穩定之時，這些經典，原爲朝廷內藏的文獻，非民間所得而有。而且詩書易春秋，都是高貴的學問，故楚使士亹傅太子，申叔時列課程爲春秋、世（繫）、詩、禮、令、語、故志、典訓，這些王室最高的經典，只是貴族所宜習，並非人人所能學習，所應學習的。自周室東遷，天子失官，這些學問，遂流落於民間。孔子以平民資格，收容各地不同方言的學生，開設私立學校，也只是以詩書禮樂教人。他以禮樂爲基本教程，而是時詩書既流落於民間，遂加上詩書兩科。禮樂可以普遍易知，詩書兩科，除了諸侯貴族和士大夫學習外，平民不易獲得學習的機會。春秋時，士大夫對於詩書嫻熟，應對每脫口而出，自爲時人所重視。孔子增授這兩科，加以選擇，筆削修正，編成了有系統的教科書，於是吸引了許多學生。周易仍是孔子自己研究的東西。春秋是他親手把魯史整理一番，根據自己的政治見解，加以理論化。這兩科並未用以教人的。以詩書禮樂教人，雖然不是始自孔子，但平民以這些課程教授學生，則以孔子爲第一人。這些學科，在西周時代，爲高深而專門的學問，各有師承，個別施教，似非一套完整的課程，因此藏於王官，官守不同。至其較爲普遍設教，列爲全民應學的課程，則爲六藝了。

六藝雖然是小學的課程，用於門闈小學和鄉學的，但執禮、樂、舞、習射、習御、學書、記數，於大學和國學，也有設教。六藝教於鄉學，又爲國民教育的課程。六藝的特質，實爲一種人文主義的教育，即重視以人爲本位的教育。因此六藝的內容，可分爲三方面：第一、倫理生活的陶冶—禮樂；第二、武化的培養──射御；第三、智能的訓練──書數。換句話說，禮樂是仁的教育，射御是勇的教育，書數是智的教育。禮，是教人規規矩矩的應對儀節；樂，是教人歌奏與舞蹈；射，是教人射箭；御是教人駕車；書是教人讀寫；數是教人計算。這些科目，在當時社會是非常需要，也非常實用的。它是教給於貴族子弟和俊秀之士，以便享受高尚的生活。如果一個人不明禮節，不嫻歌舞，不能射箭，不熟御車，不識字，不會算，試想在當時社會裏怎麼樣生存？他的地位怎麼不低下？故周代以六藝教人，自然是適應實際的需要。六藝之中，射御雖然可列於禮的範圍，但以習射習御的普遍，也是當時人民生活上的基本技能，故人人需要學習。由於射御列爲教育的課程，可見古代教育，本質上是活動的，尙武的，和實用的。當時社會舞蹈射御風氣的盛行，可證明並非專尙文事，這和以後專讀六經的文弱的教育，本質上似乎大異其趣。尤其把射御放在書數之上，表示體育較智育更爲重要。雖然這樣，如果單純注重射御，不免流爲極端的尙武主義，像斯巴達的教育一樣，可是在射御之上，仍有禮樂。禮樂就是教育的最高的目標，中心的思想。故禮樂可列爲一類，射御書數可另列爲一類。禮樂是理論和實踐並重，爲較高深的學問。射御書數則注重技術，爲較粗淺的學問。大抵孩童入學，首先學習書數，稍長學習射御，最後則學習禮樂。習了禮樂，爲教育完成的階段。這種包括德育、體育和智育的六藝，用爲教學的課程，在教育的意義來說，比孔門的六經，似更爲實際而合理。

禮是規規矩矩的生活，注重人的地位，和人與人的關係。東西哲學的差異，總括來說，西方是把人站在神的面前，神是十全十美，人不能十全十美，故人必須遵從神的意旨，以全心全意全力來敬神事神，才能得到贖罪永生，與神一體。中國則把人放在人的面前，人性都是善的，如果從立己立人切切實實做到完美無闕，那麼人皆可以爲堯舜了。西方從羣體看個人，中國則從個人看羣體。中國對於鬼神和自然現象，也看作人性化。因此禮的出發點，首先認清人的本位。爲要認清人的本位，其附屬性像本性，位置、秩序、關係、相互間的反應、個體本份、羣體機能、和人與天的感應，是特別重視的。基於這種觀念，故古代禮治的社會，首先重視個性，其次致力於組織與安排，使每個人要認識其地位。大學說：「所惡於上，毋以使下；所惡於下，毋以事上；所惡於前，毋以先後；所惡於後，毋以從前；所惡於右，毋以交於左；所惡於左，毋以交於右。此謂之絜矩之道。」所謂絜矩之道，就是謹守他的位置。使每一個人認清楚他的位置，然後注重人與人的關係。個人的上下左右前後的關係，即是倫理的範疇。每一種關係，都有道德的教條和名詞來維繫它。其出發點，起自血緣的關係，因而形成宗法制。宗法制，是構成社會的單位。宗法制的重心，在傳嫡。嫡子當爲父後，以承大宗之重。傳嫡是每一單位的小領袖制，也許由部落制蛻變而成。這是以父系爲中心，看重父子的關係，因從世代嚴格劃分他的承統，可以息位置的紛爭。而且根據這種倫理層次，由齊家以至治國，都是同一道理，即所謂親親長長之義。傳嫡不只爲家族上和政治上產生首領的根據，並且解決財產分配和經濟生產一種簡捷的辦法（註一）。因此井田制度與傳嫡，仍不相衝突的。封建制，僅是宗法制的擴延，直到封建制行不通時，而宗法制尙能維持。

統攝這個宗法和封建的社會，其理論和辦法就是禮。禮不只是通常的禮節容儀，而且等於希臘的哲學和羅馬的法律。每一個人一定要知禮循禮，這是國家的綱常。從個人來說，禮以婚姻爲大。從國家來說，禮以祭天爲大。但社會組織的精義，却寓於凶禮之中。而這組織嚴密層次多端的社會，表面上似乎太重視現實，而對於自然現象和生死問題的理解，則以吉禮代替宗教。由於傳嫡的長長和社會的賢賢之義，故賓禮嘉禮，以敬老養老爲重。且賓軍嘉三禮，是人民日常生活和社會應酬活動的規矩。這種禮制，在政教不分的社會裏，可以看作政治的內容，也可以看作教育的內容，實爲周代立國的基礎。因有這種顛撲不破的社會組織，建立於黃河流域的黃土平原，越擴越大，向心力非常強固，有理論指導，也有辦法可行；而因社會組織嚴密，故能戰能守，蠻夷無法侵略，並且逐漸納入這大組織之中而同化之。禮的意義既這麼重要，禮的力量也非常偉大。因此人人要學禮，要執禮。六藝課程，列禮爲首，孔門教學，亦以禮爲中心，就是這個緣故。

樂和禮，二者相輔而行。鐘鼓之音，羽毛之舞，常和揖讓的禮相配合。五禮之中，除凶禮徹樂外，吉、賓、軍、嘉四禮，差不多都配有樂，而樂又必有歌舞。西方音樂的目的，屬於抒情和美感。中國音樂，對個人說，屬於抒情，但對羣體說，則屬於善的，屬於教化的。故禮以治外，樂以化內，樂的終極目的，在以聲音感人，移風易俗。中國樂器，相當完備，樂律進步很早。當年立國於黃河流域，膴膴平原，氣候溫和，生活恬靜，故人民有豐富的情感，歌其天籟之音，鐘鼓龐大，聲音洪亮，節調迂慢，而加以戴羽持戚、集體疾徐舞蹈，完全由男子爲之。社會生活的場面，表現生動而有力。故樂舞與射御，象徵古代尚武之風，由軍事生活轉入於和平生活的痕迹，非常明顯。迨其轉入和平生活以後，充分發揮音樂的效能，作陶冶性靈，統一民性的工具。音樂既然配合禮治，禮和樂幾不可須臾離。禮樂等於一物的兩面，禮樂舞更等於三位一體。對於音樂的重視，由人民通常生活以至治國，處處表現出它的需要。總括來說，中國古代實爲一音樂的國家，個人有琴瑟，羣體有鐘鼓管籥，引吭有歌，抒情有舞。且樂隊組織龐大，堂上堂下，奏必三闋。觀於詩經的風雅頌，樂歌的範圍很廣，又與人民生活息息相關。並且樂舞有一番理論，形成以音樂治國的哲學。六藝以樂教人，首先側重舞蹈，兒童自幼年卽學舞，其次爲歌詠，又其次爲奏樂。故學舞學書，乃爲小學最基本的課程。

禮、樂、書、數，各民族的初期教育，都有這類通藝，惟射御則未必都有。古希臘教育有五項遊戲（Pentathlon），羅馬並有御的競賽，所以射御之列入課程，也不足怪。中國古代重射，似乎不應單純以禮儀如鄉射鄉飲之類視之，所謂射御足力則賢，這又未免過分爲人所重視了。大射鄉射，由王都以至鄉村，普遍施行，不啻爲軍國民教育的實施。寓將於學或寓兵於農的意義，與田賦出兵之旨是相配合的。在周代，戎狄雜居中土，而北有玁狁，西有犬戎，東有淮夷，南有荊蠻，爲着安內攘外，故生活與戰鬬連在一起。鄉有軍制無田制，遂有田制無軍制，故出兵以鄉爲單位，分田以遂爲單位。井田出兵之制，是經濟配合國防。後世屯田，藏兵於民，藏食於兵，也是襲取這種遺意。宗法之制，大宗統轄和收恤，凡同出一祖的人，都能團結而不渙散，故其社會組織，極爲堅固而悠久。這種制度，大則應用於封建，小則應用於井田，完全是以家族配合國防。習射習御與舞蹈，則以教育配合國防。周禮九夫爲井，四井爲邑，四邑爲丘，四丘爲甸，出長轂一乘，甲士三人，步卒七十二人。戰車之中，戰士持弓矢，而步卒又有射手。這樣編制，出兵者需要射手，出車者需要御士，因此射御的技術，非習於平時，養於學校不可。尤其射手需用的數量較多，故習射最爲普遍；由君主諸侯公卿士大夫以至民間，均有講習，並制爲禮節，配以歌樂、飲酒、競賽的場面，養成其興趣和習慣。這並非硬性的強迫軍訓，却是含有濃厚的教育意味，使人自發的習武，而不忘自衛的能力。這是周代把射寓於學校的意旨。並且，爲着發揚射的教育，每一個男子，都須能射，故遇生男必懸弧蓬矢，以射四方；選士以射爲能；君主諸侯的策勳，賜賚弓矢；朝聘饗賓，以射爲禮，更充分說明當時是怎樣重視射的意義了。至於御，周代建國，在黃河流域平原，交通工具，用舟不及用車之盛。服牛乘馬，車的發展，在世界史上，中國最爲發達。因爲用車，必須有平坦的道路。「周道如砥，其直如矢。」「九月除道，十月成梁。……列樹以表道，立鄙食以守路。」交通制度，這樣的講求，自然便利於車的應用。車御以單馬，兩馬，或四馬，馳騁往來，不絕於途，爲任重致遠，維持社會動態的工具。因此人人應該有御車的常識。並且，車的種類繁多，效用各別，又需要有專門的御術。車的數量既多，隨時隨地需要御士，爲君主諸侯卿大夫以至朝聘行人的御，有一番固定的禮儀規矩。烈田狩獵，旋折逐獸，那又有特殊的技術。至於出征作戰，檀車煌煌，先偏後伍，或長轂擊馳，軌車相逆，御士更兼有決鬬的精神。這樣說來，當時社會對於御的應用，也非常廣泛，所以是人人所應該學習的。

文字，爲語言的符號，表意的工具。中國文字，創制最早，但古代部落時期，方音互殊，故文字種類很多。迨蒼頡創制文字，始歸一體，以後演變，至史籀創篆書，將文字整理一番，六書遂有系統可尋。然而古文與篆書，依然互爲流行。大抵官書用篆，民間仍用古文。中國文化的發展，藉有完備的文字爲傳播的工具，而語言文字，又進步很早，達意表情，全無扞格。這在建國的初期，書同文之功是很大的。西方古代課程，自由七藝，列文法爲第一，修辭次之。誠以文字爲文化思想的鎖鑰，而語言文字又有瞭解的困難，故其教育首重文字的訓練。中國因文字進步，很早已達到完美的階段，故文字只列作小學的課程，在六藝中列爲第五。蓋難易不同，輕重自然有別。兒童入學，首先學書。學書的功課，大抵教其能讀能寫，認識文字的正音，從而再教以字義，瞭解六書，這是一種基本的訓練。至於作文修辭，則爲高級的學習，似非在六藝範圍之內。

數，也列爲小學課程，故兒童八歲，學書計，計是計算。中國古代對於數理的發展，雖然沒有明顯的軌迹可尋，但有兩事應該注意的：一爲對於數的觀念，有濃厚的興趣，關於自然現象的變化，宇宙本體的假定，人生哲學的演繹，政教思想的論證，文學修辭的引喻，每用數理來解釋。一爲對於數的應用，甚爲普遍，如測天文，算曆法，定樂律，劃經界，封疆土，鑿溝洫，築城池，建宮室，架橋樑，以至百工製器，商賈貿易，衡量權度，規矩方圓，採用數算，極爲明顯。故中國古代數學，已發展到非十進諸等數，開方、求圓、幾何、三角、測量、比例、以至一次方程式等。如從精研數理的能力來說，中國人的思考力，和古希臘的數學家，可以相頡抗。但中國人對於數學的研究和創造，恰恰至此而止步。數學只爲百工所應用，學者每不用力講求。他們的注意力，傾向於政教得失的問題，故數學論理學一類推理學科，未能同樣發展。這是中國文化在本質上走錯了方向。周代六藝，數學列入課程，考證不必限於九章或周髀，卽就周禮的考工，墨子的經說，以及曆算樂律，數理瞭然可稽，由此可見古代重視數學之一斑。六藝旣以數教人，又可見先民的社會生活和數學發生密切關係；古代文化的發展，也不能離掉數學的因素。數理傳授，必賴師承。周室東遷，論者常謂禮樂崩缺，其實王官失守，數學也遭受最大的損失。儒道諸子，傳其易而棄其難，況數學又屬百工之事，通常應用數學，只傳習於民間，高深的數理體系，却爲君子輩所不屑講求；卽使有人抱殘守闕，也引不起大衆的興趣。因此，自春秋以後，數學不復成爲獨立的學科，學校課程，偏而不全，就是這個緣故。

從上述六藝的內容來檢討，周代教育的特徵，雖然以禮樂爲匡廓，但依然不脫軍事的本色，深寓軍國民教育的精神。這是國家旣臻統一，由戰時轉入平時的一種形態，由武化走上文治的途徑。所以教育雖然朝着禮樂的方向邁進，可是民族自衞的訓練，也放在學校課程裏面，惟把舞蹈射御列入日常生活和娛樂競賽之中，保持軍國民精神，使人習之而不厭其煩。陸世儀說：「古者兵刑皆出於學校，明於五刑以弼五教，伯夷降典，析民惟刑，此刑出於學校也。在陣獻馘，在泮獻囚，此兵出於學校也。」（思辨錄輯要卷十七治平類）出師祭告，在大學中定其謀；及有功而返，釋奠於先聖先師，而告以克敵的事。所以，中國古代教育，並非文弱，它的本質，還是剛性的。其次，中國古代教育，又是注重實際的，因爲注重實際，故文字要詳切瞭解，數算亦在學習之列，尤其數算一門，與民生日用有密切的關係。總括來說，六藝的特質，可分爲三點：禮、樂、尚文，射、御、尚武，書、數、尚實。學生的教導，一則使其爲彬彬有禮的君子；再則亦爲主皮呈力，禦侮克敵之士；而以書數爲智識的泉源，解決生活上實際的需要。周代原以封建、井田、學校三者爲治國的大綱，合政治經濟教育爲一體。上古遺教，儒家守之，這是孔孟一生大學問的所在。當時政教不分，文武也不分，士的個性，既能咨謀治國，又能射御作戰，在春秋時期，所見事例很多。故六藝教育，是文武合一手腦並用的教育。這種教育，遂孕育中國古代的民族性，堅強組織，啓發身心，而又能生產，能自衞的民族。迨乎周室東遷，王綱廢墜，孔門以四術教人，只作爲私人教學的課程，似未能算代表周代教育的全貌。他偏重禮樂，忽略射御，而書數僅作爲小學工夫。淮南子說：「王道缺而詩作，周室廢禮樂壞而春秋作。詩春秋學之美者也，皆衰世之造也。儒者循之以教導於世，豈若三代之盛哉？」（卷十三氾論）孔門所教，爲高深的課程，並編有教科書。後人宗之，遂以六經取六藝的地位而代之，猶以阡陌替代井田，完全走上尚文的一途。教育方向，於是逐漸改變了。

（註一）龔自珍說：「禮莫初於宗，惟農爲初有宗。上古不諱私，百畝之乇，必子其子，其沒也，百畝之亞旅，必臣其子，餘子必尊其兄，兄必養其餘子。父不私子則不慈，子不業父則不孝，餘子不尊長子則不弟，長子不贍餘子則不義。長子與餘子不別，則百畝分，數分則不長久，不能以百畝長久則不智。農之始，仁孝弟義之極，禮之備，智之所自出，宗之爲也。百畝之農，有男子二，甲爲大宗，乙爲小宗。小宗者帝王之上藩，實農之餘夫也，有小宗之餘夫，有羣宗之餘夫。小宗有男子二，甲爲小宗，乙爲羣宗，羣宗者帝王之羣藩也。餘夫之長子爲餘夫大宗，有子三四人若五人，丙丁爲羣宗，戊閒民。小宗餘夫有子三人，丙閒民。羣宗餘夫有子二人，乙閒民，閒民使爲佃。閒民之爲佃，帝王宗室羣臣也。大宗，子甲襲大宗百畝，子乙立爲小宗，別請田二十五畝，即餘夫也，子丙子丁皆立爲羣宗，皆請田二十五畝，皆餘夫，子戊爲閒民。小宗，子甲襲小宗之二十五畝（大宗以十口爲率，父母老必養於宗子之家，小宗以五口爲率），子乙立爲羣宗，別請田二十五畝，子丙閒民。羣宗，子甲襲羣宗之二十五畝，子乙閒民。」（定盦文集卷上農宗）宗法制分爲大宗、小宗、羣宗、餘夫、閒民等五種身份，但分田制度，列爲四等，即大宗、小宗、羣宗與餘夫。大宗爲嫡子，以地位襲田，小宗羣宗餘夫則以口授田。這是後世永業口分田制的濫觴。故宗法制與土地分配相輔而行，是解決當時社會經濟的辦法。

第一章 周代學校教育

第一節 教育觀念

虞書說：「汝作司徒，敬敷五敎在寬。」又說：「夔！命汝典樂。敎冑子：直而溫，寬而栗，剛而無虐，簡而無傲。」（尚書堯典）我國施敎的觀念，溯源很早。易經蒙卦，坎上艮下，是「山下出泉」的意象，山下出泉，是水源。蒙的意義，鄭注說：「人幼稚，曰蒙。」由山下出泉，遂聯想着兒童敎育的意象。故說：「君子以果行育德。」又說：「蒙以養正，聖功也。」因此，歷代兒童敎育的理論，都以此義做根據。詩經小雅的「菁菁者莪」四章，前兩章是詠初得見君子之詞，後兩章是詠既受敎之詞。故詩序說：「樂育材也，君子能長育人材，則天下喜樂之也。」（註一）這是贊美敎育的詩。孟子說：「得天下英才而敎育之，三樂也。」（盡心章上）這和小雅所詠的同一意義，敎育一詞，由此啓發而逐漸明顯了。

敎育兩字的定義，荀子說：「以善先人者謂之敎。」（修身篇）說文解字說：「敎，上所施，下所效也。」（攴部）；「育，養子使作善也。」（𠫓部）如果把敎和育兩字合攏起來，在形式上說是施敎，是喻志；在效能上說是敎化，是敎養。對授與敎育方面說，叫做敎。敎者，效也。卽摹倣的意思。對接受敎育方面說，叫做學。學者，覺也。（白虎通德論辟雍）卽了解的意思。再引申來說，學者效也。（尚書大傳洛誥）故禮記說：「人不學，不知道。」（學記）這也是摹倣的意思。晉胥臣論教的效用，是「文益其質。故人生而學，非學不入（入於道）。……夫教者，因體能質（性能）而利之者也。」（國語晉語四）這從教育功能來解釋，認爲人的個性都是善的，故教的特質，是一種輔導，一種陶冶。

禮記說：「古之王者，建國君民，教學爲先。」（學記）上古時代，雖然遺有敷教的理論和傳說，可是零星史材，很難確切稽考。學校制度，至周代始具規模，教育才有比較明顯的概念。設立教育的宗旨，在化民成俗。掌理教育的職責，歸於大司徒。當時政教合一，官師不分，政治和教育，實爲一物兩面，禮樂刑政的終極目的是爲治術。從治術說，政治是直接方法，教育是間接方法，使人變化氣質，明倫共治。陸世儀說：「儒治之所以不同於吏治者，只爲一起手便不同，儒治從教化上做起，吏治從刑政上做起。」（陸子遺書論學酬答）就是這個意思。依據施政的次序，養民之道備，然後興學，這卽是先富後教之旨。可是把教育和政治來比較，儒家認爲教育力量是非常偉大。孔子說：「道之以政，齊之以刑，民免而無恥；道之以德，齊之以禮，有恥且格。」（論語爲政）用政刑作消極性防閑以治民，不及用教育積極性以感化來得大的。所以孟子又補充的說：「善政不如善教之得民也。」（孟子盡心章上）善教就是發揮教育的功能，爲儒家所最重視的。

第二節　學校制度

上古政教不分，施行政教的總機構，叫做明堂。孟子謂：「明堂者，王者之堂。」（梁惠王章下）明堂傳爲神農帝宮的遺制、祭祀，政教以至天子寢食，都在這裏。後代仍師法其遺制，夏代叫做世室，殷代叫做重屋，至周代才叫做明堂。劉師培說：「上古之時，宮室無多，凡教民望氣、養老、習射、擧賢之典，咸行於明堂，而明堂、太廟、太學、靈臺，咸爲一地，就事殊名。故明堂爲大教之宮，而一切教民之法，咸備於明堂。」（古政原論古代學校論）故上古之世，除明堂外沒有學校。有虞氏在國之西郊設上庠，沿襲其制，別於國中立小學，叫做下庠，明堂遂和學校分立。周代於王城的東南，也另建明堂，以存古制。明堂的形式，上圓下方，八窗四闥，蓋以茅草，取其潔質的意義（大戴禮記明堂）。凡祭祀五帝，嚴先祖，布時令，朝四方諸侯，聽朔會同，非常的典禮，都在這裏擧行，這不啻爲布政的宮，也就是明政教的堂舍。中央設有太室，以祭鬼神，薦俘馘，也叫做明堂太廟，又設有辟雍。蔡邕說：「明堂者，天子太廟，所以崇禮其祖以配上帝者也。取其宗祀之貌，則曰清廟。取其正室之貌，則曰太廟。取其尊崇，則曰太室。取其向明，則曰明堂。取其四門之學，則曰太學。取其四面周水圓如璧，則曰辟雝。異名而同事，其實一也。」（蔡中郎集明堂月令論）戴德蔡邕以明堂辟雍爲一物，許愼謂明堂立於辟雍中，但這明堂的辟雍，和虞庠的辟雍不同。這樣說來，上古時，明堂爲明政教的所在，教育是在明堂的裏面。自明堂和學校分立後，周代的明堂，則爲國家擧行大典禮的地方。

周代學制，教育由地官大司徒掌管。學校分爲國學和鄉學。國學設在王城和諸侯的首邑，又分爲大學和小學。大學設在王宮之東，規模宏大。有虞氏設上庠下庠，夏代設東序西序，殷人設右學左學，周代仿其遺制，於是分設三代的學，合周學叫做四代的學。上庠爲虞學（學書，典謨之教），東序爲夏學（學舞學射），瞽宗爲商學（學禮學樂），周學則爲東膠（也叫做東序），凡樂正養老乞言、合語、釋奠的大典，干戚（春夏學武舞）、羽籥（秋冬學文舞）的教民，司成的論說，都在這裏擧行。周代養老，六十養於國，七十養於學，食三老五更的禮，天子袒而割牲，執醬而饋，執爵而酳，冕而揔干，則行於王宮左的大學，就是王制所謂養國老於東膠。至於孟冬大飲烝（烝、升也，升此牲體於俎之上），及王親視學，也是東膠大學的常典。老彭老聃，似皆爲殷周的國老。周代雖設四學，但布教的地方，仍以明堂爲至要的示範之區。

小學設在西郊，是採有虞氏之制，叫做虞庠。國老養於東膠，庶老則養於虞庠，也叫做成均。虞庠之中，建有辟雍，即天子大學，凡養庶老，祀先賢，大射（秋季擧行），天子視學，世子齒學，皆在辟雍擧行。故辟雍只是行禮的地方，地位特尊，爲天子受成獻功，承師問道，及饗射的所在，非教學之地，國子無事不敢入。辟雍形狀圓如璧，以水環繞，不稱圓而稱辟者，取辟有德；不叫辟水而叫做辟雍者，取其雍和的意義。白虎通德論說：「天子立辟雍何？所以行禮樂，宣德化也。」（辟雍）殷制：大學在郊。周代，文王辟雍為大學，還在郊，像靈臺詩所說的；至武王辟雍為小學，即四郊小學，如文王有聲詩所說的。諸侯從殷制，故禮記所說魯人頖宮（禮器），或作郊宮，這是諸侯大學在郊，小學在國的明證。在天子之學，叫做辟雍；諸侯之學，叫做泮宮。所謂泮宮，是半於天子之宮的意義。天子將出征，受命於祖，受成於學，出征執有罪，反釋奠於學，以訊馘告，都在這裏舉行儀式。詩頌泮水說：「既作泮宮，淮夷攸服。矯矯虎臣，在泮獻馘。淑問如皐陶，在泮獻囚。」這又是泮宮和辟雍同義的明證。禮記說：「習射於澤。」鄭注：「澤是宮名。」（射義）穀梁傳說：「習射於射宮。」范注：「謂射宮即澤宮。」（昭公八年）詩頌振鷺說：「振鷺于飛，于彼西雝。」毛傳謂：雝、澤也。是澤宮即辟雝。故天子大射，也在辟雍舉行的。大夫元士的子和國中庶族的優秀子弟，可入虞庠肄業。王子弟及國中貴遊子弟，則入虎門左之學，由師氏掌教，叫做門闈之學。禮記王制說：「天子命之教，然後為學，小學在公宮南之左。」這世子與國子所入的小學，就是指門闈之學的。國學的教育，由大司成總理，主執禮典書，以成國子之業。東膠大學的導師，有大樂正和小樂正，主持學舞、語說、祭祀、養老乞言、合語的典禮。其餘尚有大胥、小胥、大師、籥師、籥師丞等，都是樂舞的教師和助教。門闈之學，師氏是教道，保氏是教藝。

周代小學，為有虞氏的庠制；鄉學設立，也是這樣。鄉學制度，二十五家為閭，閭里有塾。五百家為黨，黨有庠。二千五百家為州，州有序。學記：「術有序，術當為遂，一萬二千五百家為遂，故遂亦有序。」這是於夏代鄉校而外，復立學校於州遂，叫做序。序是學名。孟子說：「設爲庠序學校以教之，庠者養也，校者教也，序者射也。夏曰校，殷曰序，周曰庠，學則三代共之，皆所以明人倫也。」（註二）校是教民之義；序是習射之義；庠是養老之義，故魯國的米廩，卽有虞氏之庠。學記：「家有塾。」廟門側有堂叫做塾，用爲子弟就讀的地方。這是鄉學最低層的單位。公羊傳宣公十五年何休注，謂中里爲校室（註三），這是周以夏之校設於閭里的學塾。左傳襄公三十一年，鄭人所遊之鄉校，也卽是夏校之校。鄉學又叫做公堂，詩經豳風：「九月肅霜，十月滌場。朋酒斯饗，曰殺羔羊。躋彼公堂，稱彼兕觥，萬壽無疆。」這是鄉村公家所設以教民的地方，所以叫做公堂，教學的校舍在這裏，公衆集會也在這裏。序是州黨之學，州長春秋以禮會民而射於州序，黨正則以禮屬民而飲酒於序以正齒位，那麼序是鄉射鄉飲的地方，庠是黨之學，周小學仿有虞氏之制，故鄉學叫做庠。黨設鄉學之庠，則不別立序，——有室叫做庠，無室叫做序。

教鄉學的官法，由大司徒頒令於六鄉之吏，使教於鄉學州序黨庠。教學之責，首推鄉師、鄉大夫、州長、黨正等。鄉師掌其所治鄉之教而聽其治。「順州里，定廛宅，養六畜，閒樹藝，勸教化，趨孝弟，以時順修，使百姓順命，安樂處鄉，鄉師之事也。」（荀子王制）鄉大夫的職，「各掌其鄉之政教禁令，正月之吉，受教法於司徒，退而頒之於其鄉吏，使各以教其所治，以考其德行，察其道藝。」黨正也各掌其黨之政令教治（周禮司徒）。鄉的教育，由鄉師鄉大夫主持；州黨的教育；由州長黨正主持；閭里的教育，由父師少師主持；而總其成於司徒。凡不受教的，由鄉簡報於司徒，用左右對移的辦法，以懲頑絀惡。比閭族黨州鄉，雖皆屬司徒，但細考六鄉之制，族師、閭胥、比長、都沒有教學的職責。閭里的教育，只由父師少師主持。大夫七十歲致仕，退老於鄉里而教人，叫做父師，士則叫做少師。十月農事完畢，新穀已入，子弟皆入學，由他們來教導。閭胥里長職卑，不與教事。年老致仕之人，齒德兼尊，富有經驗，故養於大學的三老五更的耆老，即學校的教師。在理論上，養老即以尊師，尊師即以重學。州里間的鄉學，負實際教學之責的，以鄉人中年高而有德行道藝的充當，也就是鄉飲酒禮所謂「先生」之意。白虎通德論說：「教民者皆里之老而有道德者，爲右師，教里中之子弟以道藝孝悌。」（辟雍）這可見周代年老致仕之人，咸負教民的責任，故鄉學教師，多由老年人充當，並沿大學養老之典，以庠爲鄉學之名。州長、黨正、皆司徒之屬，雖掌庠序的教育，但實際教學，還得靠這些致仕的老人。

鄉學教程，「以鄉三物教萬民而賓興之：一曰六德，知、仁、聖、義、忠、和；二曰六行，孝、友、睦、婣、任、恤；三曰六藝，禮、樂、射、御、書、數。」（周禮大司徒）所謂鄉三物，即是教鄉學的官定課程。平民的子弟，始就學者入里校，優異的，升庠序。鄉學間歲考校，三年則大比，考其德行道藝，而興賢者能者，以鄉飲酒禮待之（周禮鄉大夫）。禮記王制：「命鄉論秀士，升之司徒曰選士。司徒論選士之秀者而升之學，曰俊士。」選士和俊士，因學業有成，豁免繇役，以優待之，這叫做造士。又「大樂正論造士之秀者，以告於王，而升諸司馬，曰進士。」這是中國讀書人一條傳統的出路，爲後代貢學的濫觴。李塨綜論鄉學的教育，說：

「周禮：鄉大夫受教法於司徒，退而頒之於其鄉吏，使各以教其所治，以考德行，察其道藝，以歲時入其書，三年則大比，而興賢者能者。州長三年大比，則大考州里，以贊鄉大夫廢興。黨正正歲帥民讀法，書其德行道藝。族帥月吉讀法，及春秋祭酺，書其孝弟睦婣有學者。閭胥，凡春秋之祭祀役政喪紀之數，聚衆庶既比，則讀法，書其敬敏任卹者，蓋凡鄉有昏喪政事，學士皆與執事，而卽因之以考其德行與藝，三年乃大比焉，所謂大司徒以鄉三物教萬民，而賓興者如此，乃實教實學，選士之良法也。」（顏氏學記恕谷一）

周代學制，自春秋世亂，學校失修，教育廢弛，故青年不復執禮向學，而佻達成風。詩經子衿三章（註四），就是諷刺他們的。至魯僖公能修泮宮，史克作頌以讚美之。鄭子產不願毀鄉校（註五），庠序仍得保存。及其季世，七國兵爭，學校制度隨之蕩然了。

第三節　修學程序

兒童就學，由六歲開始，而入學年齡，有稱爲八歲的，大戴禮記說：「古者年八歲而出就外舍，學小藝焉，履小節焉。束髮而就大學，學大藝焉，履大節焉。」白虎通德論，公羊傳何休注，及朱熹大學序，都是依據這種說法。有稱爲九歲的，賈子新書說：「古者年九歲，入就小學，蹍小節焉，業小道焉。束髮就大學，蹍大節焉，業大道焉。」（容經）曲禮謂人生十年曰幼學，似又十歲才入小學。尙書大傳謂公卿之世子，元士之嫡子，年十三入小學，則入學年齡更遲。可是，由八歲開始入小學，爲比較多數的說法。肄業進程，禮記內則篇列舉最詳：

「六年，敎之數與方名。七年，男女不同席，不共食，八年，出入門戶及卽席飮食，必後長者，始敎之讓。九年，敎之數日，十年，出就外傅，居宿於外，學書計，衣不帛襦袴，禮帥初，朝夕學幼儀，請肄簡諒。十有三年，學樂、誦詩、舞勺，成童舞象、學射御。二十而冠，始學禮，可以衣裘帛，舞大夏，惇行孝弟，博學不敎，內而不出。」

漢書食貨志也說：

「八歲入小學，學六甲五方書計之事，始知室家長幼之節，十五入大學，學先聖禮樂，而知朝廷君臣之禮。」

這是根據年齡，由孩童以至成年，學習進度的程序。初見敎師時，以菜爲贄，沿此習慣，故兒童春季入學，舍菜合舞，將舞頖釋菜以禮先聖先師。大學始敎，有司服皮弁，也用菜祭先聖先師，以表示敬道。可是，釋菜禮比較輕，薦豆只用藻蘋類的菜，雖有舞不太重視。祭先師的禮，薦俎有牲牢兼舞爲釋奠，釋奠禮比較隆重，釋奠者設薦饌酌奠，行禮必用幣、釋奠的禮則重舞，舞則授器。凡始立學，出征師還，春夏秋冬祭先師，皆舉行釋奠禮。初開學釋菜，始立學釋奠，是敎育上必行的禮節。

肄業學程，十五歲以下的爲小學性質，初學幼儀。子游說：「子夏之門人小子，當灑掃應對進退則可矣。」（論語子張）這是指幼儀而言。據內則所記，爲學次序，方名，六歲已教。八歲後，六藝課程，首學書數，禮只習幼儀，樂不過學舞勺，而射御與禮，及樂的舞象舞大夏，都在成童以後學習，因爲這不是小學時所能勝任的。小學修完了，沒有中學階段，十五歲便入大學。大學的傳道授業的程序：「一年視離經辨志。三年視敬業樂羣。五年視博習親師。七年視論學取友，謂之小成。九年知類通達，強立不反，謂之大成。」（禮記學記）孔子曾自謂吾十有五而志於學，這大抵十五歲入大學時，才發奮爲學。通常從十五歲入大學以後，繼續肄業九年，然後畢業，叫做大成。公卿的子弟，以成均爲大學；平民的子弟以鄉庠爲大學。人才的養成，由於經歷這長期的專心學習而得。如程頤說：

「古者八歲入小學，十五入大學，擇其才可教者聚之，不肖者復之田畝。蓋士農不易業，既入學，則不治農，然後士農判在學之養。若士大夫之子，則不慮無養。雖庶人之子，既入學，則亦必有養。古之士者，自十五入學，至四十方仕，中間自有二十五年學，又無利可趨，則所志可知，須去趨善，便自此成德。」（程氏遺書）

古代雖分爲士農工商四階段，農之子恒爲農，工之子恒爲工，只有士的子弟，因職業世襲，入大學的機會較多，但農工的子弟，也有讀書成才的。學級可劃分爲大學和小學兩個階段。人生由孩童以至出身，經過如下的歷程：

「子既生，不免乎水火，母之罪也。羈貫成童，不就師傅，父之罪也。就師學問無方，心志不通，身之罪也。心志既通，而名譽不聞，友之罪也。名譽既聞，有司不舉，有司之罪也。有司舉之，王者不用，王者之過也。」（穀梁傳昭公十九年）

第四節　教學理論和方法

學生從師，必行束脩禮，只有學生來學於教師，沒有教師往教學生的道理。易經說：「匪我求童蒙，童蒙求我。」（蒙卦）曲禮也說：「禮聞來學，不聞往教。」就是這個意思。教學管理，有七個原則：

「大學始教，皮弁祭菜，示敬道也。宵雅肄三，官其始也。入學鼓篋，孫其業也。夏楚二物，收其威也。未卜禘不視學，游其志也。時觀而弗語，存其心也。幼者聽而弗問，學不躐等也。此七者教之大倫也。」（學記）

這些管教的通則，還是消極上防閑的性質。綜合的說：「禁於未發之謂豫，當其可之謂時，不陵節而施之謂孫，相觀而善之謂摩，此四者教之所相與也。」（學記）管教的指導原理既然如此，從而產生了教學的方法：

「大學之教也，時教必有正業，退息必有居學。不學操縵，不能安弦；不學博依，不能安詩；不學雜服，不能安禮；不興其藝，不能樂學。故君子之於學也，藏焉、脩焉、息焉、游焉。夫然故安其

學而親其師，樂其友而信其道，是以雖離師輔而不反也。」（學記）

這是一種循循善誘的教學方法，呂氏春秋也有相同的說法：「達師之教也，使弟子安焉樂焉，休焉游焉，肅焉嚴焉。」（孟夏紀誣徒）個人學習，首重致知格物的道理；致知的方法，在乎好學。根據學習心理，人類學習的能力，雖然有聰愚的分別，但求知的目的相同。「或生而知之，或學而知之，或困而知之，及其知之一也。」（中庸）孔子將學習分為四類，但如以現代心理學上曲線圖所表示的，却可分為三級：第一、「生而知之者上也。」第二、學而知之者，次也；困而學之，又其次也。」第三、「困而不學，民斯為下矣。」（論語季氏）第一第三為兩極端，第二處於兩者中間，佔最大多數。孔子曾闡明這個意義，說：「性相近也，習相遠也。唯上智與下愚不移。」（論語陽貨）這是說明人類有學習的可能性。又說：「少若成性，習貫之為常。」（大戴禮記，保傅）尚書裏也說：「敬遜務時敏，厥修乃來。」（書序）學習須要養成習慣，因為有這習慣，然後保持濃厚的學習興趣。所以說：「知之者，不如好之者；好之者，不如樂之者。」（論語雍也）學記所說「蛾子時術之」，論語所說「學而時習之」，和「游於藝」，都是經反覆練習，而養成學習的習慣。可是學習遇到困境，必須集中注意力來推想，才能了解貫通。故學記說：「學然後知不足，教然後知困。知不足，然後能自反也；知困，然後能自強也。」對於刺激的反應強弱，可以看作受教可能性的優劣。「不憤不啓，不悱不發，舉一隅，不以三隅反，則不復也。」（論語述而）由此可知學習還須靠悟性。論語所說「一以貫之」，「聞一知十」，「一言以蔽之」，都是學習上由領悟而歸納所見，以表現對於討論的問題，眞有所心得。在學習上，完成求知、思考、和行爲的過程，易經分爲四個階段：「君子學以聚之，問以辨之，寬以居之，仁以行之。」（文言傳）中庸說得更詳，分爲五個階段：「博學之，審問之，愼思之，明辨之，篤行之。」

關於師資的本身問題，學記說：「記問之學，不足爲人師。」荀子也說：「師術有四，而博習不與焉。尊嚴而憚，可以爲師；耆艾而信，可以爲師；誦說而不陵不犯，可以爲師；知微而論，可以爲師。故師術有四，而博習不與焉。」（致士篇）讀此可知沒有心得而雜記的，實非優良教師的條件，故教師重在專業的修養，並不在乎博習。教師一面教學，一面仍要學習，繼續不斷的求進益。學記說：「教學相長也。兌命曰：學學半，其此之謂乎？」教師的人格，以嚴爲尚，「師嚴然後道尊，道尊然後民知敬學。」（學記）所謂嚴者，爲師要言笑不苟，行止有則，使人望而敬之。孔子爲人，溫良恭儉讓，循循然善誘人，並且誨人不倦，故他做教師的態度是很溫和的。教師要具有同情心。「善教者，視徒如己，反己以教，則得教之情也。所加於人，必可行於己，若此，則師徒同體。」（呂氏春秋誣徒）可是教學使學生理解會悟，最爲重要，能博喻則能啓發，能啓發然後能爲師。故「君子之教喻也，道而弗牽，強而弗抑，開而弗達。道而弗牽則和，強而弗抑則易，開而弗達則思。和易以思，可謂善喻矣。」（學記）以善喻的教師，學生漸漬受教，潛移默化，推爲教學上最大的成功。孟子認爲教學方法有五種：「有如時雨之化者，有成德者，有達財者，有答問者，有私淑艾者。此五者君子之所以教也。」（孟子盡心章） 故孔子教學，也注重人格表率，使學生雍容揣摩，以變化氣質。莊子說：「孔子遊乎緇帷之林，休坐乎杏壇之上，弟子讀書，孔子絃歌。」（莊子漁父）教人因其個性，論學每重問答，學生侍坐，使各言其志，實地取材，因勢誘導。孔子燕居，子張子貢言游侍，縱言至於禮（禮記仲尼燕居）。顏淵季路侍，孔子對他們發問：「盍各言爾志。」（**註六**）子路曾皙冉有公西華侍坐，孔子也對他們發問：「如或知爾，則何以哉？」（**註七**）這樣座談式的教學，和近代西洋大學的研究會Seminar授課相似，首先發問，觀察學生的志向，然後作綜合的批評。其次，孔子對於學生的長處，常常對他們分別贊揚和鼓勵的，如「起予者商也」，「參乎吾道一以貫之」，「公冶長可妻也」，「顏回好學」，「孝哉閔子騫」等言是；對於學生的短處，也有規箴糾正的，如「由也好勇過我，無所取材」，「宰予晝寢」等言是。學生個性各有不同，「柴也愚，參也魯，賜也辟，由也喭。」因此學生問孝、問仁、問政，孔子分別答覆。關於問孝，以「敬」一字答子游，以「色難」答子夏。關於問仁，以「克己復禮」答顏淵，以「出門如見大賓，使民如承大祭，己所不欲，勿施於人。」答仲弓，以「仁者其言也訒」答司馬牛，以「能行五者（恭寬信敏惠）於天下」答子張，以「愛人」答樊遲。關於問政，以「足食足兵，民信之矣。」答子貢，以「居之無倦，行之以忠。」答子張，以「先有司，赦小過，舉賢才。」答仲弓，以「無欲速，無見小利。」答子夏。至於學生的個性和能力，孔子也很了解。孟武伯以仁問及他的學生，孔子認爲子路可以治賦，冉求可以爲宰，公西赤可以會賓客（論語公冶）。答季康子的問政，孔子說由也果，賜也達，求也藝（論語雍也）。

學生優劣的比較，如子貢與顏回孰愈，和學生所問師與商孰賢，也常常虛心的討論着。

第五節　師生的關係

儒家出於司徒之官，司徒的官職，有卿大夫。卿大夫的官，古代叫做子或夫子，故士民受業於師儒的，和士自爲師長的，亦得循例而有這樣的稱呼（劉師培小學發微補）。學生尊師像父兄，自處像子弟，故稱師長又叫做先生。先生的意義，是先己而生，其德多厚的。受業的叫做弟子，受業於弟子的叫做門人。師長叫學生，直以名呼之，孔子叫由、求、雍、回、柴、賜、偃、赤、商、須、參、師、棖、點等，都是例子。這一羣都是十八九歲的青年。孔子被厄於陳蔡時，爲六十三歲，子游是十八歲，子夏十九歲。上課或侍坐；學生坐次很有規矩。子路、曾晳、冉有、公西華侍坐，他們的坐次，是以齒序。顏淵季路侍，則以德序，論當日坐次，自子路第一、顏淵第二、故孔子問志，而由先對，而回後對的。閔子侍側一節，也是以德序，閔子騫少子路六歲，但長冉有十四歲，長子貢十六歲（閻若璩四書釋地又續）。師生相處，非常親切。由於尊師重道，故「言而不稱師，謂之畔；教而不稱師，謂之倍。」（荀子大略）反叛師門，道義上是不容許的。

學生從師，是摹仿師長的言行。父召無諾，先生召無諾，對父親和師長，同樣尊敬，不敢怠慢。「從於先生，不越路而與人言。遭先生於道，趨而進，正立拱手。先生與之言則對；不與之言，則趨而退。」（曲禮）先生有問，弟子立刻避席而起，才敢回答。對師長的態度，是非常有禮貌。學生受學於師長，應盡弟子的職責：

「先生施敎，弟子是則，溫恭自虛，所受是極。見善從之，聞義則服。溫柔孝悌，毋驕恃力。志毋虛邪，行必正直。游居有常，必就有德。顏色整齊，中心必式。夙興夜寐，衣帶必飾，朝益暮習，小心翼翼。一此不解，是謂學則。少者之事，夜寐蚤作。既拚盥漱，執事有恪。攝衣共盥，先生乃作。沃盥徹盥，汎拚正席。先生乃坐，出入恭敬，如見賓客。危坐鄉師，顏色毋怍。受業之紀，必由長始。一周則然，其餘則否。始誦必作，其次則已。」（管子弟子職）

其次，早作、受業、對客、饌饋、乃食、灑掃、執燭、請衽、退習等基本工夫，也有規定。關於學生的規矩，曲禮說得很詳細：

「將卽席，容毋怍，兩手摳衣去齊尺，衣毋撥，足毋蹶。先生書策琴瑟在前，坐而遷之，戒勿越。虛坐盡後，食坐盡前。坐必安，執爾顏；長者不及，毋儳言。正爾容，聽必恭。毋剿說，毋雷同。必則古昔，稱先生。侍坐於先生，先生問焉，終則對。請業則起，請益則起。父召無諾，先生召無諾，唯而起。侍坐於所尊敬，毋餘席。見同等不起；燭至起，食至起，上客起。」

子游說子夏之門人小子，當灑掃應對進退，這可見學生例有執禮服務，規規矩矩的幼儀，和上面所說相同。

（註一）詩毛氏傳疏，小雅，南有嘉魚之什，菁菁者莪四章：「菁菁者莪，在彼中阿；既見君子，樂且有儀。菁菁者莪，在彼中沚；既見君子，我心則喜。菁菁者莪，在彼中陵；既見君子，錫我百朋。汎汎楊舟，載沉載浮；既見君子，我心則休。」

（註二）見孟子滕文公上。荀子大略：「立大學，設庠序。」史記儒林傳：「公孫宏乃謹與太常臧、博士平等，議曰：聞三代之道，鄉里有教，夏曰校，殷曰序，周曰庠。」

（註三）公羊傳宣公十五年，何休注：「在邑曰里，一里八十戶，八家共一巷，中里為校室。選其耆老有高德者名曰父老。……十月事訖，父老教於校室。八歲者學小學，十五者學大學。」

（註四）詩經鄭風：「青青子衿，悠悠我心；縱我不往，子寧不嗣音。青青子佩，悠悠我思；縱我不往，子寧不來。佻兮達兮，在城闕兮，一日不見，如三月兮。

（註五）左傳襄公三十年：「鄭人游於鄉校，以論執政。然明謂子產曰：毀鄉校何如？子產曰：何為？夫人朝夕退而游焉，以議執政之善否，其所善者，吾則行之；所惡者，吾則改之，是吾師也，若之何毀之？」

（註六）論語公冶長第五：「顏淵季路侍，子曰：盍各言爾志。子路曰：願車馬，衣輕裘，與朋友共，敝之而無憾。顏淵曰：願無伐善，無施勞。子路曰：願聞子之志，子曰：老者安之，朋友信之，少者懷之。」

（註七）論語先進第十一：「子路、曾皙、冉有、公西華侍坐。子曰：以吾一日長乎爾，毋吾以也，居則曰：不吾知也，如或知爾，則何以哉？子路率爾而對曰：千乘之國，攝乎大國之間，加之以師旅，因之以饑饉，由也為之，比及三年可使有勇，且知方也。夫子哂之。求爾何如？對曰：方六七十，如五六十，求也為之，比及三年，可使足民，如其禮樂，以俟君子。赤爾何如？對曰：非曰能之，願學焉，宗廟之事，如會同，端章甫，願為小相焉。點爾何如？鼓瑟希，鏗爾，舍瑟而作。對曰：異乎三子者之撰。子曰：何傷乎，亦各言其志也。曰：莫春者，春服既成，冠者五六人，童子六七人，浴乎沂，風乎舞雩，詠而歸。夫子喟然嘆曰：吾與點也！三子者出，曾皙後。曾皙曰：夫三子者之言何如？子曰：亦各言其志也已矣。曰：夫子何哂由也？曰：爲國以禮，其言不讓，是故哂之。唯求則非邦也與？安見方六七十，如五六十，而非邦也者？唯赤則非邦也與？宗廟會同，非諸侯而何？赤也爲之小，孰能爲之大？」

第二章　儒家教學與課程

第一節　釋儒

周禮大宰以九兩繫邦國之民，四曰儒以道得民（大宰），儒的名稱，似始見於此。什麼叫做儒？儒義的來源怎樣？前賢解釋，有各種不盡相同的說法：

第一、儒訓爲柔。許愼說：「儒，柔也，術士之稱，从人，需聲。」（說文解字）鄭玄也說：「儒之言優也，柔也，能安人，能服人。」（三禮目錄）顧野王玉篇，陳彭年大宋重修廣韻，皆本許鄭的說法，以柔釋儒字的義。柔者弱也，又儒之言愞也。禮記儒行篇：「儒有衣冠中，動作愼，其大讓如慢，小讓如僞；大則如威，小則如愧。其難進而易退也，粥粥若無能也。」粥粥者，孔注謂柔弱專愚。這是把柔來銓釋儒字的意義。

第二、儒又訓爲濡。鄭玄說：「又儒者濡也，以先王之道，能濡其身。」（三禮目錄）濡者潤也，儒者博文，可以潤身。這又以濡字來釋儒義了。

第三、儒以需聲得義。清林伯桐根據許愼釋儒的後一截之義，認爲儒字从人，說是人而爲儒；需聲，則以聲得義。需的意義，是訓作須也，待也。儒者席珍待聘，強學待問，懷忠信待舉，力行待取，都是需的意義，也是難進的意義（脩本堂稿釋儒）。章炳麟謂：「儒之名，蓋出於需。需者雲上於天，而儒亦知天文，識旱潦。」（原儒）

第四、儒卽術士。禮記說：「古之學術道者，將以得身也。」（鄉飲酒義）術就是藝。古代術士叫做儒，凡有一術可稱的，都叫做儒。史記儒林傳以坑儒爲坑術士，許愼亦謂儒爲術士之稱，術士卽道術之士。道術卽道藝，古者四民中有士民，是學習道藝的，說文推一合十叫做士，猶言聞一當十的。俞樾說：「儒者其人有伎術者也，……此經所謂儒者，止是術士耳，以道得民者亦術也。」（羣經平議周禮）統括來說，術士卽道藝之士，學問是淹博的。

上面所舉四說，前三說是從字訓來釋儒的名稱，後一說是釋儒的身份。劉台拱謂儒，卽禮經所謂君子（註一）。君子是士人學德可佩者的通稱，而儒是專有名詞，何況儒有君子小人的分別，故此說未切。揚雄謂通天地人曰儒，（法言君子）來鵠謂儒者可器之士號（註二），對儒的意義說得更空泛了。李覯說：「禮職於儒，儒微而禮不宗。」（直講李先生文集孝原）後人以禮職於儒，或認爲儒是替人事神的一種專門職業，那是錯誤的。

儒大抵爲士，荀子論學，謂「其義則始乎爲士，終乎爲聖人。」（荀子勸學）大儒可爲天子三公，小儒可爲諸侯大夫士（荀子儒效）。這是說明儒和士的關係了。周禮謂儒以道得民，故儒實以官而得名。道是術，故叫做術士。道又是藝，故詩書禮樂和六藝是儒者之業。陳澧釋儒，謂「此與牧以地得民，長以貴得民，師以賢得民之類，並言之，非儒自爲一家之學也，猶牧長師，亦豈各爲一家之學哉？此可見作周禮時風氣淳古。至魯哀公，乃問儒服儒行，蓋儒以道得民，則非先王之法服不敢服，非先王之德行不敢行。末世之人，衣服行事，皆變於古，遂若儒者自爲一家之風氣。其後道名墨法並起，各自稱一家之學，遂謂孟荀之等爲儒家耳。」（東塾讀書記禮記）這樣說來，儒並非有特殊地位，而獨自成一家的，由於他們篤守古代的傳統，以六藝敎民，因而得名。林伯桐也說：「儒以六藝得名。故曰：儒者區也，言其區別古今。不考信於六藝，不通知古今，何謂儒哉？」（脩本堂稿釋儒）他的觀點，都是根據「以道得民」一詞而釋儒。莊子說：「儒以詩禮發冢，大儒臚傳。」（莊子外物）是譏儒爲求詩禮而發古冢，大儒發唱，小儒服役。這雖寓言，但可知儒是以詩禮爲專業的。至漢代學者，認爲儒家的專業是六經。韓詩外傳說：「儒者儒也，儒之爲言無也，不易之術也，千舉萬變，其道不窮，六經是也。」（卷五）此義演變，甚至於文學篇章，亦爲儒家所獨擅了。王充說：「通書千篇以上，萬卷以下，弘暢雅閑，審定文讀，而以教授爲人師者，通人也。杼其義旨，損益其文句，而以上書奏記，或興論立說，結連篇章者，文人鴻儒也。」（論衡超奇篇）

第二節　師與儒

儒家的起源，漢書藝文志說：「儒家者流，出於司徒之官，助人君，順陰陽，明教化者也，游文於六經之中，留意於仁義之際。」大司徒的職，是掌理內政、地政、教育、和曆法等。師氏和保氏，皆屬司徒的官，師氏掌以媺詔王（告王以善道），以三德三行教國子；保氏掌諫王惡，而養國子以道，乃教之六藝六儀。他們並掌小學，同教國子。蔡邕明堂論說：「王居明堂之禮，又別陰陽門，東南稱門，西北稱闈。故周官有門闈之學，師氏教以三德守王門，保氏教以六藝守王闈。然則師氏居東門南門，保氏居西門北門也。」那麼師氏保氏，爲師儒兩相對立，掌職不同，一爲賢者教民以德行，一爲術士養民以道藝，故德行道藝是分科，而師儒是分職的。周禮分師道爲兩面；以賢得民之師，是大司樂職所謂有德的；以道得民之儒，是大司樂職所謂有道的。阮元說：「師以德行教民，儒以六藝教民，分合同異，周初已然矣。數百年後，周禮在魯，儒術爲盛，孔子以王法作述，道與藝合，兼備師儒，顏曾所傳，以道兼藝；游夏之徒，以藝兼道。」（揅經室一集擬國史儒林傳序）春秋時代，這制仍存在。左傳成公九年，楚囚供述其王，「其爲太子也，師保奉之。」國語晉語：「失趙氏之典刑，而去其師保。」又說：「擇師保以相子。」這是諸侯，大夫之家，尚有師保。宋史以道學、儒林，分爲二傳，也是仿周禮師儒之異而定的。

詩經小雅節南山之什，有「楀維師氏。」尚書牧誓：「亞旅師氏。」顧命篇，有師氏虎臣。古代師氏與虎賁同官，原屬武臣；至成王顧命，另設師氏，以教國子，才爲教育的官。周禮地官：師氏中大夫一人，上士二人，府二人，史二人，胥十二人，徒一百二十人。保氏下大夫一人，中士二人，府二人，史四人，胥六人，徒六十人。師氏保氏皆大夫官，以其職守重要，又爲周公召公所兼官，卽周公爲師，召公爲保，相成王爲左右者。周公召公，亦曾兼任師保，故儒家推崇周公，孔子以夢周公自況，荀子且以周公爲大儒（儒效），揚雄謂孔子習周公（法言學行）。這可知儒家學統的師承了。儒家既出自保氏，爲什麼認周公爲最可崇敬的呢？因師氏地位較高，能兼保氏之故。夏炘解釋很詳：

「考虎闈國學之教，雖師氏兼之，然師氏所教乃教之大端，其課誦煩縟之事，虎闈則保氏，國學則樂正諸官爲之，故師氏得以一人兼二學也。周禮師氏職云：以三德教國子，一曰至德以爲道本，二曰敏德以爲行本，三曰孝德以知逆惡；教三行，一曰孝行以親父母，二曰友行以尊賢良，三曰順行以事師長。保氏職曰：乃教之六藝，一曰五禮，二曰六樂，三曰五射，四曰五馭，五曰六書，六曰九數：乃教之六儀，一曰祭祀之容，二曰賓客之容，三曰朝廷之容，四曰喪紀之容，五曰軍旅之容，六曰車馬之容。夫三德三行，皆德成而上者也。六藝六儀，皆藝成而下者也。故鄭注保氏亦云：以師氏之德行審諭之，而後教之以藝儀也。文王世子云：大司成論說在東序，凡侍坐於大司成者，遠行間三席可以問。又曰：小樂正學干，大胥贊之；籥師教干，籥師丞贊之。又曰：大樂正教舞干戚，語說命乞言，皆大樂正授數。夫論說東序，講明其義理也。教舞干戚戈籥，親授其器數也。故曰：師氏所教，乃教之大端，故得以一人兼二學也。」（學制統述卷下）

易經繫辭下傳：「无有師保，如臨父母。」呂氏春秋也說：「天子立輔弼，設師保，所以舉過也。」

」（不苟論自知）師保和輔弼並論，其地位是很崇高的。王宮教育，教導世子，置有大傅、少傅和師保，「大傅審父子君臣之道以示之，少傅奉世子以觀大傅之德行而審喻之。大傅在前，小傅在後，入則有保，出則有師，是以教喻而德成也。師也者，教之以事而喻諸德者也。保也者，愼其身以輔翼之而歸諸道者也。」（禮記文王世子）世子入虎闈小學，受教於師氏保氏，入大學則受教於大司成，貴族子弟和俊選之士都同樣學習。又立大傅少傅，使專以教世子爲事。鄉學由師儒掌教。古代致仕的賢者，多退居鄉里施教，叫做師儒。師儒考德行，察道藝，是互相聯關，故周禮大司徒之職，以本俗六，安萬民，四曰聯師儒。師儒的德行爲一閭一鄉的模範，教習子弟以道藝，誦讀、揖讓的事。師儒卽師保，爲司徒教育的官；儒又出於保氏，以教道藝爲專業，故儒的來歷，實出自司徒之官。

古代學術，操於師儒之手，六經是周官的舊典，操在王官，故易掌於太卜，書藏於外史，禮在宗伯，樂隸司樂，詩領於太師，春秋存乎國史。凡太卜，外史、宗伯、司樂、太師等官，就是掌易、書、禮、樂、詩等官。他們有官法可守，有書業可傳；官師教授，弟子學習。師儒既爲司徒的官，以道藝爲其施教之本，太卜、外史、宗伯等雖以專業爲官，但統其教仍在師儒。劉師培說：

「三代之時，有學之人，卽從政之人；從政之地，卽治學之地。故職官而外無師儒，都畿而外無學術。說文仕字下云學也，從人士聲，蓋古字仕士通用。說文士字下云事也。而詩大雅武王豈不仕，傳云：仕事也。禮表記篇，鄭注亦云仕之言事也。士仕二字同義，而仕字復從士得聲，是士卽古代從仕之人；士必有學，故仕學二字，卽爲互訓之詞，蓋古代有學之人，卽爲入仕之人也。又說文官字下云吏事君也，從宀㠯，㠯猶衆也，此與師同意，蓋古代之時，政教未分，官守與師儒合一，是居官之人，亦卽教民之人也。又說文儒字下云儒柔也，術士之稱。術爲邑中之道，術士之稱，與野人爲對待。（術士猶孟子之言君子，君子爲出仕之人，野人爲力耕之人。）古代之時，凡郊野有學之民，必漸次而升之國學，授以職官，以與野人區別，觀許君訓儒爲術士，則古代之士，必薈萃邑中，故郊野之間無學。及官學易爲私學，然後師儒之權操於民庶（如老子孔子墨子是也）。博通之士，恥授職官，致政與學分，官與師分。有學之人，未必卽從政之人，而職官以外有師儒矣。」（小學發微補）

官守和師儒之分，實由於此。政教既分，官師異位，處士橫議，諸子紛紛著書立說，而文字始有私學之言。孔子自謂述而不作，這明乎王官失守，而師弟子傳業，靠私學的師承。孔子尚宗師儒，獨崇六藝，乃以爲經。故漢書說：「古之儒者，博學六藝之文。六學者，王教之典籍，先聖所以明天道，正人倫，致至治之成法也。」（儒林傳）就是這個意思。

第三節　儒的特性

儒者的外表，優柔舒緩，浹洽透達，行事篤實深厚而透徹。柳宗元所謂「柔儒之茂質。」（河東先生集逸從兄偁罷選歸江淮詩序）可以「庸德之行，庸言之謹。」二語該括之。儒原爲教育家，「法先王，隆禮義。」很切實的以社會生活和倫常規矩教人，所謂以寬教，優而柔之，使自求之。修己方面，對於個人德性和人格，講求備致，平易可行，篤實可信。在立人或安人方面，或自己個人與社會關係方面，雖然以仁說爲中心，但理論繁複，每流於誇大。禮記儒行篇說：

「儒有席上之珍以待聘，夙夜強學以待問，懷忠信以待舉，力行以待取。其自立有如此者。

儒有衣冠中，動作愼，其大讓如慢，小讓如僞，大則如威，小則如愧，其難進而易退也，粥粥若無能也。其容貌有如此者。

儒有居處齊難，其坐起恭敬，言必先信，行必中正，道塗不爭險易之利，冬夏不爭陰陽之和，愛其死以有待也，養其身以有爲也。其備豫有如此者。

儒有不寶金玉，而忠信以爲寶；不祈土地，立義以爲土地；不祈多積，多文以爲富。難得而易祿也，易祿而難畜也，非時不見，不亦難得乎？非義不合，不亦難畜乎？先勞而後祿，不亦易祿乎？其近人有如此者。

儒有委之以貨財，淹之以樂好，見利不虧其義；劫之以衆，沮之以兵，見死不更其守。鷙蟲攫搏不程勇者，引重鼎不程其力，往者不悔，來者不豫，過言不再，流言不極，不斷其威，不習其謀。其特立有如此者。

儒有可親而不可刼也；可近而不可迫也；可殺而不可辱也。其居處不淫，其飲食不溽，其過失可微辨而不可面數也。其剛毅有如此者。

儒有忠信以爲甲冑，禮義以爲干櫓，戴仁而行，抱義而處，雖有暴政，不更其所。其自立有如此者。儒有一畝之宮，環堵之室，篳門圭窬，蓬戶甕牖，易衣而出，並日而食，上答之，不敢以疑；上不答，不敢以諂。其仕有如此者。

儒有今人與居，古人與稽，今世行之，後世以爲楷。適弗逢世，上弗援，下弗推，讒諂之民，有比黨而危之者，身可危也，而志不可奪也。雖危起居，竟信其志，猶將不忘百姓之病也。其憂思有如此者。

儒有博學而不窮，篤行而不倦，幽居而不淫，上通而不困。禮之以和爲貴，忠信之美，優游之法，慕賢而容衆，毀方而瓦合。其寬裕有如此者。

儒有內稱不辟親，外舉不辟怨；程功積事，推賢而進達之，不望其報，君得其志，苟利國家，不求富貴。其舉賢援能有如此者。

儒有聞善以相告也，見善以相示也，爵位相先也，患難相死也，久相待也，遠相致也。其任舉有如此者。

儒有澡身而浴德，陳言而伏，靜而正之，上弗知也。麤而翹之，又不急爲也。不臨深而爲高，不加少而爲多，世治不輕，世亂不沮，同弗與，異弗非也。其特立獨行有如此者。
儒有上不臣天子，下不事諸侯，愼靜而尙寬，強毅以與人，博學以知服，近文章，砥厲廉隅，雖分國如錙銖，不臣不仕。其規爲有如此者。
儒有合志同方，營道同術，並立則樂，相下不厭，久不相見，聞流言不信，其行本方立義，同而進，不同則退。其交友有如此者。
溫良者，仁之本也；敬愼者，仁之地也；寬裕者，仁之作也；孫接者，仁之能也；禮節者，仁之貌也；言談者，仁之文也；歌樂者，仁之和也；分散者，仁之施也，儒者兼此而有之，猶且不敢言仁也。其尊讓有如此者。
儒有不隕穫於貧賤，不充詘於富貴，不慁君王，不累長上，不閔有司，故曰儒。」

這篇敍述儒者德行，包括自立、容貌，備豫、近人、特立、剛毅、自立（信守）、仕、憂思、寬裕、擧賢援能、任擧、特立獨行、規爲、交友等十五個條件，可以說是儒家特性的綜述。鄭注，謂儒行是孔子自衞初返魯時所作。可是唐宋學者多疑是後人僞託的（註三），所爲誇大之詞。這篇也許是末期儒家之士託爲孔子所言，但其義理仍是儒家的色采，可和荀子論儒來比較。荀子說：

「儒者法先王、隆禮義，謹乎臣子而致貴其上者也。人主用之，則勢在本朝而宜；不用，則退編百姓而慤，必爲順下矣。雖窮困凍餒，必不以邪道爲貪；無置錐之地，而明於持社稷之大義。嗚呼！

而莫之能應。然而通乎財（裁）萬物，養百姓之經紀，勢在人上，則王公之材也；在人下，則社稷之臣也，國君之寶也，雖隱於窮閻漏屋，人莫不貴之，道誠存也。……儒者在本朝，則美政；在下位則美俗，儒之爲人下如是矣。王（秦昭王）曰：然則其爲人上則何如？孫卿曰：其爲人上也廣大矣，志意定乎內，禮節脩乎朝，法則度量正乎官，忠信愛利形乎下。……故君子無爵而貴，無祿而富，不言而信，不怒而威，窮處而榮，獨居而樂。」（儒效）

荀子說儒的特性，與儒行篇相似。這是周末儒家者流，游說干謁，傳食諸侯，每誇大其詞。仲尼弟子像子路冉有等多志大言大，孟軻如是，荀卿亦然。且說：「儒術誠行，則天下大而富，使而功。」（富國）末期儒家的誇大，往往是這樣。韓非子批評說：「今世儒者之說人主，不言今之所以爲治，而語已治之功；不審官法之事，不察姦邪之情，而皆道上古之傳譽，先王之成功。儒者飾辭曰：聽吾言，則可以霸王。」（顯學）故儒行篇所說，又像儒者飾辭之類。漢揚雄謂魯如用眞儒，無敵於天下（法言寡見），也本此義說。

儒者穿逢掖的衣，戴章甫的冠。吳起學於曾子，以儒服見魏文侯。公孟子戴章甫，搢笏儒服，而以見墨子。（墨子公孟）田贊衣儒衣而見荊王。（劉向新序卷五）桓寬謂文學裒衣博帶，竊周公之服；鞠躬踧踖，竊仲尼之容（鹽鐵論利議）。那麼，儒者宗周公，周公裒衣博帶的服，也是儒者所穿的服飾了。因此儒服雖非特爲立異，但所穿大袖單袍，已成爲普遍的風氣。儒者容貌溫雅，態度雍容，子夏說：「君子有三變，望之儼然，即之也溫，聽其言也厲。」（論語子張）禮記說：「君子之容舒遲，見所尊者齊遬，足容重，手容恭，目容端，口容止，聲容靜，頭容直，氣容肅，立容德，色容莊，坐如尸。燕居告溫溫。」（玉藻）荀子也說：「士君子之容，其冠進，其衣逢，其容良，儼然壯然，祺然蕼然，恢恢然，廣廣然，昭昭然，蕩蕩然，是父兄之容也。其冠進，其衣逢，其容慤，儉然恀然，輔然端然，訾然洞然，綴綴然，瞀瞀然，是子弟之容也。」（非十二子篇）君子或士君子，指儒者而言，君子之容，就是儒者的容貌。桓寬說：「儒者貴其處謙推讓，以道盡人。」（鹽鐵論國病）這可見儒者另有一種態度。他們的態度，不只溫和謙讓，並且非常達觀。孔子被逐於魯，削迹於衞，伐樹於宋，窮於陳蔡之間，又遇絕糧，從者病，莫能興。但他弦歌鼓舞未嘗絕，內心得圓滿的理解，對於窮的遭遇，全不介意。雖是這樣，儒家因有一貫的思想，主觀堅強，不能輕易奪其志。「子溫而厲，威而不猛，恭而安。」（論語述而）精神依然嚴肅。中庸說：「故君子，和而不流，強哉矯。中立而不倚，強哉矯。國有道，不變塞焉，強哉矯；國無道，至死不變，強哉矯。」這又可見儒家的意志，亦是很頑強的。

儒家對於人格的分析，分爲外表性的文和內在性的質，必須文和質造就相稱，人格方能完成，這就叫做君子。儒者因學養不同，德性有優劣，故孔子告子夏，有君子儒和小人儒的分別（論語雍也）。因爲君子是務儒之實，小人是假儒之名。林伯桐說：「蓋儒業在六藝，則文而不慙者出焉，華而不實者託焉。發明章句，始於子夏，其於六藝，所得多，所見深，然必戒以小人儒者，見儒之不恃空言也。論語言君子博學於文，約之以禮，可以弗畔。中庸言君子慥慥，不外庸言之信，庸行之謹，言顧行，行顧言，然則君子之儒，篤實而已。」（倚本堂稿釋儒）荀子論儒，有大儒、雅儒、俗儒、陋儒、散儒的分別。有深刻的修養，充份的能力，善調一天下的，叫做大儒。隆禮義而敦詩書，不誣不欺，尊賢畏法的，叫做雅儒。衣冠行爲，有同世俗，只求衣食，不敢有他志的，叫做俗儒（**註四**）。這三種儒者，人格不同，器用各別。「用俗儒則萬乘之國存，用雅儒則千乘之國安，用大儒則百里之地久。」（荀子儒效）有所謂「上不能好其人，下不能隆禮，安特將學雜識志，順詩書而已耳，則末世窮年，不免爲陋儒。」（荀子勸學）至若不隆禮，雖察辯，則爲散儒。（同上）非相篇有腐儒，非十二子篇又有賤儒，這是把儒列爲最下等的。孔子爲儒家的代表，墨子和程子辯論，稱及孔子時，程子說：「非儒何故稱孔子也？」（墨子公孟）可知當時稱儒，就是稱孔子了。

第四節　儒家的流派

春秋時，儒者聚居，以魯國爲盛。魯爲周公所封之國，保持周代政制傳統，素用王禮，至隱公五年，考仲子之宮，初獻六羽，始用諸侯的禮。漢書藝文志說：「魯周公之國，禮文備物，史官有法。」故周代固有的禮樂，多存於魯。孔子說：「吾觀周道，幽厲傷之，吾舍魯何適矣！」（禮記禮運）左傳閔公元年：「齊侯使仲孫湫省魯難，齊侯問曰：魯可取乎？對曰：不可，猶秉周禮；周禮所以本也。」又襄公十年：「晉荀偃士匄曰：魯有禘樂，賓祭用之。」因備存周禮，故魯爲望國，多儒士（莊子田子方），守儒書（註五）；魯之削爲良（考工記），筆亦最好。魯國，爲儒家文化的中心地。淮南子說：「魯國服儒者之禮，行孔子之術。」（齊俗訓）儒家衆多，聚徒遂日盛，而對魯國政教有莫大之影響。呂氏春秋說：「孔子學於老聃、孟蘇、夔靖叔。魯惠公使宰讓請郊廟之禮於天子，桓王使史角往，惠公止之；其後在於魯，墨子學焉。此二士者，無爵位以顯人，無賞祿以利人，擧天下之顯榮者，必稱此二士也。皆死久矣，從屬彌衆，弟子彌豐，充滿天下，王公大人，從而顯之，有愛子弟者，隨而學焉，無時乏絕。」（當染）因此儒家和墨家兩派，弟子衆多，蔚然相競。莊子說：「是以天下大駭，儒墨皆起。」（天運）韓非說：「世之顯學，儒墨也，儒之所至，孔丘也；墨之所至，墨翟也。」（顯學）戰國時代，儒家勢力仍盛，孟子說：「逃墨必歸於楊，逃楊必歸於儒。」（盡心章下）這是說儒墨楊三派雖鼎立，但自信儒家仁義之術最爲可靠。韓非說：「儒以文亂法，俠以武犯禁。」（五蠹）那麼，當時認爲儒家是文的代表，游俠是武的代表，儒和俠都是游士，故以儒俠並稱。

孔子死了以後，孟子說：「子夏子游子張，皆有聖人之一體，冉牛閔子顏淵，則具體而微。」（公孫丑上）韓非謂儒家分爲八派，「有子張之儒，有子思之儒，有顏氏之儒，有孟氏之儒，有漆雕氏之儒，有仲良氏之儒，有孫氏之儒，有樂正氏之儒。」（顯學）韓非學出荀卿，其言當有所本。陶潛似根據韓非之說，解釋這八派儒家，謂：「子思爲有道之儒；子張爲衣冠之儒；顏氏傳詩爲諷諫之儒；孟氏傳書，爲疏通致遠之儒；漆雕氏傳禮，爲恭儉莊敬之儒；仲梁氏傳樂，爲移風易俗之儒；樂正氏傳春秋，爲屬辭比事之儒；公孫氏傳易，爲潔淨精微之儒。」（聖賢羣輔錄下）呂氏春秋又增加三派，有子貢、子夏、曾子之儒，田子方學於子貢，段干木學於子夏，吳起學於曾子（當染）。趙武靈王謂：「儒者，一師而禮異。」（戰國策趙策文二）他們雖遵守孔子的學統，但因對禮的學旨不同，師承相授，遂分爲派別。當時儒者，皆深信子思孟軻得孔子的眞傳，荀卿欲排而去之，以自繼孔子。他說：「案飾其辭，而祗敬之，曰：此眞先君子之言也，子思唱之，孟軻和之，世俗之溝猶瞀儒，嚾嚾然不知其所非，遂受而傳之，以爲仲尼、子游，茲厚於後世。」至批評子張、子夏、子游三派，則說：「弟佗其冠，神禫其辭，禹行而舜趨，是子張氏之賤儒也。正其衣冠，齊其顏色，嗛然而終日不言，是子夏氏之賤儒也。偷儒憚事，無廉恥而耆飲食，必曰：君子固不用力，是子游氏之賤儒也。」（非十二子篇）子思學派，以戒懼愼獨爲入門工夫。子張子夏子游等，意見互異，各立門戶。子張氏的儒，僅宗儒家的威儀，重於外貌之修飾。故曾子也評他「堂堂乎張也！」對於修己治學，則多聞闕疑，言寡尤，行寡悔。子夏氏的儒，務於沉默，但樂記表示子夏學派的思想，特重禮樂，強調政治性的樂論。子游氏的儒，效先儒而慕之，習其所偏而自蔽。禮運一篇，是子游氏所記的孔子之言，受精微之說。其徒又爲檀弓上下等篇，記禮儀節目甚詳。朱熹說：「子張是箇務外底人。子游是箇高簡虛曠，不屑細務底人。子夏是箇謹守規矩嚴毅底人。因觀荀子論三子之賤儒，亦是此意。」（朱子全書卷五十二道統一孔門弟子）司馬遷論儒家的流派說：

「自孔子後，七十子之徒，散游諸侯，大者爲師傅卿相，小者友教士大夫，或隱而不見。故子路居衞，子張居陳，澹臺子羽居楚，子夏居西河，子貢終於齊。如田子方、段干木、吳起、禽滑釐之屬，皆受業於子夏之倫，爲王者師。是時獨魏文侯好學，後陵遲以至於始皇，天下並爭於戰國，儒術既絀焉。然齊魯之門，學者獨不廢也。於威宣之際，孟子荀卿之列，咸遵夫子之業而潤色之，以學顯於當世。及至秦之季世，焚詩書，阬術士，六藝從此缺焉。」（史記儒林列傳）

統括上面之所說，儒家略可分爲十四派。莊子天下篇，又稱有南方之儒者。儒家保持他們的學旨和禮樂的傳統，直至嬴秦滅亡以後而未墜。「陳涉之王也，而魯諸儒持孔子之禮器，往歸陳王。……及高皇帝誅項籍，舉兵圍魯；魯中諸儒，尙講誦，習禮樂，弦歌之音不絕。」（史記儒林列傳）

第五節　儒家教學課程

周禮卿大夫之教，考德行，察道藝；州長之教，考德行道藝。德行道藝，是學者必修的要目。孔子教學，亦本周官的成法。故說：「志於道，據於德，依於仁，游於藝。」（論語述而）道德仁藝，卽周禮的德行道藝。莊子、呂氏春秋、韓詩外傳等，雖然說孔子學於老聃，但儒家以繼述周代的政教傳統爲職志。淮南子說：「孔子修成康之道，述周公之訓，以教七十子，使服其衣冠，修其篇籍，故儒者之學生焉。」（要略）周代學校，國中小學及鄉校，教以禮、樂、射、御、書、數六藝；大學則教以詩書禮樂的四術。教詩爲大師，教書爲典書者，教禮爲執禮者，教樂爲大樂正、小樂正、胥之屬，而總其教的爲大司成。白虎通德論說：「十五成童志明，入太學，學經術。」（辟雍）六藝是基本的課程，四術是高貴的學問，故孔子說：「興於詩，立於禮，成於樂。」（論語泰伯）又說：「子所雅言，詩書執禮。」（論語述而）周禮樂正崇四術，立四教，順先王詩書禮樂以造士（閻若璩四書釋地又續弟子蓋三千焉）。術者是道路之名，四教乃入德之路。四術之學，至春秋戰國之世，仍普遍流行。莊子天下篇說：「其在於詩書禮樂者，鄒魯之士縉紳先生多能明之。」徐無鬼篇也說：「女商曰：吾所以說吾君者，橫說之則以詩書禮樂，從說之則以金版六弢。」莊周出自子夏門人，所說詩書禮樂，原屬儒家教學的課程。趙武靈王時，公子成所謂「詩書禮樂之所用。」（戰國策趙策文二）戰國末期，四術之教仍重視。由於這種課程的普及，觀於當時諸子人物的應答之詞，著書立說，常引詩書爲立論的根據，可爲佐證。例如墨者夷之見孟子，他說：「儒者之道，古之人，若保赤子。」（孟子滕文公上）「若保赤子」一詞，是出自尚書康誥篇。大學和孟子，也引用此言。可見這大學的舊科，是士子所精讀。這種風氣，迄戰國時還是這樣，因此商鞅教秦孝公燔詩書而明法令。他說：「詩書禮樂善修仁廉辯慧，國有十者，上無使守戰。」（商子農戰）這是因儒家課程普遍影響讀書人的思想，對法家改革秦政，仍有極大的阻力而發的。但這種反儒家的焚書政策，至秦始皇時李斯執政，才大規模實行。

根據上面的來說，孔子教弟子的課程，首重詩書禮樂。公孟子謂：「孔子博於詩書，審於禮樂。」

（墨子公孟）列子仲尼篇說：「曩吾修詩書，正禮樂，將以治天下，遺來世。」可見孔子對於四術，是非常專精。韓詩外傳也謂孔子退而修詩書禮樂，「詩書之不習，禮樂之不講，丘之罪也。」（韓詩外傳卷六）孔子以四術教人，是很明顯的，故史記孔子世家說：「孔子以詩書禮樂教弟子，蓋三千焉。」可是，在四術的課程之中，孔子施教，首先在詩，因爲「詩可以興，可以觀，可以羣，可以怨，邇之事父，遠之事君，多識鳥獸草木之名。」（論語陽貨）這是說，詩是包括有引譬連類的文學意味，觀察風俗的盛衰，羣居互相切磋，刺諷社會政治，以至一切自然界的常識，所以詩在四術中是一種基本教程，讀書人首先要學的。古詩約有三千，孔子刪之爲三百篇，作爲詩的選本教科書，以授學生，但逸詩的散見於論語、孟子、禮記、左傳、國語、逸周書、孔子家語、管子、墨子、莊子、荀子、呂氏春秋等仍很多。書卽先王的大訓和上古政治史，可以觀事觀政，察名度，知議論，慕忠勤，引鑑戒，社會的組織，政教的經驗，是可由尚書詁典揣摩而領悟的。所以書也列爲基本的教程。荀子所謂「詩書之博也。」（荀子勸學）故春秋之際，兩侯相會，或使臣朝聘，臨饗宴，每賦詩以述己志，其餘論事，或引詩或引書以爲論斷。詩書是智識的泉源。詩的課程，乃教人以文學音樂，社會風俗，各國習慣，賓主應酬，使臣禮節，男女感情，飲食服飾，動物植物，昆蟲飛蟄，農事節令，工匠貿賈，干戈射御，獵狩征伐，祭禱紀功。書的課程，教人知上古朝代變革，是歷史學；察社會的治亂盛衰，是政治學；觀日月星辰授時閏歲，是天文數學；見山川藪澤賦貢名物，是地理學。詩書內容，賅括的很豐富。儒家以詩書教人，故稱孔子是博學多能的。

孔子最用力研究的，是禮。聖門立教，禮爲最重，故他的弟子，顏淵博文約禮，克己復禮，固然注意講求，若曾子尤注意於禮之變。如檀弓曾子問所載，反復辯論；至於子游達禮，也見於檀弓。子夏作儀禮喪服記及通素以爲絢之旨，更非僅習文學者。儒家雖以詩書爲教人入學的門徑，但以禮樂爲教人最高深的學問。儒家之重視禮，猶古希臘學人之重視哲學。孔子對於禮樂的學問，是有師承。史稱他問禮於老聃，學樂於萇弘，問官於郯子，學琴於師襄。可是儒家之對於禮樂，不僅要實踐，並且要加以理論化，認爲籩豆爵篚鐘鼓羽籥，皆有度數的，其中自有義理存在。故說：「失其義，陳其數，祝史之事也。」（禮記郊特性）祝史只知它的度數，不了解它的義理；儒家是兼通它的度數和義理的，儒家好禮，但不能稱他們爲巫的，就是這一點。荀子說：「夫學始於誦經，終於習禮。」（荀子勸學）詩書要誦讀的，禮樂要練習的。故詩書的修習當作誦經，禮樂的修習注重動作，——四術教人，包括誦讀和動作的。禮記所謂「詩書禮樂之造士。」（王制）儒家以這四術爲教人的課程，是有明確的根據。春秋時，晉國物色元帥，趙衰推薦郤穀充當，並說：「臣亟聞其言矣，說禮樂而敦詩書；詩書義之府也，禮樂德之則也。」（左傳僖公二十七年）這更可證明飽受詩書禮樂訓練的人，自能擔當國家的重任了。

至於周易，是卜筮的繇辭，巫術的一種。春秋是侯國的史記，故墨子有周的春秋，燕的春秋，宋的春秋，齊的春秋；孟子也說晉之乘，楚之檮杌，魯之春秋。周易義理精微，是掌於太卜；春秋官家檔案，是職於大史，非民間所有，也非士子所能普遍肄習的。惟孔子晚年，喜贊周易，懼修春秋，始合所刪的詩書，所定的禮樂，而成爲六經。這樣可知孔子晚年以前，似未曾以周易春秋合四術而教人；孔子教人的課程，大抵亦僅限於詩書禮樂的四術罷了。論語說周易的僅兩章，雖引述春秋的精義，但仍未詳細論及。孟子於詩書禮樂春秋皆有論斷，且推及於天文與地字學算法，而獨不言易。故朱熹說：「易本卜筮之書，故先王設官，掌於太卜，而不列於學校。學校所教，詩書禮樂而已。」（朱文公文集答黎季忱）韓宣子是晉國的世卿，到魯，觀大史氏的書，始得見易象和魯春秋，說是周禮盡在魯國了（左傳昭公二年）。吳季札亦到魯，方見各國的詩和樂（左傳襄公二十九年）。這可見易春秋詩樂等，在當時原是極名貴的學問。尤其易的一門，各國遇大事用卜筮，以卦爻定吉凶休咎，其應用似乎很普遍。左傳僖公十五年，戰於韓，卜卦遇蠱，成公十六年，戰於鄢陵，晉侯筮，卦遇復。這雖不言周易，而別有引據之詞，但卜易是術士一種很專門的技能。管子的五官技，亦列有詩、春秋、易，且謂：「易者，所以守吉凶成敗也；卜者，卜吉凶利害也。」（管子山權數）孔子讀易，韋編三絕，且說：「加我數年，五十以學易，可以無大過矣。」（論語述而）所以易是一種高深的學問。孔子雖作十翼，專發明易的義理，實未輕易列入基本教程，而以象數教人爲學的。孔子是魯人，而設教之地又在魯境，故所修的春秋，亦以魯事爲主。他年七十始作春秋，春秋書成一歲而孔子卒，故春秋自未曾用以授徒。可是，晉羊舌肸習於春秋，悼公使傅其太子（國語晉語八），則東周之時，春秋已爲人所重視。士亹傳楚太子，申叔時開列應授的課程，內有春秋、詩、禮、樂、故志、訓典等科目（國語楚語上）。故志和訓典，似屬於書一類。因爲敎傅太子，應該使他曉得本國或各國的政治史，以「聳善抑惡，戒勸其心」，故添授春秋一科。其餘都是四術的課程，並沒有周易。這可見詩書禮樂，爲當時貴族人物所應受的高等敎育，而孔子是以這四術敎一般平民的第一人。

孔門學成的弟子，著名的：德行顏淵、閔子騫、冉伯牛、仲弓；言語宰我、子貢；政事冉有、季路；文學子游、子夏（論語先進）。這四科的論列，乃追隨於陳蔡的弟子，其他的賢者，當然不限於此。范仲淹說：「孔子之辨門人，標以四科：一曰德行，二曰政事，三曰言語，四曰文學。以四科辨之，思過半矣。」（范文正公文集推委臣下論）大抵從於陳蔡的弟子，周遊列國，訪問王都，參觀明堂，對政治社會的興廢，獲得更深刻的體認。孔門以四科辨士，以三等論衆材。德行、言語、政事、文學四科的深造，乃由四術所自出。這是敎人的綱領，而非授徒的課程。論語說：「子以四敎，文行忠信。」（論語述而）文行忠信，又是這敎人綱領所實踐的信條，演而爲四種觀念。可是四科和四敎之中，對於「文」的位次，有先後的不同。四敎以「文」爲先，是自博而約；四科以「文」爲後，是自本而末的。眞德秀說：「文者講學之事，主乎知。」（眞文忠公文集問行有餘力與四敎不同）司馬光也解釋：「古之所謂文者，乃所謂禮樂之文，升降進退之容，絃歌雅頌之聲，非今之所謂文也。」（溫公文正司馬公集答孔文仲司戶書）這話說得非常廣泛。要言之，「文」是詩書禮樂的典文，故孔子敎人論士，不過爲德行、言語、政事、及詩書禮樂之文的四種綱領罷了。司馬光又說：「孔子以詩書禮樂敎洙泗。」（同上書士則）閻若璩也說：「言六藝者，折中於夫子。當日之時敎，只以正業；正業者，詩書禮樂。其能兼通易、春秋者，七十有二子耳。弟子列傳首引孔子曰：受業身通者七十有七人，皆異能之士是也。若以六藝與周官同，則禮、樂、射、御、書、數，司徒以之敎萬民，保氏以之養國子，豈必異能之士哉？」（四書釋地又續弟子蓋三千焉）方觀旭解釋的很精當。他說：「孔子以詩書禮樂敎弟子，蓋三千焉，遵樂正四術之常法，至及門高業弟子，方授以易、春秋，故身通六藝者，僅七十二人，則易象、春秋，孔子不輕以敎人。」（論語偶記子所雅言詩書執禮）這樣說來，儒家敎學的課程，可分爲兩個階段：第一階段，詩書禮樂四術，爲通常敎授三千弟子的正業。孔子的六經或六藝，是指其著述言，而非爲敎學言的。第二階段，易、春秋二學，爲較高深的進修，入室的弟子，始有機會深造。故身通六藝的七十二弟子，大概是完成這兩階段學程的。

至於六藝，原爲周代小學和鄉校的敎學課程，屬於初等敎育的科目。自天子失官，學在四夷，孔子於闕里設敎，爲私立大學性質，聚徒皆屬成年的人，講授的是詩書禮樂的高等學科，問仁問孝，問政問禮，一隅三反，非童年所能習。或授以治賦爲宰，與賓客言，爲千乘之國，皆屬於高深的政敎之學。對於小學基本課程的六藝，自然非孔子所注意施敎的了。可是禮樂爲孔子所常講求，孔門所敎四術，執禮習樂，爲最重要的科目。故六藝的禮樂和孔門所授的禮樂，雖然程度或有深淺的分別，但科目總是一樣的。孔子說執御執射（論語子罕），論語鄉黨篇：「升車必正立，執綏。車中，不內顧，不疾言，不親指。」升車之容，多有說及。他的弟子冉有樊遲曾爲御。左傳哀公十一年，齊伐魯，冉有率左師，管周父御，樊遲爲右。樊遲踰溝，冉有用矛於齊師，故能入其軍。這樣，冉有樊遲當亦知道車戰之法。論語又說：「射不主皮」（八佾），「君子無所爭，必也射乎，揖讓而升，下而飲，其爭也君子。」（八佾）中庸說：「射有似乎君子，失諸正鵠，反求諸其身。」射御之事，孔門也常常談到的。書則注重文字削簡，數則講求治賦權量，雖非正式列入課程授徒，但亦應注意參考。子貢貨殖，仲由治賦，都是孔門中長於數算的人才。孔子嘗爲委吏，主持會計（孟子萬章下）。孔子並謂行夏之時，認爲夏正最確當，而作春秋，用夏時以冠月。又魯國冬螽，「季孫問諸仲尼，仲尼曰：丘聞之，火伏而後蟄者畢，今火猶西流，司曆過也。」（左傳哀公十二年）據此，孔子對於曆算，亦有研究。李塨說：「六藝爲聖賢學習實事，孔子習禮學樂，執射執御，筆削會計，無不精當，可證。」（顏氏學記恕谷一）統括來說，孔子當時雖以四術授徒，而對於六藝之學，自然也有講習的。

（註一）劉氏遺書卷二經傳小記：「三曰師以賢得民，四曰儒以道得民。案師即禮經所謂先生，鄭氏注云：古者年七十而致仕老於鄉里，大夫名曰父師，士名曰少師，而教學焉是也。儒即禮經所謂君子，鄭氏注云：有大德行不仕者是也。」

（註二）來鵠儒義說：「夫儒者可器之士號也，何者？以其不達於事濡滯焉，且以詩書之法未嘗言，以周易春秋之文未嘗載斯明矣。以其未列於五倫，不約其事而制之，何必曰儒？」

（註三）來鵠認爲儒行篇非仲尼之言（儒義說）。呂大臨說：「此篇之說，有誇大勝人之氣，少雍容深厚之風，竊意末世儒者將以自尊其教。謂孔子言之，殊可疑。然考其言，不合於義理者殊寡。學者果踐其言，亦不愧爲儒矣，此先儒所以存於篇也與。」（禮記儒行注）李覯說：「儒行非孔子言也，蓋戰國時豪士所以高世之節耳。其條雖十有五，然指意重複，要其歸，不過三數塗而已。」（直講李先生文集讀儒行）程頤也說：「儒行之篇，此書全無義理，爲後世游說之士，所爲誇大之說，觀孔子平日語言，有如是者否。」（程氏遺書）

（**註四**）荀子儒效篇：「雖隱於窮閻漏屋，無置錐之地，而王公不能與之爭名。在一大夫之位，則一君不能獨畜，一國不能獨容，成名況乎諸侯，莫不願得以爲臣。用百里之地，而千里之國，莫能與之爭勝，笞棰暴國，齊一天下，而莫能傾也，是大儒之徵也。其言有類，其行有禮，其舉事無悔，其持險應變曲當，與時遷徙，與世偃仰，千舉萬變，其道一也，是大儒之稽也。……法先（後）王，統禮義，一制度，以淺持博，以古持今（以今持古），以一持萬，苟仁義之類也，雖在鳥獸之中，若別白黑，倚（奇）物怪變，所未嘗聞，所未嘗見也。卒然起一方，則舉統類而應之，所作儗怍，張法而度之，則晻然若合符節，是大儒者也。……法後王，一制度，隆禮義而殺（敦）詩書，其言行已有大法矣，然而明不能齊，法教之所不及，聞見之所未至，則知不能類也。知之曰知之，不知曰不知，內不自以誣，外不自以欺，以是尊賢畏法，而不敢怠傲，是雅儒者也。……不學問，無正義，以富利爲隆，是俗人者也。逢衣淺帶，解果其冠，略法先王而足亂世術，繆學雜舉，不知法後王而一制度，不知隆禮義而殺（敦）詩書，其衣冠行僞（爲），已同於世俗矣，然而不知惡者，其言議談說，已無異於墨子矣，然而明不能別，呼先王以欺愚者，而求衣食焉，得委積足以揜其口，則揚揚如也，隨其長子，事其便辟，舉其上客，億然若終身之虜，而不敢有他志；是俗儒者也。」

（**註五**）左傳哀公二十一年：「（魯）公及齊侯邾子盟于顧。齊人責稽首，因歌之曰：魯人之皋，數年不覺，使我高蹈，唯其儒書，以爲二國憂。」（按儒家重禮故稱禮書曰儒書）

第三章 何謂六藝

第一節 六藝的定義

藝字的意義：說文解字解釋說：「埶種也，從坴丮持亟種之。」（丮部）鄭剛中說：「才有所長者藝也。」舒天民謂藝是禾樹土的意思，从手樹禾的象工，秇埶事像農夫秇的，因以爲六埶的埶。（六藝綱目卷上）章炳麟謂蓺之名起於曲蓺。考工記曰：「審曲面埶。」解埶爲臬，故審曲面臬之術，即謂之曲臬，亦作曲埶（註一）。章氏釋藝，和左傳：「陳之藝極，引之表儀。」（文公六年）的釋義相同。由於這義的引申，文顯漢書注謂所射準的爲藝。這是藝字起源於工說。周禮地官大司徒，以教稼穡樹蓺，却以藝屬農。頒職事十有二，十曰學蓺。鄭司農注謂學道蓺。詩經齊風：「藝麻如之何？衡從其畝。」（南山四章）逸周書說：「教茅與樹藝。」（大聚解）墨子說：「農夫早出暮入，耕稼樹藝。」（非樂上）孟子也說：「樹藝五穀。」（滕文公上）趙岐注：藝，殖也。統括說來，藝是有耕耨之義，藝事農的，古代重農事，以耕爲先，由稼穡樹藝之藝，遂引用爲道藝之藝。普遍言之，凡學業的都叫做藝。

六藝一詞，最早見於史籍的，是在周禮。周禮大司徒說：

「以鄉三物，教萬民而賓興之，……三曰六藝：禮、樂、射、御、書、數。」

保氏又說：

「養國子以道，乃教之六藝：一曰五禮，二曰六樂，三曰五射，四曰五御，五曰六書，六曰九數。」

鄭司農注六藝：五禮，吉凶賓軍嘉；六樂，雲門、大咸、大韶、大夏、大濩，大武；五射，白矢、參連、剡注、襄尺、井儀；五御，鳴和鸞、逐水曲、過君表、舞交衢、逐禽左；六書，象形、指事、會意、轉注、假借、諧聲；九數，方田、粟米、差分、少廣、商功、均輸、方程、贏不足、旁要，今有重差、夕桀、勾股。鄭氏用「今有」二字，指漢代始有此名，其他名詞，則爲周代學者所定的。保氏掌教小學，教國子以道藝。鄉三物爲六德六行六藝，是教鄉學的官法。這樣可知六藝是教小學和鄉學的課程。大戴禮記保傅篇，說王子年八歲學小藝，束髮而學大藝。這六藝，似通大小藝而言。禮記少儀說：「士依於德，游於藝。」鄭注謂藝卽是六藝。論語也說：「游於藝」（述而）邢疏朱注皆解爲禮、樂、射、御、書、數的六藝。朱熹四齋銘游藝：「禮云樂云，御射書數。俯仰自得，心安體舒。是之謂游，以游以居。」（朱文公文集）這些都是以六藝解釋游於藝的。

六藝的定義：徐幹說：「禮以考敬，樂以敦愛，射以平志，御以和心，書以綴事，數以理煩。」（中論藝記）約言之，禮樂是養仁，射御是養勇，書數是養智。六藝的學習，禮記內則謂數與方名於六歲已教。九歲後，教授書計，禮學幼儀。十三歲學樂舞勺。射御和舞象，皆在十五歲成童以後學習，而非幼小所能學的。就上面之所述，六藝的學程，應如下表：

學級	年齡	藝目
幼稚期	六歲	數方名
小學	九歲	數目
	十歲	書
		數
		禮與幼儀
	十三歲	樂
		詩（樂章）
		舞勺
	十五歲	舞象
		射
		御
大學	二十歲	禮（通禮）
		舞（大夏）

禮記少儀：「問國君之子長幼，長，則曰：能從社稷之事矣；幼，則曰：能御未能御。問大夫之子長幼，長，則曰：能從樂人之事矣；幼，則曰：能正於樂人，未能正於樂人。」這又根據六藝的學程，以自述他的年齡了。朱熹大學章句認爲六藝是小學所學的，他說：

「人生八歲，則自王公以下，至於庶人之子弟，皆入小學而敎之以灑掃，應對、進退之節，禮、樂、射、御、書、數之文。及其十有五年，則自天子之元子衆子，以至公卿大夫元士之適子，與凡民之俊秀，皆入大學，而敎之以窮理、正心、修己、治人之道。此又學校之敎，大小之節，所以分也。」（朱文公文集卷七十六）

章炳麟根據大戴禮記保傅篇的說法，認爲禮、樂、射、御、書、數爲小藝，六經爲大藝。他說：

「小藝者，小學所授。藝文志稱文字爲小學，而律歷志言數一十百千萬也，其法在算術小學。是則是六書九數同爲小學，餘四可知。」（小學答問）

許愼說文序，以保氏所教的爲小學，可證六藝均爲小藝，是十五歲以下所學的。顏元認爲孔門的博學，六藝亦在其內，故學禮學樂學射學御學書數，以至易書，莫不叫做學的（顏氏學記習齋一）。呂氏春秋說：「養由基、尹儒皆文藝之人。」（不苟論博志）文藝或爲六藝的誤寫（註二），由基善射，尹儒學御，那就稱爲六藝的人了。漢書司馬相如傳：「游於六藝之囿。」郭璞注謂六藝卽禮、樂、射、御、書、數。文選西都賦：「講論乎六藝。」李善注亦解爲禮、樂、射、御、書、數。至此，六藝一詞，引釋更爲廣泛了。

第二節　孔門的六藝

周禮的六藝，爲禮、樂、射、御、書、數。而孔門的六藝，則爲詩書禮樂易春秋。六藝和六經，相混而難分，大抵六藝爲小學鄉學的課程，而六經則爲大學的課程。六藝多重實習，爲通常生活上的基本智識；而六經則爲六學之文，重在經典，而爲高深的理論。夏侯陽算經序說：「博通九經，爲儒門之首；學該六藝，爲伎術之宗。」六藝不同於六經，由於六藝重在技術。要言之，六藝是重術，六經則重學。劉師培謂：「術者，指事物之作用。學者。指事物之原理。」（周禮古注集疏保氏疏）這是六藝和六經在本質上的區別。

六經皆周魯所遺之古典，而孔子述之。章實齋說：「六經之文，皆周公之舊典，以其出於官守而皆爲憲章，故述之而無所用作；以其官守失傳，而師儒習業，故尊奉而稱經。」（校讎通義漢志六藝）經名的起源：王夫之謂：「六經之書，在孔子但謂之藝，其稱經者，始見於戴氏經解之文，後人之所稱也。」（周易內傳發例）可是戰國時代，已直用經的名稱，原未有以六經稱爲六藝。荀子說：「夫學始乎誦經，終乎讀禮。」（勸學）莊子說：「丘治詩、書、禮、樂、易、春秋六經。」（天運）荀莊皆孔子再傳門人（子夏門人），其書已明著六經之目。漢代學者，始以六經爲六藝。陸賈說：「後聖乃定五經，明六藝。」（陸賈新語道基）又說：「孔子表定六藝。」（同上書本行）賈誼亦以六經爲六藝。其論六術：「先王爲天下設教，因人所有以之爲訓，道人之情以之爲眞，是故內本六法（道、德、性、神、明、命謂之六理，以六理爲內度；內度成業，故謂之六法。）外體六行（仁、義、禮、智、信、樂），以與詩、書、易、春秋、禮、樂六者之術，以爲大義，謂之六藝。令人緣之以自脩，脩成則得六行矣。」（賈子新書六術）淮南子主術訓：「孔丘墨翟，修先王之術，通六藝之論」。泰族訓：「六藝異科而皆同道。」亦指詩、書、易、禮、樂、春秋而言。董仲舒賢良對策：「請諸不在六藝之科，孔子之術者，皆絕其道，勿使並進。」（漢書董仲舒傳）可是他所著的春秋繁露，則以六經爲六學（註三）。史記和漢書，以六經爲六藝，例證很多。史記封禪書：「孔子論述六藝。」孔子世家贊：「自天子王侯，中國言六藝者，折中於夫子。」

伯夷列傳：「夫學者載籍極博，猶考信於六藝，詩書雖缺，虞夏之文可知也。」儒林列傳：「秦焚詩書，六藝從此缺焉。」太史公自序：「夫儒者以六藝爲法，六藝經傳，以千萬數。」漢書司馬相如傳：「游於六藝之圃。」公孫宏傳贊：「孝宣承流，纂修洪業，亦講論六藝，招選茂異。」王褒傳：「講論六藝羣書。」景十三王傳：「河間獻王德，其學舉六藝。」公孫賀等傳贊：「舒六藝之風，陳治平之原。」韋賢傳：「六藝所載，皆言不當。」匡衡傳：「臣聞六經者，聖人所以統天地之心，通人道之正，故審六藝之指，則天人之理可得而和。」王莽傳：「張純等曰：謹以六藝通義經文所見，周官禮記宜於今者，爲九命之錫。」莽傳贊：「莽誦六藝，以文姦言。」後漢書章帝紀：「有司奏言，孝明皇帝，博貫六藝。」鄭玄傳：「博稽六藝。」又著六藝論。賈逵傳：「游情六藝。」班固傳：「服膺六藝。」「講論乎六藝。」張衡傳：「遂通五經，貫六藝。」劉歆總羣書而奏七略，有六藝略，卽是六經略。漢書藝文志的六藝略，班固更列易、書、詩、禮、樂、春秋、論語、孝經、小學，純粹指儒家的六經及其他經籍而言。並說：「古之儒者，博學乎六藝之文。六學者王敎之典籍，先聖所以明天道，正人倫，致至治之成法也。」（漢書儒林傳）桓寬鹽鐵論也說：「今賢良文學臻者六十人，懷六藝之術。」（刺復）是則漢世諸儒，以六藝爲六經，可說是很普遍了。

李塨說：「至於六經，則古人載列道藝之籍，敎行道藝之詞耳，乃漢人亦以六藝名之，殊爲貿亂。」（顏氏學記恕谷一）但章炳麟的解釋，謂：「凡言六藝，在周爲禮、樂、射、御、書、數，在漢爲六經。

此自古今異語，各不相因，言者各就便宜，無爲甘辛互忌。」（檢論）這於詩、書、禮、樂、易、春秋，自人的學習方面來說，叫做六藝；若從書的本身來說，叫做六經。

史記孔子世家說：「孔子以詩書禮樂教弟子，蓋三千焉，身通六藝者，七十有二人。」六藝既爲六經，那麼孔子以詩書禮樂四術教弟子凡三千人，而精通包括易春秋的六經的，僅七十二人。教授六經的目的，在於治人。故孔子說：「六藝於治一也，禮以節人，樂以發和，書以道事，詩以達意，易以神化，春秋以道義。」（史記滑稽列傳）這就是六經的定義和效用。茲就各家所論，統列如下表：

各家	六經次序	詩	書	禮	樂	易	春秋	備考
孔子	詩書樂易禮春秋	溫柔敦厚	疏通知遠	恭儉莊敬	廣博易良	絜靜精微	屬辭比類	禮記經解
莊周	詩書禮樂易春秋	道志	道事	道行	道和	道陰陽	道名分	莊子天下篇
荀卿	詩書禮樂春秋	言是其志	言是其事	言是其行	言是其和		言是其微	荀子儒效篇
賈誼	書詩易春秋禮樂	此之志也	此之著也	此之體也	此之樂也	此之占也	此之紀也	賈子新書道德說
劉安	詩書易禮樂春秋	溫惠柔良（風）	淳龐敦厚（教）	恭儉尊讓（爲）	寬裕簡易（化）	清明條達（義）	刺幾辯議（靡）	淮南子鴻烈泰族訓

董仲舒	詩禮樂書易春秋	道志長於質	道功長於事	制節長於文	詠德長於風	本天地長於數	正是非長於治人	春秋繁露玉杯篇
司馬遷	易禮書詩樂春秋	記山川谿谷禽獸草木牝牡雌雄長於風	記先王之事長於政	經紀人倫長於行	樂所以立長於和	著天地陰陽四時五行長於變	辨是非長於治人	史記太史公自序
揚　雄	易書禮詩春秋	說志莫辨乎詩	說事莫辯乎書	說體莫辨乎禮		說天莫辨乎易	說理莫辨乎春秋	法言寡見篇
班　固	樂詩禮書春秋易	正言（義之用）	廣聽（知之術）	明體（明者正見故無訓）	和神（仁之表）	備五常之道為五經之原	斷事（信之符）	漢書藝文志

綜合上面的來說，詩爲文藝之書，書爲政史之書，禮爲禮儀法制之書，樂爲音樂之書，易爲陰陽占筮之書，春秋爲各國朝報之書。章學誠謂六經皆史，則以史視六經。龔自珍也持此說，謂：「六經者，周史之宗子也。易也者，卜筮之史也。書也者，記言之史也。春秋也者，記動之史也。風也者，史所采於民，而編之竹帛，付之司樂者也。雅頌也者，史所采於士大夫也。禮也者，一代之律令，史職藏之故府，而時以詔王者也。小學也者，外史達之四方，瞽史諭之，賓客之所爲也。今夫宗伯雖掌禮，禮不可以口舌存，儒者得之史，非得之宗伯。樂雖司樂掌之，樂不可以口舌存，儒者得之史，非得之司樂。故曰六經者，周史之大宗也。」（定盦文集尊史）劉師培却認爲六經是孔門的教科書，他說：「六藝之學，即孔門所編訂之教科書也。孔子之前，已有六經，然皆未修之本也。自孔子刪詩書，定禮樂，贊周易，修

春秋，而未修之六經，易為孔門編訂之六經。且六經之中，一為講義，一為課本。易經者，哲理之講義也。詩經者，唱歌之課本也。書經者，國文之課本也。春秋者，本國近事史之課本也。禮經者，倫理心理之講義及課本也。樂經者，唱歌之課本及體操之模範也。是為孔門編訂之六經。」（國學發微）六經雖然有這樣豐富的教材，可是不善學習的，而流於有所蔽。孔子說：「詩之失也愚，書之失也誣，禮之失也煩，樂之失也奢，易之失也賊，春秋之失也亂。」（禮記經解）淮南子宗其說，亦謂：「易之失鬼，樂之失淫，詩之失愚，書之失拘，禮之失忮，春秋之失訾。」（鴻烈解泰族）

第三節　六藝的批評

莊子認為六經是先王的陳迹，「夫迹履之所出，而迹豈履哉？」（莊子天運）所以六藝不過是先王的遺言，已死的智識，不能行於活生生的今世，這是一種反對傳統的態度。莊周引申其義，加以說明，謂：「禮義法度者，應時而變者也。」（莊子天運）道家思想，志在應時而變，另創一新境界，揚棄古人的陳說，對於儒家所保守而講求的六藝，是極端反對的。法家根據功利觀點，也反對儒家及其六藝。韓非的基本觀點，認為古今異俗，世異則事異，所以說：「孔子墨子俱道堯舜，而取舍不同，皆自謂眞堯舜。堯舜不復生，將誰使定儒墨之誠乎？」又說：「無參驗而必之者愚也，弗能必而據之者誣也，故明據先王必定堯舜者，非愚則誣也。」（韓非子顯學）韓非更認為儒者失實，禮為忠信之薄，所言六藝，不過是一種貌飾而已。商鞅的觀點和韓非相近，認為三代不同禮而王，五霸不同法而霸，強國的辦法，首重農戰，儒家的政教，適為厲行農戰的障礙。他說：「詩書禮樂，善修仁廉辯慧，國有十者，上無使守戰。」（商子農戰）這樣看來，法家指斥儒家思想不切實用，也持反對的態度。

晏嬰和孔子同時，亦主張以禮治國，為齊賢相，孔子曾贊許他。但他對儒家之繁文縟禮，却批評說：「夫儒者滑稽而不可軌法；倨傲自順，不可以為下；崇喪遂哀，破產厚葬，不可以為俗；游說乞貸，不可以為國。自大賢之息，周室既衰，禮樂缺有間，今孔子盛容飾，繁登降之禮，趨詳之節，累世不能殫其學，當年不能究其禮。」（史記孔子世家）墨翟反對儒家，謂其天鬼不說，厚葬久喪，絃歌鼓舞，及以命為有，貧富壽夭，治亂安危有極，有此四政，足以喪天下（墨子公孟）。又其非儒篇，引晏子議論，痛斥儒家繁禮盛樂之弊：「孔某盛容脩飾以蠱世，弦歌鼓舞以聚徒，繁登降之禮以示儀，務趨翔之節以觀衆。博學不可使議世，勞思不可以補民，累壽不能盡其學，當年不能行其禮，積財不能贍其樂。繁飾邪術，以營世君，盛為聲樂，以淫遇（愚）民，其道不可以期世，其學不可以導衆。」（墨子非儒下）司馬談論儒說：「夫儒者以六藝為法，六藝經傳以千萬數，累世不能通其學，當年不能究其禮。故曰：博而寡要，勞而少功。」（史記太史公自序）司馬談以儒家的博而寡要，勞而少功，也本於墨家的說法。淮南子說：「墨子學儒家之業，受孔子之術，以為其禮煩擾而不悅，厚葬靡財而貧民，（久）服傷生而害事，故背周道而用夏政。」（淮南子要略）又說：「孔丘墨翟脩先聖之術，通六藝之論，口道其言，身行其志。」（淮南子主術訓）這樣說來，儒墨之學，本多同源，可是，「弦歌鼓舞以爲樂，盤旋揖讓以脩禮，厚葬久喪以送死，孔子之所立也，而墨子非之。」墨翟反對繁文縟禮，已如上述。他並且非樂：「非以大鍾鳴鼓琴瑟竽笙之聲，以爲不樂也，非以刻鏤華文章之色，以爲不美也，非以犓豢煎炙之味，以爲不甘也，非以高臺厚榭邃野之居，以爲不安也。雖身知其安也，口知其甘也，目知其美也，耳知其樂也，然上考之，不中聖王之事；下度之，不中萬民之利。是故子墨子曰：爲樂非也。」（墨子非樂上）在六藝的課程中，墨翟反對禮樂；而對射御的態度，認爲應與學問分開。他的二三門人請學射，墨翟答覆他們說：「不可，夫知者，必量其力所能至，而從事焉。國士戰且扶人，猶不可及（兼）也，今子非國士也，豈能成學又成射哉？」（墨子公孟）足見墨翟認射和學是兩件事。大抵當時射已由普遍性而成爲帶有專門性的職業。射御同道，對射的觀點既如此，對御自然可知，故認爲射御只是兩種技能，並非重要的學問。其次，墨翟對於書數，是持贊同的態度。因爲他要誦古先王之道，常說書於竹帛，鏤於金石，自然精於書。至於數算，墨翟更有極大的貢獻。墨學中並包含有幾何學的定理。這樣說來，墨家的批評六藝，對於禮樂持折衷態度，而反對繁禮淫樂。射御應和學問分開，只可視爲專門技能的訓練。對於書數則贊同，而於數更有新的貢獻。墨翟基於實用主義的教育思想，故墨學的課程，和儒家略異。要言之，墨家授徒，有書、數、詩、書、列國春秋（周、燕、宋、齊等），德行、談辯、軍事學（含有建築學）等科目

（註一）章炳麟小學答問：「埶之名起於曲埶。考工記曰：宷曲面埶。鄭司農以為宷察五材曲直，方面形埶之宜，蓋未諦埶讀為臬。言埶極者，即是臬極。考工記亦以槷為臬，匠人置槷以縣。鄭君謂槷古文臬，叚借字，於所平之地，中央樹八尺之臬，以縣正之。其用縣者，亦必于四角立植而縣以水，植亦臬也。面讀如笙賦宷洪纖，面短長之面向也。宷曲者宷巨，面臬者視縣，此百工所必用。宷曲面臬之術，亦即謂之曲臬，亦作曲埶。文王世子云：曲埶皆誓之。莊子言一曲之士，一曲者一技也。地官言六埶，六埶者六術也。其字正當作臬㝎，臬引申而得斯誼。……世人或言六埶于人猶黍稷也，拘牽種埶之文，既失情實。或言種植種類，皆種埶。漢世以六經為六埶，猶言六種。埶文志序六埶為九種，猶言分六種為九種，若然曲埶埶文之名，悉不可通。六德六行六埶，其名亦偏習不倫矣。」

（註二）汲冢周書曾有「隱於文藝」之言（官人解），文藝一詞，古書亦有所見。章炳麟引呂氏春秋則謂為「皆大藝之人也」，故釋作明二子皆儒者。（原儒）

（註三）春秋繁露：「六學皆大而有所長，詩道志故長於質，禮節制故長於文，樂詠德故長於風，書著功故長於事，易本天地故長於數。春秋正是非故長於治。」（玉杯）

第四章 禮

第一節 禮的起源

禮的起源，應追溯於上古祭祀的制度。說文謂禮爲履也，所以事神致福也，从示从豐。示天垂象，見吉凶，所以示人也。从二（古文上字），三垂日月星也，觀乎天文以察時變，示神事。豊、行禮之器也，從豆象形。殷墟卜辭所見的豊字爲𧯛，據王國維的解釋，這字像二玉（玨）在器之形，因古代行禮是用玉的。豊從玨在凵中，从豆乃會意字，而非象形字（觀堂集林藝林六）。禮字的起源，雖然可以這樣推臆和解釋，但它的實際意義，未易詳知。故禮記說：

「禮之所尊，尊其義也。失其義，陳其數，祝史之事也。故其數可陳也，其義難知也。」（郊特牲）

可是禮的作用，既起於祭祀，故禮以祭祀最爲重要。孔子說：

「明乎郊社之義，嘗禘之禮，治國其如指諸掌而已乎。」（禮記仲尼燕居）

外祭則郊社，內祭則大嘗禘。郊社之義，所以仁鬼神；嘗禘之禮，所以仁昭穆。宗廟的禮，最重嘗禘。四時皆祭，以春嘗秋禘爲大。除祭祀之外，禮記更把禮推廣到社會生活，說：

「夫禮本於天，殽於地，列於鬼神，達於喪祭、射御、冠昏、朝聘，故聖人以禮示之，故天下國家

可得而正也。（禮運）

荀子基於政治的觀點，謂禮的起源，在於求治：

「禮起於何也？曰：人生而有欲；欲而不得，則不能無求。求而無度量分界，則不能不爭；爭則亂，亂則窮。先王惡其亂也，故制禮義以分之，以養人之欲，給人之求，使欲必不窮乎物，物必不屈於欲。兩者相持而長，是禮之所起也。」（荀子禮論）

禮起源於祭祀，有類於宗教的性質；如起源於分人之爭，那是近於政治的性質。觀點雖然不同，但意義可以共通，因爲前者是說明禮的本質，後者是側重禮的效用。孔子對於天的觀念，認爲天有意志不可逆，天爲全智不可欺，天有賞罰不可違，如詩經大雅大明篇：「小心翼翼，昭事上帝，聿懷多福。」此則更似爲一種宗教信仰。古人無時無事不言天，禱爾於上下神祇，民和而神降之福，獲罪於天無所禱也。對天和羣神的信仰，是很普遍的。雖然這樣，可是古代僅有禮教而非宗教，因爲禮教特重社會的關係，卽人與人之間的關係。禮和宗教不同的地方，宗教把人放在神的面前，主宰在於神；禮雖把人放在神的面前，同時也把人放在人的面前，主體還側重在人的本身。雖然有祭祀的儀式，有天人感應的說法，但靈界的理論簡單，範圍狹小，所謂未知生，焉知死；未能事人，焉能事鬼，禮的中心精神，是偏重於人類的實際生活。左傳說：「民神之主也，是以聖王先成民，而後致力於神。」（桓公六年）就是這個意思。禮既然特重人與人間的關係，它的中心點在仁。中庸說：「仁者人也。」鄭注謂讀如相人偶之人。

孔門以此一人與彼一人相人偶，而盡其敬禮忠恕等事叫做仁。因此儒家對於禮的基本觀念，最重要的還是在仁。禮運謂禮猶耜而耕，仁猶耨而穫，故禮是工具，仁才是目的。論語論仁五十八章，仁字之見於論語的凡一百零五。儒家對於仁這樣重視，這是說明禮的中心精神是在人而非在神了。古代宗教雖未能建立起來，但仍有它的儀式，當時操祭祀祈禱的專門職業，爲巫與史。楚語謂民之精爽不携貳者，始得爲巫（註一）。說文：「巫，爲巫，祝也，女能事無形以舞降神者也，象人兩褎舞形。史爲史，記事者也，從又持中，中正也。」巫之職是降神祇於人，而又爲人祈禱於鬼神。史之職爲記事，掌圖書，占天文，修曆數，述神祇，卜卦筮，及爲宗室安排紀事。禮運說：「王前巫而後史，卜筮瞽侑，皆在左右。」故巫史實佔重要的地位。

禮和社會的實際生活，既發生密切關係，換言之，禮不僅用於祭祀祈禱，並進而滲透於倫理核心，爲民生日用的規矩和社會組織的基礎。儀禮十七章，包括各種大禮，如冠婚喪祭等儀式，由此可知親族的關係和宗教的觀念。大射、鄉飲、朝聘等禮，可考知政治的法制、社會的典禮和外交的儀節。並且，禮之應用於宮室，車輿、服飾、飲食，皆表示當時社會生活的實際情形。李覯說：「飲食、衣服、宮室、器皿、夫婦、父子、長幼、君臣、上下、師友、賓客、死喪、祭祀，禮之本也。曰樂曰政曰刑，禮之支也。而刑者又政之屬也。曰仁曰義曰智曰信，禮之別名也。」（直講李先生文集禮論）這樣說來，禮的應用範圍，異常廣泛。禮記是記載禮儀的書，對於儀禮各節，發明要旨，名物章制，詳爲解釋。論語一書，言禮也至博至精（註二）。自禮逐漸進步而加以理論化以後，禱祝觀念，常基於理智。晏子春秋說：「晏子曰：君以祝爲有益乎？（景）公曰然。若以爲有益，則詛亦有損也。……百姓之咎怨誹謗，詛君於上帝者多矣。一國詛，兩人祝，雖善祝者不能勝也。且夫祝直言情，則謗吾君也；隱匿過，則欺上帝也。上帝神則不可欺；上帝不神，祝亦無益。」（內篇諫上景公病久不愈欲誅祝史以謝晏子諫）思想觀念，既以理智爲斷，巫祝從前所佔的優越地位，變爲次要了。例如僖公二十一年，「夏大旱（魯僖），公欲焚巫尪。」（左傳）成公十年，晉景公夢大厲，桑田巫之說不驗，得疾乃殺之（左傳）。楚巫見齊景公，公命他齋牛山，以求神將降福，因晏子諫諍反對，卒將楚巫放於齊東（晏子春秋景公欲使楚巫致五帝以明德晏子諫）。魯穆公因天旱要曝巫，縣子說：「巫是愚婦人，有何益？」（禮記檀弓）至戰國初期，魏文侯時，鄴令西門豹，河伯娶婦的迷惑，賦斂百姓，遂投女巫於河以息謠（史記滑稽列傳）。這可見周代巫祝地位已趨低下，宗教形態日漸衰落，起源於祭祀的禮，却成爲社會實際生活應循的規矩了。

第二節　禮的定義

禮的定義，儒家解釋，命意各別，歸納的說，可分爲本體、效用、和行動三種觀點：

第一、從本體看法，「禮，體也，得其事體也。儀，宜也，得事宜也。」（劉熙釋名釋典藝）事體本身說不出它的意義，而事體怎樣解釋？孔子說：「禮也者，理也。」（禮記仲尼燕居）樂記也說：「禮也者，理之不可易者也。」理等於儀則，是絕對性而不可變易的。

第二、從效用看法，孔子說：「禮者何？卽事之治也，君子有其事，必有其治。」（禮記仲尼燕居）管子也說：「故禮者，謂有理也。理也者，明分以諭義之意也。」（管子心術上）治事明分的規矩卽是禮。

第三、從行動看法，禮者履也，言而履之，可踐履而行，故「脩身踐言，謂之善行；行脩言道，禮之質也。」（禮記曲禮）呂氏春秋說：「禮者，履此者也。」（孝行覽）鄭玄也說：「禮者，體也，履也。統之於心曰體，踐而行之曰履。」（三禮目錄）禮的本質重在實行，故禮不言誦而言執。執禮所以制中（禮記仲尼燕居），又所以正身。（荀子修身）故孝經謂：「禮者，敬而已矣。」（廣要道）執敬也卽是禮。

總而言之，禮的本體是儀則，效用在治事，行動重踐履。換句話說，禮是社會生活的規矩，人類行爲的模式，故荀子說：「禮者，法之大分，羣類之綱紀也，故學至乎禮而止矣。」（荀子勸學）

第三節　禮的目的

禮的目的，可分兩方面來說：

第一、關於個人：個人習禮的目的，在養成德性。故孔子說：「不學禮，無以立。」（論語季氏）禮緣人情而制，對於德性的陶冶，是道其志而治其情——「節人之情」和「文人之情。」管子說：「禮者因人之情，緣義之理，而爲之節文者也。」（管子心術上）孟子說：「禮之實，節文斯二者。」（孟子離婁上）韓嬰說：「禮者，則天地之體，因人之情，而爲之節文者也。」（韓詩外傳卷五）所謂節人之情，重在坊制；文人之情，重在養和飾。禮以節文二者，使人之情，納入於有一定規矩而形式優美的境地。個人生活和行爲，必須循禮以爲軌範：「凡用血氣志意知慮，由禮則治通，不由禮則勃亂提優；食飲衣服，居處動靜，由禮則和節，不由禮則觸陷生疾；容貌態度，進退趨行，由禮則雅，不由禮則夷固僻違，庸衆而野。」（荀子修身）禮對於個人影響這麼大，因此人人應該知禮。「夫人必知禮然後恭敬；恭敬然後尊讓；尊讓然後少長貴賤不相踰越；少長貴賤不相踰越，故亂不生而患不作。」（管子五輔）指導個性修養，禮又爲其基本條件：「恭而無禮則勞，愼而無禮則葸，勇而無禮則亂，直而無禮則絞。」（論語泰伯）

第二、關於社會：禮是用以調節及維持人類社會的各種秩序。「所以定親疏，決嫌疑，別同異，明是非也。」（禮記曲禮）故禮實爲社會組織之一重要基礎。但禮對於社會最主要的貢獻，在於明分，明分則不犯。荀子說：「人道莫不有辨；辨莫大於分；分莫大於禮。」（荀子非相）管子也說：「登臨揖讓，貴賤有等，親疏有體謂之禮。」（管子心術上）首先把社會關係劃分，加以調整安排，然後於人與人的關係之間，以禮來約束；各種社會活動，以禮來節制：

「道德仁義，非禮不成。敎訓正俗，非禮不備。分爭辨訟，非禮不決。君臣上下父子兄弟，非禮不定。宦學事師，非禮不親。班朝治軍，涖官行法，非禮，威嚴不行。禱祠祭祀，供給鬼神，非禮，不誠不莊。」（禮記曲禮）

「人君無禮，無以臨其邦；大夫無禮，官吏不恭；父子無禮，其家必凶；兄弟無禮，不能久同。」（晏子春秋外篇重而異者晏公飲酒命晏子去禮諫）

「民之所由生，禮爲大。非禮無以節事天地之神明也；非禮無以辨君臣上下長幼之位也；非禮無以別男女父子兄弟之親，昏姻疏數之交也。」（大戴禮記哀公問於孔子）

因此，禮的應用：「朝覲之禮，所以明君臣之義也。聘問之禮，所以使諸侯相尊敬也。喪祭之禮，所以明臣子之恩也。鄉飲酒之禮，所以明長幼之序也。昏姻之禮，所以明男女之別也。」（禮記經解）其功能：「以之居處有禮，故長幼辨也；以之閨門之內有禮，故三族和也；以之朝廷有禮，故官爵序也；以之田獵有禮，故戎事閑也；以之軍旅有禮，故武功成也。」（禮記仲尼燕居）這樣說來，禮的效用，實包括社會各方面，不僅限於禮儀。

禮之維持社會秩序的功能，至重且大，故亦爲政治的基礎。孔子說：「爲政先禮，禮者政之本與。」（大戴禮記哀公問於孔子）禮所以整民，「禮者民之紀，紀亂則民失。」（晏子春秋內篇諫下景公爲泰呂成將以饗晏子諫）並且，「禮所以正國也，猶衡之輕重也，繩墨之於曲直也，規矩之於方圓也。」（禮記經解）左傳說：「禮所以守其國，行其政令，無失其民者也。」（昭公五年）荀子也說：「禮者治辨之極也，強國之本也，威行之道也，功名之總也。」（荀子議兵）禮在政治上所發生的作用，由於「禮之教化也微，其止邪也於未形，使人日徙善遠罪而不自知也。」（禮記經解）「貴絕惡於未萌，而起敬於微眇。」（大戴禮記禮察）所謂禮禁於未然之前，法施於已然之後，那麼，禮對於政治是能潛移默化，而含有教育的意味了。孔子說：「道之以政，齊之以刑，民免而無耻；道之以德，齊之以禮，有耻且格。」（論語為政）格就是變化的意思。陸九淵謂儒家以柔治國，也是根據這種觀點而說的。禮的本質在仁，以仁字可貫通禮儀，也可以貫通政治。故孔子說：「郊社之義，所以仁鬼神也。嘗禘之禮，所以仁昭穆也。饋奠之禮，所以仁死喪也。射鄉之禮，所以仁鄉黨也。食饗之禮，所以仁賓客也。」（禮記仲尼燕居）禮的表現，原於愛與敬，其施用於政治：「古之為政，愛人為大，所以治愛人；禮為大，所以治禮；敬為大，敬之至矣。大昏為大，大昏至矣。大昏既至，冕而親迎，親之也；親之也者，親之也。是故君子興敬為親，舍敬是遺親也。弗愛不親，弗敬不正。愛與敬，其政之本與。」（禮記哀公問）

從人生哲學來說，宗教的作用，是替人們解決生死問題。禮也是一樣，卽是求一個人好好的生活，好好的死沒。生事之以禮，死葬之以禮，祭之以禮，所謂養生喪死無憾，是禮的最高理想。故荀子說：「禮者，謹於治生死者也。生人之始也，死人之終也，終始俱善，人道畢矣。」（荀子禮論）基於報本反始的意義，禮的崇奉有三本：「天地者生之本也，先祖者類之本也，君師者治之本也。無天地惡生？無先祖惡出？無君師惡治？三者偏亡無安人。故禮上事天，下事地，尊先祖而隆君師，是禮之三本也。」（大戴禮記禮三本）對於天地先祖君師，雖然不忘其本，可是禮的精神所在，仍看重於人的本位。因重視人的本位，第一、人的名位不同，禮亦異數，故周禮大宗伯以九儀之命，正邦國之位，是禮有階級性的。

第二、注重人性，緣人情而制禮，依人性而作儀，司馬遷認爲由此所產生的力量，非常偉大。他說：「洋洋美德乎！宰制萬物，役使羣衆，豈人力也哉？」（史記禮書）

第四節　禮的內容

禮的內容：「始於冠，本於昏，重於喪祭，尊於朝聘，和於鄉射，此禮之大體也。」（禮記昏義）禮有五種，虞夏書說：「修五禮。」（尚書堯典）周禮保氏敎國子以六藝，一曰五禮，卽吉凶賓軍嘉。乃敎之六儀，卽祭祀、賓客、朝廷、喪紀、軍旅、車馬的儀容。六儀亦卽五禮的儀式。莊子說：「禮敎之士敬容。」（莊子徐無鬼）以他們講究揖讓周旋，是盛於儀容的。吉凶賓軍嘉五禮，節目凡三十六，茲分述如下：

一、吉禮

吉禮卽是祭禮，事天地鬼神，其節目十二：「以禋祀祀昊天上帝，以實柴祀日月星辰，以槱燎祀司中司命飌師雨師，以血祭祭社稷五祀五嶽，以貍沈祭山林川澤，以疈辜祭四方百物，以肆獻祼享先王，以饋食享先王，以祠春享先王，以禴夏享先王，以嘗秋享先王，以烝冬享先王。」（周禮大宗伯）祭則受福，故叫做吉。祭祀的儀容，穆穆皇皇，賈誼亦謂：「遂遂然，粥粥然，敬以婉。」（賈子新書禮容經）左傳說：「國之大事，在祀與戎。」（成公十三年）祭祀的重要性，是和軍事相等。故禮記謂：「祭用數之仂。」（王制）卽國祭所用，佔每歲經常費十分之一。舉行祭禮的目的，不僅追祭祖先，並且用爲治人的宗敎儀式。論語說：「或問禘之說，子曰：不知也；知其說者之於天下也，其如示諸斯乎！指其掌。」（八佾）禮記也說：「禘嘗之義大矣，治國之本也，不可不知也。明其義者君，能其事者臣也。」又說：「凡治人之道，莫急於禮。禮有五經，莫重於祭。夫祭者，非物自外至者也，自中出生於心也。心怵而奉之以禮，是故唯賢者能盡祭之義。」（祭統）古代禮制，悉該於祭禮之中，舍祭禮之外，固無所謂禮制。故五禮之中，列吉禮爲第一，實寓有深意。

祭的意義有四：第一、祭者所以追養繼孝的，蓋生則養，沒則喪，喪畢則祭。養則觀其順，喪則觀其哀，祭則觀其敬而時，這是報本之道。第二、祭者盡物以薦，外則盡物，內則盡志。尚書大傳說：「祭者薦也，薦之爲言在也，在者在其道也。」（洛誥）這是因薦以示祭之心。薦飲食以饗神，是祭禮的大綱，故禮運說：「凡禮之初，始於飲食也。」穀梁傳也說：「祭者薦其時，薦其敬也，薦其美也，非享味也。」（成公十七年）第三、身致其誠信，誠信之謂盡，盡之謂敬，敬盡然後可以事神明。「祭之日，顏色必溫，行必恐，如懼不及愛然。其奠之也，容貌必溫，身必詘，如語焉而未之然。」（禮記祭義）故子張謂：「祭思敬。」（論語子張）這是祭之道。第四、崇祀宗廟社稷，則子孫盡孝，盡其道，端其義，而教化生。君子之敎，外則敎以尊其君長，內則敎以孝於其親。因此君子之敎，必由其本，順乎理的極至，故祭者是敎之本（禮記祭統）。這樣說來，祭的用意是追養繼孝，存心是以時而薦，態度是盡敬以事神明，作用是敎化所自出。中庸說：「踐其位，行其禮，奏其樂，敬其所尊，愛其所親，事死如事生，事亡如事

存。」統言之，「祭者志意思慕之情也，忠信愛敬之至矣，禮節文貌之盛矣。」（荀子禮論）

祭有十倫，即通過祭祀的儀式，而獲致如下的效用：「見事鬼神之道焉，見君臣之義焉，見父子之倫焉，見貴賤之等焉，見親疏之殺焉，見爵賞之施焉，見夫婦之別焉，見政事之均焉，見長幼之序焉，見上下之際焉。」（禮記祭統）因此祭祀的禮，昭穆序齒，所以分別父子遠近長幼親疏的次序而無亂；爵有德而祿有功，所以見爵賞之施；夫人獻尸薦豆，夫婦交相致爵，所以明夫婦之別；俎以骨爲主，祭必有惠，而惠之必均，惠均則政行，所以示政事之均；祭的餕餘，有畀給輝（甲吏）、胞（肉吏）、翟（樂吏）、閽（守門）的賤役，爲惠下之道，所以區上下之際。由此足見祭禮含義的引申，是很廣泛的。可是祭的對象，並非沒有限度，非其鬼而祭叫做諂，神不臨非祭，人不祀非鬼，非其所應祭而祭，又叫做淫祀，淫祀無福。除親親尊尊之義外，祭的主要目的，還在崇本報功。

「夫聖王之制祀也，法施於民則祀之，以死勤事則祀之，以勞定國則祀之，能禦大災則祀之，能扞大患則祀之。非是族也，不在祀典。……凡禘郊祖宗報，此五者國之典祀也。加之以社稷山川之神，皆有功烈於民者也；及前哲令德之人，所以爲明質也；及天之三辰，民所以瞻仰也；及地之五行，所以生殖也；及九州名山川澤，所以出財用也。非是不在祀典。」（國語魯語上）

宗教把神歸於統一，並把萬物歸於一個主宰之下，是以神性做出發點來統御人類。中國的禮，卻看重人性，以人性做出發點來報祀神祇，故倫理上的親親尊尊賢賢之義，便引伸到祭祀，亦有反始報本崇德的範疇。人性是單元的，而神則稱爲「羣神」，是多元的。因有這一套獨特的思想，使中國人對於性命問題和天人感應的道理，有深刻的認識，並有滿意的解答。這是中國的禮所以能替代宗教的原因。多神論（Polytheism）和神人同形同性說（Anthropomorphism），古希臘時代，曾有它的信徒。中國古代也是一樣。希臘人以爲所有自然力，像空氣、日光、河海等都是神。中國人也虔祭這類神祇。除自然界之神外，希臘人並假想神是容貌美麗而稟有人性的生物，男神或女神皆視作爲美男或美女。中國雖然沒有這樣的區分，但對於神則認爲善的，神的人性化，而且是有人性的。

從祭的形式來說，外祭則郊社，內祭則嘗禘，吉禮有十二目：一、祀於天神。精意潔祀，祀昊天上帝，燔柴與牲及其玉帛，叫做禋祀。祀日月星辰，實牲於柴上燔而祀之，叫做實柴。祀司中司命風師雨師，柴牲並燔，叫做槱燎。二、祭於地祇。祀社稷五嶽以血祭。祭山林薶牲於土，祭川澤沉牲於水，叫做薶沉。祭四方百物，牲桀裂其胸，叫做疈辜。三、享於人鬼。享於先王，解牲骨體，灌以鬱鬯，叫做肆獻祼；進以黍稷，叫做饋食。宗廟之祭，春享叫做祠，夏享叫做禴，秋享叫做嘗，冬享叫做烝。又天子祭於始祖叫做禘，合祭羣主而並及功臣叫做祫。除宗廟外，又祭社稷（註三）。白虎通德論說：「王者所以有社稷何？爲天下求福報功。人非土不立，非穀不食，土地廣博不可偏敬也，五穀衆多不可一一而祭也，故封土立社，示有土尊稷五穀之長，故封稷而祭之也。」（社稷）這是立社稷的意義。拜小神叫做祀（註四），通常春祭戶，夏祭竈，六月祭中霤，秋祭門，冬祭井。

虞夏書說：「肆類於上帝（祭天），禋於六宗（祭地），望於山川，徧於羣神。」（尚書堯典）這是通常歲祭的大綱，但階級不同，祭的範圍有別，故「天子祭天地，祭四方，祭山川，祭五祀，歲徧。諸侯方祀（祭日月星海四望之在其封境內者），祭山川，祭五祀，歲徧。大夫祭五祀，歲徧。士祭其先。」（禮記曲禮）郊天之禮，止於天子，而祭社之禮，則止於諸侯，所謂天子祭天，諸侯祭土的。歲祭的目的：「祭帝於郊，所以定天位也。祀社於國，所以列地利也。祖廟，所以本仁也。山川，所以儐鬼神也。五祀，所以本事也。故禮行於郊，而百神受職焉。禮行於社，而百貨可極焉。禮行於祖廟，而孝慈服焉。禮行於五祀，而正法則焉。」（禮記禮運）祭祀的意義，除儒家的解釋外，管仲認爲：「順民之經，在明鬼神，祗山川，敬宗廟，恭祖舊。」（管子牧民）墨翟也說：「犓豢其牛羊犬彘，潔爲粢盛酒醴，以敬祭祀上帝山川鬼神。」（墨子天志下）管仲主法理，重現實，認爲祭祀的要旨，在順民之經。墨翟主明鬼，重天志，認爲祭祀是順天之意，以爲儀法。古代重祭祀，它的基本觀念，由於認爲天者羣物之祖，萬物之本，有神的存在，神也有感覺，有人性，而天和人的道理相通，善惡又能感應的。祭祀須有對象，因有對象，要認定神的存在，墨翟謂：「執無鬼而學祭祀，是猶無客而學客禮也。」（墨子公孟）禮記說：「凡祭，容貌顏色，如見所祭者。」（玉藻）論語也說：「祭如在，祭神如神在。」（八佾）這是在祭祀時，意識上先要認定神的存在於面前，而致其誠敬之心。中庸說得更爲精當：「鬼神之爲德，其盛矣乎！視之而弗見，聽之而弗聞，體物而不可遺，使天下之人，齊明盛服，以承祭祀，洋洋乎！如在其上，如在其左右。」

祭祀既然認定神的存在，但神不能抽象地僅存於祭者的意識裏，而必須顯於形象，可訴於直覺，以作爲神的象徵。故祭祀必立主和立尸。禮記說：「祭祀之有尸，宗廟之有主也，示民有事也。」（坊記）祭天以日爲主，祭社以石爲主，祭祖先以木爲主。除立主之外，祭祖宗更要立尸，以饋食禮及虞禮最爲顯著。尸爲神象，以幼卑者任之。「夫祭之道，孫爲王父尸，所使爲尸者，於祭者子行也，父北面而事之，所以明子事父之道也。」（禮記祭統）祭必用孫輩，取祖孫血統相關的意思，來代表祖父作爲尸，坐在上面吃喝，主人主婦及賓在下面拜跪奉獻。詩經楚茨：「神具醉止，皇尸載起。鼓鍾送尸，神保聿歸。」祭祀完畢，尸也醉飽，以音樂送尸出門，表示神已得安慰了。

祭祀又必有薦，薦之時羞，以享神明。春秋繁露說：

「一年之中，天賜四至，至則上之，此宗廟所以歲四祭也。故君子未嘗不食新，新天賜至，必先薦之，乃取食之，尊天敬宗廟之心也。尊天美義也，敬宗廟大禮也，聖人之所謹也，不多而欲潔清，不貪數而欲恭敬。君子之祭也，躬親之致其中心之誠，盡敬潔之道，以接至尊，故鬼享之，享之如此，乃可謂之能祭。」（祭義）

祭物陳獻的叫做薦，神明所受叫做享。因爲要敬享，故祭必有獻，大禮獻多，小禮獻少。天子祭禮十二獻，上公九獻，侯伯七獻，子男五獻，獻又以裸爲重，裸者是酌鬱鬯之酒，灌地以降神。祭祀取其升揚的意義，故郊天用燔柴；取其沉下的意義，故祭地用瘞埋，這就是瘞繒埋牲。燔柴瘞埋，又兼用玉。祭必有犧牲，天子以犧牛，諸侯以肥牛，大夫以索牛，士以羊豕。故說文解釋祭字，从手持肉以祈神。祭餘的肉，生的叫做脤；熟的叫做膰。君祭以肉賜大夫，叫做受脤；大夫祭歸肉於君，叫做歸脤。助薦者有脯醢、黍稷、醴酒、玄酒（水）、明水（取於月中之水）、幣帛等。其祭器有鼎俎、籩豆、欝鬯、簠簋、罍尊、犧尊、彝器等。凡家造，祭器為先，大夫去國祭器不踰境，大夫寓祭器於大夫，士寓祭器於士。無田祿者，不設祭器，有田祿者，先為祭服，闇共祭器可假，祭服則宜自有。孟子說：「牲殺器皿，衣服不備，不敢以祭。（孟子滕文公下）祭器祭服，公私必宜常備。天子祭器，則最為完美，張儀勸秦武王出兵函谷，而無伐以臨周，祭器必出，挾天子，案圖籍，謂這是王業的辦法（戰國策齊策文二）。又可見祭器是極珍貴的了。

二、凶 禮

凶禮哀邦國之憂；邦國有憂，分裁救患叫做凶。周禮大宗伯，凶禮分為五目，即死亡、凶札、禍烖、國敗、寇亂，王素服而哀。死亡弔慰的禮叫做喪禮。凶札救利補乏叫做荒禮。禍烖慰問叫做弔禮。國敗會財補乏叫做禬禮。寇亂救援叫做恤禮，死亡的喪，是哀戚之至的。白虎通德論說：「喪者何謂也？喪者亡人死謂之喪，言其亡不可復得見也。」（崩薨）古代認為靈魂不滅，則靈魂宜有所歸，故喪禮取義，至哀愼終。喪紀之容，涕涕翔翔。鄭注謂喪紀之容，纍纍顛顛，纍纍像羸憊，顛顛像憂思，這是極哀痛的。子張謂喪思哀（論語子張），哀是對喪事所應有悲痛的情緒。荀子說：「喪禮者無它焉，明死生之義，送以哀敬而終周藏也。故葬埋，敬藏其形也。祭禮，敬事其神也。其銘誄繫世，敬傳其名也。事生、飾始也；送死、飾終也。終始具而孝子之事畢，聖人之道備矣。」（荀子禮論）死喪問題，西方求諸宗教來安慰，中國則在喪禮。喪禮含義精深，爲凶禮中的最重要部份，略可分爲告喪、弔喪、送喪、賻禮、葬禮、祭禮、喪服等。總括的說，可分爲喪儀和喪服兩者，茲簡述如下：

（甲）喪儀

士喪禮之儀，當疾病嚴重的時候，外內皆掃除潔淨，停止任何音樂，寢東首於北牖下。廢牀，徹換褻衣，加新衣，屬纊以俟絕氣。這是臨危時應有的準備。死者必於正處，故遷尸於寢，氣絕則哭，哭而設復，復者就是人剛死時招魂，並加以朝服。復後始行死事。剛死時，遷尸於牀，幠覆用斂衾，去病時所加的新衣，沐浴於中霤，表示潔淨反本，飯含，用角柶拄齒，令其張開，並爲其着屨。正尸後，主人坐於東方，主婦坐於西方，其餘親屬則立。設重，以主其神。第二日，小斂於戶內，小斂之夜，設燎中庭，主人卽位於戶內，主婦東面。小斂完畢，喪事已成，主人馮之踊，主婦亦如之。主人袒（露左臂），去笄纚，以麻束髮，絞帶；婦人髽，帶麻於房中，衆主人免（去冠以白布括髮）。尸未設飾，故帷堂，小斂後徹帷，孝子男女親屬扶捧遷尸陳於堂，孝子下堂降拜賓。小斂後可致襚之儀。第三日，大斂於阼階，衣少叫做小歛，衣多叫做大歛，歛時主人袒而踊，主婦發胸擊心而爵踊。卒歛徹帷，主人奉尸歛於棺，踊如初，乃蓋棺而殯。大歛後遂舉奠。

父母喪，孝子三日臥茅，授杖，蓋苫枕塊，無寢而思父母。荀子說：「齊衰苴杖，居廬食粥，席薪枕塊，所以爲至痛飾也。」（荀子禮論）凡主人死則告訃。弔喪者之送贈，貝玉叫做含，車馬叫做賵，錢財叫做賻，衣衾叫做襚。賻賵所以佐生，贈襚所以送死。贈死及尸，弔生及哀。白虎通德論說：「所以有飯含何？緣生食，今死不欲虛其口，故含。用珠寶物何也？有益死者形體，故天子飯以玉，諸侯以珠，大夫以米，士以貝也。賵襚何謂也？賵之爲言稱也，玩好曰賵。襚之爲言遺也，衣被曰襚。知死者則贈襚，所以助生送死，追恩重終，副至意也。」（崩薨）賓客到弔，加武帶絰，與主人拾踊。堂的上下加燭，賓出徹帷。奔喪者哭尸於堂上，主人在東方，由外來者在西方，諸婦南向。子在外，聞耗即奔喪，哀哭三日成服。尸既殯，以木覆棺上而塗之；塗畢，祝取銘置於肂。銘是書某氏某之柩，取義於明旌。既殯之次日，即第四日成喪服，始歠粥，拜君命及衆賓，朝夕哭奠。

棺槨的制度，君大棺八寸，屬六寸，椑四寸；上大夫棺八寸，屬六寸；下大夫棺六寸，屬四寸；士棺六寸。莊子說：「天子棺槨七重，諸侯五重，大夫三重，士再重。」（莊子天下篇）筮宅然後卜葬。天子七日而殯，七月而葬，同軌畢至；諸侯五日而殯，五月而葬，同盟至；大夫士庶人三日而殯，三月而葬，同位外姻至。先葬前三日，請啓期，告於賓，豫於祖廟陳饌，然後啓殯，載柩飾柩車，遷柩朝祖廟，設祖奠，陳明器，至葬日，柩車發行，送葬者執紼，至於壙，窆柩藏器弓矢，葬事才完畢。主人歸，返哭於祖廟，疏食水飲，不食菜果，婦人都是一樣。三月既葬，才食肉飲酒。士三月而葬，是月卒哭；大夫三月而葬，五月卒哭；諸侯五月而葬，七月卒哭。卒哭是終止了無時的哭，只得於靈席前卯哭爲臨，酉哭爲晡。自始死至葬，皆奠而不祭，酌酒陳饌，再拜而已。士既葬，迎精而返，日中而祭之於殯宮以安之的禮，叫做虞。釋名：「既葬，還祭於殯宮曰虞。」（釋喪制）虞猶安神，始立尸用祝奠如祭禮。故葬而虞，三虞後而卒哭。卒哭的次日，埋重而設桑主，祔祖父以祭，又叫做吉祭，所以慰孝子之心，虞安其神。天子九虞（十六日），諸侯七虞（十二日），大夫五虞（八日），士三虞（四日），庶人一虞，是虞祭之數。虞祭日，特豕饋食，陳牲於廟門外，殺牲以實鼎俎。主人及兄弟如葬服，賓執事者如弔服，皆即位於門外，設饌饗神，叫做陰厭。迎尸以爲親的偶象，尸必以孫，孫幼則使人抱他，無孫則取於同姓的。饗尸九飯，主人獻尸獻祝及佐食，主婦亞獻，賓長三獻，祝告利（養禮）成。尸出，祝返，徹神明的饌，改饌於西北隅，叫做陽厭。禮畢送賓。

父母喪，踊哭（跳），擗（搥胸）、號慟（大哭），哀之至。孔子說：「教民無以死傷生。」故三日而食粥，三月而沐。期十三月行小祥祭，孝子除首服，服練冠（小祥之冠，除首絰，腰絰葛，小祥後早晚晡臨去其首絰而哭）。練主用栗爲之，刻謚於其背，藏堂中供奉，三年喪畢，乃遷於廟。荀子說：「三年之喪，二十五月而畢。」（禮論）二十五月而大祥，除靈座，設几席，去衰裳腰絰杖而服禫服。二十七月而禫，禫是除服之名，着黑經白緯之纖冠，始飲醴酒食乾肉。禫祭兩月，早晚祭畢，然後孝子食。禫祭後卽於此月內擇日吉祭。統括來說，喪禮每加以遠，逐漸變除，死於牖下，沐浴於中霤，飯含於牖下，小斂於戶內，大斂於阼階，殯於客位，祖於庭，葬於墓。這是說明喪儀由近及遠之義。而喪以既葬既練既祥卽禫，又爲變除的大節了。

（乙）喪服

喪必有服，是爲至痛而飾的。白虎通德論說：「服者恩從內發，故爲之制也。……聖人因天地萬物有終始，而爲之制，以朞斷之。父至尊，母至親，故爲加隆以盡孝子恩，恩愛至深，加之則倍，故再朞二十五月也。……服以飾情，情貌相配，中外相應，故吉凶不同服，歌哭不同聲，所以表中誠也。」（喪服）喪服之紀，重本屬而輕外親，故爾雅謂於內宗曰族，以母妻則曰黨。不忍言死而言喪；喪者棄死之辭。中國家族制度的基本精神，從個人爲出發點，以父親爲中心，逐層倫理關係，精細斟酌，組織之嚴密，由喪服輕重可以看出。所以喪服儀紀，是反映家族制度的精義之所在。喪服的原則，夫爲妻綱，父爲子綱。對夫妻來說，以夫爲中心，故父系禮重，母系禮輕。從家庭來說，以父親爲中心，親疏分野，以父親爲起點。換句話說，社會倫理，以父系爲中心，故喪服也側重父系的關係。三年之喪，齊疏之服，飦粥之食，自天子達於庶人，無貴賤之差殊，合爲一家，綱紀天下，故喪服是整個社會施行，納上下以成一道德的團體。從縱面來說，欲明喪服之意義，先要瞭解周代立嫡之制和九族的親疏關係，故喪服有隆殺的分別。從橫面來說，喪服相報，又按社會內與外恩與義的關係，性質上分爲四等或六類。

周人以尊尊之義，經親親之義而立嫡庶之制。以親親之義，經尊尊之義而立廟制。又以尊尊親親之義，配合長長之義，上治祖禰，下治子孫，旁治兄弟，而爲構成宗法的主要條件。立嫡庶之制，係以資格論息爭，故嫡庶者，爲尊尊之統，由是而有宗法與服術，三年之喪，也基於這個意義產生的。至於宗法之制，所謂宗者，以自己的旁親兄弟來宗自己，所以得宗之名，是人來宗自己，非自己宗於人的。由宗法推演至九族，禮記說：「親親以三爲五，以五爲九，上殺下殺旁殺而親畢矣。」（喪服小記）這裏所謂九族的：一、以自己爲中心，上有父親，下有兒子，是爲三代。上推下推，則爲加上自己的祖和自己的孫，則爲五代，故說「以三爲五」。二、自祖孫言之，上推以及自己的曾祖高祖，下推以及自己的曾孫玄孫，由五代產生九代，故說「以五爲九」。喪服有隆有殺，隆是豐厚的，殺是減降的。以杖屨輔其隆，以日月致其殺。父子一體爲最隆，以其恩重者其報重。由父親而上服漸減，叫做上殺；由嫡子以下服漸減，叫做下殺；由伯叔兄弟旁系服漸減，叫做旁殺。顧炎武解釋得很清楚，他說：

「服父三年，服祖期，則曾祖宜大功，高祖宜小功，而皆齊衰三月者，不敢以大小功旁親之服，加乎至尊，故重其衰麻，尊尊也，減其日月，恩殺也，此所謂上殺。服適子三年，庶子期，適子期，庶孫大功，則曾孫宜五月，而與玄孫皆緦麻三月者，曾孫服曾祖三月，曾祖報之亦三月，曾祖尊也，故加齊衰，曾孫卑也，故服緦麻，此所謂下殺。服祖期，則世叔宜大功，以其與父一體，故加以期，從世叔則疏矣，加所不及，故服小功；族世叔又疏矣，故服緦麻，此發父而旁殺者也。祖之兄弟小功，曾祖兄弟緦麻，高祖兄弟無服，此發祖而旁殺者也。同父至親期，同祖爲從大功，同曾祖爲再從小功，同高祖爲三從緦麻，此發兄弟而旁殺者也。父爲子期，兄弟之子宜九月，不九月而期者，以其猶子而進之也，從兄弟之子小功，再從兄弟之子緦麻，此發子而旁殺者也。祖爲孫大功，兄弟之孫小功，從兄弟之孫緦麻，此發孫而旁殺者也。蓋服有加也，有報也，有降也。祖之齊衰，世叔從子之期，皆加也。曾孫之三月，與兄弟之孫五月，皆報也。」（日知錄卷二九族）

同姓與同族不同，同族在九族之內，在九族之外的叫做同姓。同族則有服，同姓則無服。由自己本身上推則爲四世，以高祖爲盡；下推亦爲四世，以玄孫爲盡，合而爲九代。凡同高祖之親叫做族，以在九族之內，故有服。禮記說：「四世而緦，服之窮也；五世袒免，殺同姓也；六世，親屬竭矣。」（大傳）四世謂上至高祖，下至自己和兄弟，同承高祖之後者爲族兄弟，均相報服緦，爲親兄弟期，一從兄弟大功，再從兄弟小功，三從兄弟同承高祖，服緦麻，是服卽盡於此。五世謂共承高祖之父，服袒免而無正服，是減殺同姓的。六世是共承高祖之祖，不服袒免，只算作同姓，故說親屬竭盡。這樣說來，宗媏內外尊卑大小之別，其恩義的輕重厚薄，都可由五服看出來。

九族之內，互有關係，守服的取義，有正，有從，有隆（加），有殺（降），有義，有報，有期斷。正先祖之體，基於至正，如子爲父服，斬衰三年；爲母服，齊衰三年，認爲是人道之至文，禮之至隆，正禮當服的服叫做正。非自己的正服，從於人而服的叫做從。親有遠近，故服有隆殺，如孫本服期，而嫡孫承祖後則重加之，斬衰三年，叫做隆。如子爲母本服齊衰三年，因母被出或改嫁，這服期叫做殺。如婿服緦麻，爲妻服期之類，原非本族的血緣關係，但因義共處而服的叫做義。如曾孫之三月，與兄弟之孫五月之服，叫做報，族兄弟則相報服緦。至親則以期斷，加隆則三年，降殺極於三月。嫂叔無服，兄弟之妻也無服。基於這些原則，服術可分爲六種：第一、親親，是正卑的服，下治子孫。第二、尊尊，是正尊的服，上治祖禰。第三、名，是名分的關係，如異姓之女，來嫁於已族，以主母主婦之名，而爲之服．這是爲男女之別。第四、出入，女子未適人及返而在室者叫做入，適人者叫做出，已族之女有出有入，而服因此有隆有殺。第五、長幼，長謂旁親屬尊者之服，幼謂旁親屬卑者之服，這是所謂旁治兄弟的。第六、從服，從服謂非自己的正服，是從於人而服的，約分爲徒從與屬從兩種，如子之從母，夫之從妻之服。（禮記大傳）

從喪服的類別來說，可分爲十一種：㈠斬衰三年。儀禮：「喪服，斬衰裳，苴絰杖絞帶，冠繩纓菅屨者。」（喪服）上服叫做衰，下服叫做裳，斬是斬截布，斷而不緝的，衰裳不稱裁割而稱斬者，取痛甚之意。苴是苴麻，黧黑色，表示至痛內結，容貌蒼苴。麻在首在腰都叫做絰，絰者實也，明孝子有忠實之心。苴杖用有病自死的竹做杖，「所以必杖者，孝子失親，悲哀哭泣，三日不食，身體羸病，故杖以扶身，明不以死傷生也。禮童子婦人不杖者，以其不能病。」（白虎通德論喪服）但婦人唯爲主者杖，不爲主者則不杖。絞帶也用苴麻，像革帶。冠繩纓菅屨，這就是冠用繩做纓，屨是用草做的。斬衰三年，是子為父，父為長子之喪等皆用這種服，包括正服一，加服二，義服五，共計八章。㊁齊衰三年。「疏衰裳齊，牡麻絰，冠布纓，削杖，布帶，疏屨，三年者。」齊者緝也，疏衰裳以疏布為之，是斬而加緝的。牡麻絰，以枲麻做首絰腰絰。冠布纓以布為武，垂下為纓。削杖是桐杖，削之使下方。布帶是以布做的。這是變苴杖為削杖，變絞帶為布帶。疏屨即草屨。服期三年。齊衰三年，是父卒則為母，母為長子之喪等，皆為聚母子之恩而用此服，包括正服二，加服三，義服六，共計十一章。㊂齊衰杖期。「疏衰裳齊，牡麻絰，冠布纓，削杖，布帶，疏屨，期者。」父在為母，為妻，出妻之子為母，父卒繼母嫁，隨為之服報等，皆用此服。計正服一，義服三，共四章。㊃齊衰不杖期。「不杖，麻屨者。」這也是齊衰之服，唯不杖，以麻為屨。為祖父母，伯叔父母，大夫之嫡子為妻為兄弟等喪，用此服，計正服九，加服二，降服七，義服七，共二十五章。㊄齊衰三月。「疏衰裳齊，牡麻絰，無受者。」這就是齊衰之服，三月即除，不易以輕服，故叫做無受。為曾祖父母，庶人為國君，大夫為宗子之喪等，用此服，正服一，義服一，共二章。以上齊衰之服凡四十二章。㊅大功殤九月七月。「大功布衰裳，牡麻絰，無受者。」斬衰疏衰不說功與布，因不加人功，尚未成布，這裏則稍加人功，但其鍛治之功粗略，故稱大功布。為子女的長殤中殤，叔父之長殤中殤，姑姊妹兄弟之長殤中殤等喪，用此服，這是未成人的喪服。其長殤（十六至十九歲）皆九月服，絰有纓；其中殤（十二至十五歲）七月服，絰沒有纓。計正服六，義服一，共七章。㈦大功九月。「大功布衰裳，牡麻絰纓，布帶，三月，受以小功衰，即葛九月者。」大功布衰裳，三月變服後，繼以小功布衰裳及葛絰帶而終結九月之期。爲從父兄弟，庶孫，姑姊妹女適人者，爲人後者，爲其兄弟之喪等用此服，計正服二，降服九，義服八，共十九章。㈧繐衰七月。「繐衰裳，牡麻絰，既葬除之者。」繐即小功治縷，爲一種細疏布。諸侯之大夫爲天子之喪，用此服。只一章。㈨小功殤五月。「小功布衰裳，澡麻帶絰，五月者。」這是以小功布爲衰裳，以潔白麻爲帶絰。五月者，下殤（八至十一歲）降二等，故服小功。爲叔父嫡孫兄弟之下殤等，用此服，正服八，降服二，義服二，共計十二章。㈩小功五月。「小功布衰裳，牡麻絰，即葛，五月者。」三月既葬，以葛易澡麻，衰裳不變而絰變，即去麻就葛絰，以終五月之期，這是成人小功輕於殤小功。爲從祖祖父母從祖父母報，從祖兄弟，爲外祖父母等之喪，用此服。正服十三，降服六，義服十三，共計三十二章。小功之服，凡四十四章。㈡緦麻。「緦麻三月者。」緦麻治其縷細如絲，以緦布爲衰裳，以澡麻爲絰帶，三月既葬除之，外親之服皆緦。服緦之取義，以名服，以其貴，以報之，以從服，這是服之最輕的。爲族曾祖父母，族祖父母，族父母，族兄弟，曾孫，外孫，甥，婿，妻之父母，姑之子，庶孫之中殤等之喪，用此服。未成人之服，計正服八，降服三，義服二，共十三章。成人之服，正服十四，降服十五，義服二十九，共五十八章。上述五服，共計一百九十二章。朋友雖沒有親屬關係，但有同道之恩，相弔也用麻，爲服緦的絰帶。師和朋友是相同的。

三、賓禮

賓禮之義，卽所以親睦邦國。親附列國叫做賓，賓禮是國際間交接的儀式。天子諸侯，互有朝聘之禮。賓禮有八目：春朝（春見叫做朝）、夏宗（夏見叫做宗）、秋覲（秋見叫做覲）、冬遇（冬見叫做遇）、時會（時見叫做會），殷同（殷見叫做同），時問（時聘叫做問），殷覜（殷頫叫做覜）。賓禮範圍，由個人的相見以至使節的朝聘，茲簡述如下：

（甲）相見的儀式

賓主相見，例有規矩，相見必有贄；贄者所執以自致。周禮大宗伯：「孤執皮帛，卿執羔，大夫執雁，士執雉，庶人執鶩（卽家鴨），工商執雞。」穀梁傳說：「男子之贄，羔雁雉腒；婦人之贄，棗栗鍛脩。」（莊公二十四年）國語說：「婦贄不過棗栗，男則玉帛禽鳥，以章物也」（魯語上）。意思多相同。士相見之禮：贄，冬天用雉，夏天用腒，左頭奉之，登門說：「某也願見，無由達，某子以命命某見。」主人三讓三辭，出迎於門外。主賓再拜，主人揖，入門右；賓奉贄，入門左。主人再拜受，賓再拜送贄。請見後既出，主人仍三辭贄而後接受。主人受贄於門內，而賓遂出，送賓於門外。禮雖已成，而情尚未洽，主人請見，賓返見，復迎而入，與之揖讓升堂，以盡賓主之歡。下大夫相見以雁，飾之以布，維之以索，如執雉。上大夫相見以羔，飾之以布，四維之，結於面左頭，如麛執之，若他邦的人，則使擯者還其贄，再拜始稽首接受的。迎接賓客的儀式：「凡與客入者，每門讓於客，客至於寢門，則主請入爲席，然後出迎客，客固辭，主人肅客而入。主人入門而右，客入門而左。主人就東階，客就西階；客若降等，則就主人之階，主人固辭，然後客復就西階。主人與客讓坐，主人先登，客從之，拾級聚足，連步以上，上於東階，則先右足；上於西階，則先左足。」—（禮記曲禮）凡主人與賓入，皆主人先入而賓從。每門讓賓者，主人雖當導賓，必先以讓賓，而賓辭，然後主人先入，而賓從之。至於賓主相見，顏色有規矩，進言談吐有度，侍坐應對有方，賜食賜飲及退去有儀，執幣執玉，容趨亦有節。

（乙）朝聘的儀式

天子制諸侯，比年小聘，三年大聘。每年秋間，諸侯朝王，擧行覲禮，王使人郊勞，賜舍謁見。諸侯執瑞玉行覲禮，王則賜車服及饗禮。天子和諸侯，與諸侯和諸侯之間，常朝聘往來，視爲常式。周禮大行人：「時聘以結諸侯之好，殷頫以除邦國之慝，閒問以諭諸侯之志，歸脤以交諸侯之福，賀慶以贊諸侯之喜，致禬以補諸侯之烖。以九儀辨諸侯之命，等諸臣之爵，以同邦國之禮而待其賓客。」—小行人：「若國札喪，則令賻補之；若國凶荒，則令賙委之；若國師役，則令槁禬之；若國有福事，則令慶賀之；若國有禍烖，則令哀弔之。」—諸侯邦交，以禮相親。久無事則相聘，若有變故則停聘。朝聘任務，由行人擔任，大行人掌出使四方，小行人掌邦國賓客的禮籍，以待四方的使者。朝聘以財爲禮，財則以玉爲寶，故行人以圭璋璧琮聘，是例行的禮；已聘而還回者，是輕財而重禮的表示。另一意義，大夫執圭而使，亦所以申信的。王使及諸侯外臣來聘，通稱爲使，私相爲好不稱使。行人使者的人數，百名以上書於策簡，不及百名的書於方板。使卿出聘並有介，上公七介，侯伯五介，子男三介。主君迎聘，則有擯。主賓相見，各陳擯介以傳命。介有上介次介之分，擯則以卿爲上擯，大夫爲承擯，士爲紹擯。禮有三辭，聘使蒞臨，三讓而後傳命，三讓而後入廟門，三揖而後至階，三讓而後升堂，所以表示尊讓之義。

大聘開始進行時，國君和卿先商議，任命使者，受書載幣。將起程，釋幣告禰，受命於朝然後行。若經過鄰邦，則使次介假道。未入境，預習威儀。至境則張旜（旌旗之屬）誓戒從僕，乃謁關吏，報告從僕的數量。主君使士問其事，迎其入境。聘使及郊展幣，及館又展幣。至近郊，主君使下大夫請行，又使朝卿用束帛郊勞。郊勞後，遂以賓入，大夫導其至於館，卿致館設飧相享。然後迎賓以謁主君。主君親拜迎於大門之內，及抵廟門，揖其入，揖讓而升。聘君的賜貺，於阼階拜受。賓請覿，主君以禮待賓凡三節，受几，受醴，受幣，都由主君親授的。賓又以自己的禮見主君，叫做私覿（分賓覿，上介覿，衆介覿爲三節）。展幣進授，辭則順而說，以達意爲主。私覿完畢，主君送賓，及大門內，問候聘君和大夫，並勞賓勞介。賓問卿問大夫，亦奉幣相見。主君歡迎賓介，用饗食禮款待。以玉圭爲聘者，使卿還於賓館，並以賄贈之。賓將辭行，主君親往其館存問送別，表示殷勤，且謝聘君之意，主君退，賓從亦來請命於朝，臨行，釋幣於門。送賓又有饔餼，禮物非常豐厚，包括大牢、米、禾、芻、薪、禽等。受了饔餼，賓遂請參觀（像吳季札觀樂，晉韓起觀書）。參觀後，遂起行。小聘的儀式很簡單，獻而不享，享必以玉帛，獻則隨其國所有，只奉於主君個人而已。主君待賓，不設筵几，不設醴，私覿於庭中不升堂，亦不郊勞。所謂大客則擯，小客則受其幣而聽其辭。朝聘使者，亦有大小差異。

諸侯會盟，近於賓禮，時見叫做會，涖牲叫做盟，是所以明信的。叔向說：「明主之制，使諸侯歲聘以志業，間朝以講禮，再朝而會以示威，再會而盟以顯昭明。志業於好，講禮於等，示威於衆，昭明於神，自古以來，未之或失也。」（左傳昭公十三年） 國有疑則盟，盟者明告其事於神明。周設有司盟的官，掌盟書的保藏。告盟必殺牲作誓，盟牲所用，天子諸侯以牛豕，大夫以犬，庶人以雞，又有雜用六牲者。告盟的方法，先鑿地爲方坎，殺牲於坎上，割牲左耳，盛以珠槃，又取血盛於玉敦，用血爲盟，乃歃血而讀盟書，告誓神明。著名的盟禮，如葵邱之會。孟子說：「葵邱之會，諸侯束牲載書而不歃血……曰：「凡我同盟之人，既盟之後，言歸於好。」（孟子告子章下）

四、軍禮

軍禮以同邦國，邦國不協，威以制之，使歸於同。其目有五：一、大師，用衆的禮。二、大均，恤衆的禮，像平均地政，憂恤庶民，賦有輕重，役有多寡。三、大田，簡衆的禮，像簡閱車徒。四、大役，任衆的禮，築城鑿池，任民之力。五、大封，合衆的禮，正其封疆，合聚編氓。禮書已亡軍禮，但顯著的，計有蒐狩、校閱、誓師、武成、獻俘等，應屬於軍禮的範圍，其儀式如下述各節。

（甲）田禮

因蒐狩以習用武事，是禮之最重要者。周禮每歲四田。穀梁傳說：「四時之田，皆為宗廟之事也。春曰田，夏曰苗，秋曰蒐，冬曰狩。四時之田用三焉，唯其所先得，一為乾豆，二為賓客，三為充君之庖。」（桓公四年）天子諸侯無事，通常每歲田獵三次，無事而不田獵叫做不敬，但田獵而不以禮叫做暴殄天物。古代因田習兵，檢閱車徒的數目，春蒐、夏苗、秋獮，冬狩，普通叫做田禮。為什麼叫做田禮？是為田除害，上以供宗廟祭祀，下以簡集士衆的。禮記說：「季春出火，為焚也，然後簡其車賦，而歷其卒伍，而君親誓社，以習軍旅，左之右之，坐之起之，以觀其習變也。」（郊特牲）又說：「（季秋）是月也，天子乃教於田獵，以習五戎，班馬政，命僕及七騶咸駕，載旌旐，授車以級，整設於屏外。司徒搢扑，北面誓之，天子乃厲飾，執弓挾矢以獵，命主祠祭禽於四方。」（月令）田獵時，有一定的規矩：「天子不合圍，諸侯不掩羣。天子殺則下大綏，諸侯殺則下小綏。大夫殺則止佐車；佐車止則百姓田獵。」（禮記王制）田獵活動，並迭見於周易的卦辭，像屯卦的「卽鹿无虞，惟入於林中」；師卦的「田有禽，利執言」；比卦的「主用三驅，失前禽」；大畜卦的「童牛之牿」和「豶豕之牙」；解卦的「田獲三狐，得黃矢」；及巽卦的「田獲三品」。可知田禮應是很普遍的了。

（乙）大閱禮

大蒐大閱，是國家的常禮。周禮所謂校登其夫家之衆寡，及其六畜車輦旗鼓兵器，而大宗伯「大田之禮，簡衆也」。中春教振旅，辨鼓鐸；中夏教茇舍，辨號名；中秋教治兵，辨旗物；至冬大閱，簡軍實。中冬教大閱者，是習兵之法，由春夏秋三季各教一部份，至冬大檢閱而總教之。左傳桓公六年秋，「大閱，簡車馬也。」穀梁傳的解釋，謂：「秋八月壬午，大閱。大閱者何？閱兵車也。脩教明諭，國道也，平而脩戎事，非正也。其日，以爲崇武。」那麼，魯國的大閱，却改在秋季舉行了。其次，又有軍旅的檢閱，寓有示威的性質。左傳僖公四年：「師進次於陘。夏，楚子使屈完如師；師退，次於召陵。齊侯陳諸侯之師，與屈完乘而觀之。」

(丙) 誓師禮

尚書所記武王於牧野誓師，檢閱軍旅，向衆宣誓，可爲誓師禮的例。牧誓的情形：「時甲子昧爽，王朝於商郊，牧野乃誓。王左杖黃鉞，右秉白旄以麾，曰：狄矣西土之人。王曰：嗟我友邦冢君御事、司徒、司馬、司空、亞旅、師氏、千夫長、百夫長、及庸、蜀、羌、髳、微、盧、彭、濮人、稱爾戈、比爾干、立爾矛、予其誓！」誓師儀式雖似簡單、但場面是相當緊張的。

(丁) 武成禮

武王伐殷，凱旋後舉行告廟。尚書說：「惟四月既旁生霸，粵六日庚戌，武王燎於周朝。翌日辛亥，祀於天位。粵五日己卯，乃以庶國祀馘於周廟。」(書序周書)禮記也說：「牧之野，武王之大事也，既事而退，柴於上帝，祈於社，設奠於牧室。」（大傳）這是歸獻告廟，記其政事，紀念用武的成功，故左傳說：「治兵於廟，禮也。」（莊公八年）

（戊）獻俘禮

征伐告捷後，舉行獻俘獻馘的禮。詩經魯頌說：「矯矯虎臣，在泮獻馘。」獲取敵人的首馘，是在泮宮獻奉的。至於獻俘的儀式，則見諸左傳：「五月丙午，晉侯及鄭伯盟于衡雍。丁未，獻楚俘於王，駟介百乘，徒兵千，鄭伯傅王，用平禮也。己酉，王享醴，命晉侯宥。王命尹氏及王子虎，內史叔興父，策命晉侯爲侯伯，賜之大輅之服，彤弓一，彤矢百，玈弓矢千，秬鬯一卣，虎賁三百人。曰：王謂叔父，敬服王命，以綏四國，糾逖王慝。晉侯三辭，從命，曰：重耳敢再拜稽首奉揚天子之丕顯休命。受策以出，出入三覲。」（僖公二十八年）

五、嘉禮

嘉禮的意義：欲親萬民，近自親始，上行下效，其禮至善，其義甚明。易經說：「亨者嘉之會也。」（乾卦文言）就是這個意思。嘉禮有六：飲食禮，親宗族兄弟；婚冠禮，親成年男女；賓射禮，親故舊朋友；饗燕禮，親四方之賓客；脤膰禮，親兄弟之國；賀慶禮，親異姓之國。這些儀式，是古代社會的一種應酬交際，即所謂以嘉禮親萬民。茲就飲食、冠、婚、鄉飲、射、燕等禮，簡述如下。

（甲）飲食禮

飲食的規矩，孔子曾說過：「食不厭精，膾不厭細。食饐而餲，魚餒而肉敗不食。色惡不食，臭惡不食，失飪不食，不時不食，割不正不食，不得其醬不食。肉雖多，不使勝食氣。惟酒無量，不及亂。沽酒市脯不食，不撤薑食，不多食。祭於公，不宿肉，祭肉不出三日，出三日，不食之矣。食不語。……君賜食，必正席，先嘗之。君賜腥，必熟而祭。君賜生，必畜之。侍食於君，君祭，先飯。」（論語鄉黨）像這些所說，飲食是夠講究的了。食禮開始，賓主必先降階盥洗。饌筵的陳列，「左殽（熟肉帶骨而臠）右胾（純切肉），食（飯屬）居人之左，羹居人之右，膾（肉聶而切之）炙（炙肉）處外，醯醬處內，葱渫處末，酒漿處右。以脯脩置者，左朐右末。」（禮記曲禮）大夫士與賓客燕食，進食的禮節，主人先祭以導客，客從而祭。先祭食而後祭殽，依所食殽的次第而徧祭之。先食殽，三飯完，主人請客食胾，然後又徧食殽的骨體。主人慢慢食以待客先飽，主人食沒有完，客不漱口。食完了，客向席而跪，親自徹食交與相者（贊饌的人）。主人興，辭於客，然後客坐。通常飲食的規矩，與人同器共食，禮貌要謙，不必求飽。古禮吃飯用手，共飯時手要乾潔。手取飯不要一大團，手中餘飯勿放回器中，飲歠斯文，不要流飲不止。吃不要有聲，不要齧骨，食殘的魚肉，不要放回器中，不要任意拋棄。殽之美旨的，不要專意貪取。不要揚飯去熱，飯黍要用手，飲羹則吞之，不要調羹詳味，不要刺齒，不要飲肉醬。濡肉用齒嚼，乾肉宜用手，炙肉則細齧。侍食於長者，主人親自進食則拜而食，若由子弟進食，不需拜而食。侍飲於長者，酒進則起。長者親酌賜飲，於尊所拜受，返席而後飲，但長者擧未盡爵，少者不敢飲。長者賜飲，少者不敢辭。（禮記曲禮）君賜食於大夫，儀式各因其班爵而異。養老則以食禮獻奉耆老於大學。（**註五**）

（乙）冠禮

子生三月，則父親在祖廟爲他命名，明當爲宗祖之主。社會制度，十歲叫做幼學，二十歲叫做弱冠，三十歲年壯應有家室。男子二十歲爲成人，十九歲以下死亡的叫做殤，以其未成人故。二十歲成人始加冠，但體格猶未壯，故叫做弱。冠者將授以成人的責任，故年歲以二十爲標準，但荀子大略，劉向說苑，班固白虎通德論，皆謂十九見正而冠。又逢先君早逝，世子年幼爲君（像魯襄公，邾隱公），或國君士大夫每有早婚早冠，遂提前擧行，故年未及二十而冠的，皆禮之變，也常有的。孟子說：「是焉得爲丈夫乎？子未學禮乎？丈夫之冠也，父命之。」（孟子滕文公下）其以冠爲名的，冠者入仕的冠服，加冠即成人禮，冠而命字，是敬成人，「所以冠者帣也，所以帣持其髮也。人懷五常，莫不貴德，示成禮有修飾首別成人也。」（白虎通德論紼冕）禮始於冠，本於婚，因此冠禮甚爲重要。禮記說：「冠而後服備；服備而後容體正，顏色齊，辭令順，故曰：冠者，禮之始也。是故古者聖王重冠。古者冠禮筮日筮賓，所以敬冠事。敬冠事，所以重禮；重禮所以爲國本也。故冠於阼，以著代也，醮於客位，三加彌尊，加有成也。已冠而字之，成人之道也。見於母，母拜之；見於兄弟，兄弟拜之，成人而與爲禮也。玄冠玄端奠摯於君，遂以摯見於鄉大夫鄉先生，以成人見也。成人之者，將責成人禮焉也。責成人禮焉者，將責爲人子、爲人弟、爲人臣、爲人少者之禮行焉。將責四者之行乎人，其禮可不重與？」（冠義）古人束髮故有笄，即簪。冠禮舉行時，經過三次儀式，叫做三加。初加，以櫛爲其理髮，理完則以纚韜之，纚即幘梁，一幅長六尺，韜髮而結之。先加緇布冠，即以黑布作束髮的假冠，戴於頭上。再加時，將以加皮弁，必先脫去緇布冠，恐髮亂，再櫛理一次。後乃加皮弁。皮弁是用白鹿皮製的，取其文章的意義。又有三加爵弁，略像冕，公冠則四加玄冕，故冠的加數也不一樣。凡冠禮的進行，首先卜定日期及筮擇主持加冠的人，冠於廟，賓客兄弟，羣聚觀禮。加冠完畢，設筵以醴子，由賓主持。加冠於東序，而筵於戶西，一加一醴，醴是有醴有肉，若沒有醴則用酒，叫做醮。女子年十五，可以許嫁，亦有笄禮，雖未許嫁，年二十亦爲成人而笄，由婦人執其禮。在家燕居，則去其笄而鬌首，仍爲少者處之。

中國古代冠禮，很像古希臘壯丁（Ephebos）的制度。雅典青年，凡由十八歲至二十歲，可成爲國家的武裝學徒。由隨時當作學徒服務的青年，組成壯丁的大學。如證明年齡已到了十八歲，姓名正式註册後，便可成爲公民。但註册的壯丁，首先要舉行壯丁宣誓禮。宣誓的內容：「我誓不汚辱所荷神聖的武器，作戰時也不遺棄戰侶，決爲雅典的神明和鄉土而戰，爭取國家的利益。願遵守所頒發的規矩，服從現行的法律，崇敬祖先的宗教，反抗那些危害雅典的人。」中國古代青年，於冠禮中不需宣誓，僅清早設洗器，陳冠服，由賓者替他加冠時宣誦祝詞：「始加，祝曰：令月吉日，始加玄服。棄爾幼志，順爾成德。壽考惟祺，介爾景福。再加曰：吉月令辰，乃申爾服。敬爾威儀，淑愼爾德。眉壽萬年，永受胡福。三加曰：以歲之正，以月之令，咸加爾服。兄弟具在，以成厥德。黃耇無疆，受天之慶。」（儀禮冠二）加冠以後，又命之以字。命字的祝詞說：「禮儀既備，令月吉日，昭告爾字，爰字孔嘉。髦士攸宜，宜之于假，永受保之，曰伯某甫仲叔季，唯其所當。」（儀禮冠二）至於醴或三醮也有祝詞。禮記說：「幼名，冠字，五十以伯仲」（檀弓）。又說：「父前子名，君前臣名」（曲禮）。臣子於君父的面前，自己稱名，對於他人則稱字，於五十歲後，則以伯仲爲稱。中國的加冠禮和希臘的壯丁禮，其差異：中國青年加冠的用意，注重冠裳儀表，通過這種加冠儀式而宣告成年。成年則有責任感，言行要謹愼。冠禮又爲入仕之階，凡行冠禮的，始可爲入仕之人。希臘壯丁禮的用意，表示青年經註冊宣誓後，已成爲武裝的公民。

（丙）婚禮

士娶妻的禮，以昏時爲期，故娶妻的禮叫做婚禮。男女無媒不交，無幣不相見，男女授受不親，御婦人則進左手，兩性間原有一定的界限和規矩。結婚的意義：婚者，禮之本也，「將合二姓之好，上以事宗廟，而下以繼後世也，故君子重之」（禮記昏義）。周禮媒氏，是掌理婚姻的官，凡男女自成名以上，皆書年月日名，令男子三十而娶，女子二十而嫁。結婚年齡，周禮雖然這樣說，但墨子謂昔者聖王爲法：「丈夫年二十，毋敢不處家；女子年十五，毋敢不事人」（墨子節用上）。這是加冠加笄以後，青年就可以結婚了。同姓不能結婚，其理由：「取於異姓，所以附遠厚別也」（禮記郊特牲）。這還是基於禮的觀念。結婚由父親作主，沒有父親則由母親命之，雙親皆沒，然後由自己決定。詩經說：「娶妻如之何，必告父母。」又說：「匪媒不得」（齊風南山）。用意是遠恥防淫佚。詩經摽有梅三章，摽有梅，是喻盛年的男女。傳謂：「不待備禮也，三十之男，二十之女，禮未備則不待禮，會而行之，所以蕃育人民也。」三章裏所說：「迨其吉兮，猶可納吉。迨其今兮，不必納吉，遂請期；迨其謂之，則婚禮不待備，而奔者不禁」。周禮媒氏：「中春之月，令會男女，於是時也，奔者不禁。」故逾齡的男女，似可隨意結婚，亦禮法上所許可。周以春季夏初行婚禮，以九月為愆。但孔子家語則謂：「極霜降而婦功成，嫁娶者行焉」。婚禮似又多在歲終舉行。婚禮的儀式相當繁複，故詩經說：「親結其縭，九十其儀。」（東山）足見儀式之多。婚禮之目有六：納采、問名、納吉、納徵、請期、親迎。女子十五歲許嫁，男家先納采，納其採擇的禮，納者以其始相採擇，恐女家不受，故叫做納。次問名，歸而卜其吉凶，卜得吉兆，復遣使往告，叫做納吉，婚姻之事遂定，但恐女家翻悔不受，故更言納。乃又遣使納徵，徵者成也，納徵用玄纁，束帛儷皮；儷皮者兩皮也，取其偶義。納徵既成，女子就表示許嫁，婚期由男家卜之，得吉，未敢直以告女家，為表示尊重對方，而必請示，叫做請期。凡納采、問名、納吉、請期、親迎，以雁為贄。「用雁者，取其隨時南北，不失其節，明不奪女子之時也。又取飛成行，止成列也，明嫁娶之禮，長幼有序，不相踰越也。」（白虎通德論嫁娶）婚初期，舉行親迎。父親首先醮子，命之以詞：「往迎爾相，承我宗事，勗帥以敬，先妣之嗣，若則有常」。醮後，命其往迎，是男先於女也。墨子說：「取妻身迎，祗褍為僕，秉轡授綏，如仰嚴親」（墨子非儒）。子承命往迎，女家主人於廟受禮，而拜迎於門外。婿執雁以入，揖讓升堂，再拜奠雁。迨婦出登車，由婿授綏，並親自駕御，表示親愛之意。女家方面，三夜不息燭，思念其女相離。父母送女：「父不下堂，母不出祭門，諸母兄弟，不出闕門（兩觀在祭門之外）。父戒之曰：謹慎從爾舅之言。母戒之曰：謹慎從爾姑之言。諸母般，申之曰：謹慎從爾父母之言」（穀梁傳桓公三年）。婦至，婿揖禮以入。當夕成婚，共牢而食，合巹而酳，表示合體同尊卑之義。明日早起，婦沐浴以俟見，平明的時候，贊者引婦拜見舅姑，婦執笲盛棗栗腶脩以見。贊者為舅姑酌醴以勞婦；婦祭脯醢祭醴，以成婦禮。舅姑入室，婦以特豚進食，明婦孝順之心。明日，舅姑共饗婦以一獻之禮，行奠酬之節。舅姑先降自西階，婦降自阼階，表示替代舅姑的地位（禮記昏義）。西階為客階，阼階為主階，使婦由主階降，即明以室事授之，而使為家主，取婦之家，三日不舉樂，為思嗣親。因以子代父，以婦代姑之故。古希臘雅典女子，十五歲便嫁，而由父母擇婿，但審慎和服從，為婦應具的美德。中國古代也是一樣。故禮記說：「敬慎重正而後親之，禮之大體，而所以成男女之別，而人立夫婦之義也。」（昏義）

（丁）鄉飲酒禮

各鄉有鄉學，取致仕在鄉之中大夫為父師，致仕之士為少師，在於學中，叫做鄉先生，教於鄉中之人，叫做鄉學。每年入學，三年業成，必升於君；將升用之，先爲飲酒之禮，這和現代學校畢業公宴相似。鄉飲酒的舉行，類別有四：一、鄉學三年則大比，考其德行道藝而興賢者能者，鄉老及鄉大夫，率其吏與其衆以禮賓之。二、鄉大夫飲國中賢者。三、州長於春秋習射時飲酒。四、每年十二月，黨正舉行蜡祭時飲酒。大抵鄉人凡有聚會，皆當行此禮。詩經豳風：「十月滌場，朋酒斯饗」。十月農功已畢，人有閒暇，復交接長幼之序，爲制鄉飲之禮。可是鄉飲酒禮止於州黨，以州長黨正爲主，鄉中賢者能者爲賓，或年高有德者爲賓。論語鄉黨篇：「鄉人飲酒，杖者出，斯出矣。」則鄉人飲酒之禮，又主於老者。飲酒是公費的，並有肉吃，鄉人以狗，大夫加以羔羊。黨正飲酒，專爲正齒位而行禮。其秩序：「六十者坐，五十者立侍，以聽政役，所以明尊長也。六十者三豆，七十者四豆，八十者五豆，九十者六豆，所以明養老也。……合諸鄉射，教之鄉飲酒之禮，而孝弟之行立矣。」（禮記鄉飲酒義）飲酒禮的開始，主人親速賓及介，而衆賓自從之，主人拜迎賓介於庠門之外，而衆賓自入。賓入大門，樂奏肆夏，三揖而後至階，三讓而後升，以表示尊讓。他們的坐位，賓南向，介東向，主人必居東方。初飲，主人降階洗爵，必先盥，乃洗爵；賓也降從主人。又洗觶，洗觶後開始飲。每次飲酒，殆有洗，盥洗揚觶，因爲飲是要清潔的。飲禮分爲四節：

第一節，主賓獻酬。主人獻賓，賓酢主人，主人酬賓（先飲以勸賓）。主人獻介，介酢主人。主人獻衆賓。獻酢用爵，酬則用觶。

第二節，作樂樂賓。飲酒時，樂工升歌三終（闋），即歌小雅鹿鳴、四牡、皇皇者華三篇，主人獻樂工。笙入三終，歌南陔、白華、華黍三篇，主人獻笙人。間歌三終，歌魚麗，笙由庚；歌南有嘉魚，笙崇邱；歌南山有臺，笙由儀。合樂三終，即歌周南的關睢、葛覃、卷耳，及召南的鵲巢、采蘩、采蘋。奏樂完了，樂工宣佈樂備，遂下堂而出。

第三節，作樂後，再飲。賓酬主人，主人酬介，介酬衆賓，衆賓以次序相酬，少長以齒。終至執掌罍洗的人，也參加旅酬，是無算爵之節，大家痛快的飲。

第四節，坐燕。飲畢然後進羞，吃狗肉。

飲酒時，由一人擧觶，發酒端，代主人行禮，並設一司正，以監察旅酬和爵行無算的飲。飲酒後，主人爲賓洗爵，其後又盥。飲禮畢，樂奏陔夏，主人拜而送賓。鄉飲酒之禮，寓有敬老之意，所謂燕毛所以序齒也。孟子說：「天下有達尊三，爵一、齒一、德一、朝廷莫如爵，鄉黨莫如齒，輔世長民莫如德」（孟子公孫丑下）。老人在地方上佔着一重要的地位，以他有豐富的智識經驗和端正的德行，故敬之以作人民的表率。飲酒禮擧行於鄉，而又在鄉學，其禮實以合民爲主，又以下達庶民爲主。周禮大司徒以陽禮教讓，則民不爭，這也寓有社會教育的意義。孔子說：「吾觀於鄉，而知王道之易易也。」（禮記鄉飲酒義）就是這個意思。鄉飲酒的期限，鄉則三年一次，州則一年兩次，黨則一年一次。

（戊）射禮

禮記說：「射者，男子之事也，因而飾之以禮樂也，故事之盡禮樂，而可數為立德行者莫若射，故聖王務焉」（射義）。射禮有四：天子諸侯與其羣臣習射於大學，叫做大射。天子諸侯與來朝之賓共射，叫做賓射。天子諸侯與臣子四方之賓共射，叫做燕射。鄉大夫與其衆庶習射於鄉學，叫做鄉射。鄉射的目的，所以「正交接」（禮記樂記），「仁鄉黨」（禮記仲尼燕居）。賓射燕射，是因賓燕而射，主於序歡情。大射則射而燕，主於習禮樂。故天子諸侯將有祭祀的事，與其羣臣射，以觀其禮，數中者得與於祭，不數中者不得與於祭。可是射禮重乎爭，與鄉飲不同，因鄉飲之禮在讓。（射儀，詳述於第六章。）

（己）燕禮

古代待賓的禮有三：即為饗、食、燕。饗、食禮重而體嚴，燕則禮輕而情洽。饗則體薦而不食，爵盈而不飲，設几而不倚，是致肅敬也。食以飯為主，雖設酒漿以漱，不以飲，故無獻儀。燕以酒為主，有折俎而無飯，其牲狗，行一獻四舉旅，降脫屨升坐，無算爵，以醉為度，在寢擧行。這是三者的分別。凡本國之臣，入貢獻功於王朝，出聘於鄰國，還時受慰勞；或有大勳勞功伐，國君特別賜燕；或無事而燕羣臣，燕聘賓，這是設燕禮的起因。燕禮開始，設洗篚於阼階的東南，君席設於阼階之上而西向，居主位。卿大夫士入就位，北面東上，士立於西方，東面北上，射人請賓，賓入中庭，君降一等而揖，依次就席。宰夫為主人，大夫為賓。主賓依儀降洗降盥；一獻一酬，也皆有降洗。燕飲的儀節，主人獻賓，賓酢（客報主人叫做酢）主人。主人獻君，主人自酢於君。主人酬（主人答賓叫做酬）賓。酬獻禮成，更舉酒於君，以爲旅酬之始，命下大夫二人爲媵爵者，君取所媵的觶，舉以酬賓，遂旅酬，這是燕禮的初成。主人獻卿，再請二大夫媵爵，君又取觶爲卿舉旅，這是燕禮的再成。主人獻大夫，胥薦主人，然後升歌，獻樂工。君三舉旅以成獻大夫的禮。旅畢，奏笙，獻笙人，乃間歌作而告樂備。立司正以安賓，卿大夫脫屨升就席，唯意所勸，以醉爲止。主人獻士及旅食，若射，則舉行如鄉射禮以娛賓。禮將終，賓媵觶於君，君爲士舉旅酬，主人獻庶子以下於阼階。燕末時無算爵，無算樂，飲箇痛快。以至燕畢，然後賓出。燕聘賓的儀式，也是這樣。燕禮，君與賓有俎，可以吃狗肉，自卿以下有薦羞而無俎，士以下唯薦而已，這是有差等的。

（註一）國語楚語下：「楚昭王問於觀射父，……謂民將能登天乎？對曰：非此之謂也。古者民神不雜，民之精爽不攜貳者，而又齊肅衷正，其智能上下比義，其聖能光遠宣朗，其明能光照之，其聰能聽徹之，如是，則明神降之。在男曰覡，在女曰巫。是使制神之處位次主，而爲之牲器時服，而後使先聖之後之有光烈，而後知山川之號，高祖之主，宗廟之事，昭穆之世，齊敬之勤，禮節之宜，威儀之則，容貌之崇，忠信之質，禋絜之服。而敬恭明神者，以爲之祝，使名姓之後，能知四時之生，犧牲之物，玉帛之類，采服之儀，彝器之量，次主之度，屏攝之位，壇場之所，上下之神，氏姓之出。而心率舊典者，爲之宗，於是乎，有天地神民類物之官，是謂五官，各司其序，不相亂也。民是以能有忠信，神是以能有明德。民神異業，敬而不瀆，故神降之嘉生，民以物享，禍災不至，求用不匱。」

（註二）陳澧說：「論語言禮者凡四十餘章，自視聽言動，與凡事親、教子、事君、使臣、使民、爲國，莫不有禮。其所以爲禮者，曰敬曰讓曰約，曰節之，曰文之。其本在儉，其用在和，而先之以仁之守，義之質，學之博，先進後進不同，則從先禮。禮雖廢而猶愛之，夏、殷禮不足徵，而猶能言之。射不主皮之語，則述儀禮之文也。鄉黨一篇，則皆禮記之類也。論語之言禮，至博至精，探索而靡盡也。」（東塾讀書記論語）

（註三）王爲羣姓立社叫做大社，王自爲立社叫做王社。諸侯爲百姓立社叫做國社，諸侯自爲立社叫做諸侯社。大夫以下成羣立社叫做置社。（見禮記祭法）

（註四）命爲羣姓立七祀，叫做司命（星）、中霤、國門、國行、泰厲、戶、竈。王自爲立七祀。諸侯爲國立五祀，叫做司命、中霤、國門、國行、公厲。諸侯自爲立五祀。大夫立三祀，叫做族厲、門、行。適士立二祀，叫做門、行。庶士庶人立一祀，或立戶，或立竈。（見禮記祭法）

（註五）禮記樂記：「食三老五更於大學，天子袒而割牲，執醬而饋，執爵而酳，冕而總干，所以教諸侯之弟也」。

第五章　樂

第一節　樂的起源

說文解字：「樂、五聲八音總名，象鼓鞞木虡也。」（卷六上）以五聲八音統樂的名，首見於尚書皐陶謨。皐陶謨云：「予欲聞六律五聲八音。」音樂的創始，相傳宓羲作瑟四十五絃，舜作五絃之琴以歌南風，倕作鼙鼓鐘磬，叔作編離之磬，女媧作笙中之簧。又傳樂器創自伏羲，樂律調自黃帝，樂曲製自帝舜。呂氏春秋却異其說，謂樂器始於朱襄，樂歌始於葛天，樂舞始於陶唐（仲夏紀適樂）。託始荒遠，故籍難徵。可是音樂起源，由來很古，很早且有典樂的官。尚書舜典說：

「帝曰：夔！命汝典樂，教胄子，直而溫，寬而栗，剛而無虐，簡而無傲。詩言志，歌永言，聲依永，律和聲。八音克諧，無相奪倫，神人以和。」

用樂以教胄子，原為教育的遺法。可見中國初期音樂，遠古時代已盛行了。迄周之世，音樂大備。周禮大司樂，掌成均之法，以治建國的學政，由有道有德的人，用樂德樂語樂舞教國子，以致鬼神示（奏於郊廟），以和邦國（頌於諸侯），以諧萬民（用於鄉射），以安賓客（用於燕享），以悅遠人（四夷之君），以作動物（索萬物而享之）。太師掌六律六同。以合陰陽之聲，皆文之以五聲，播之以八音

（見春官宗伯下）。周人愛好音樂，故周代樂制，至為完美。例如宮庭的音樂，詩經有瞽篇所詠：

「有瞽有瞽，在周之庭。設業設虡，崇牙樹羽。應田縣鼓，鞉磬柷圉。既備乃差，簫管備舉。喤喤厥聲，肅雝和鳴。先祖是聽，我客戾止，永觀厥成。」

瞽即樂官，國語有瞽獻曲，瞽史教誨，詩經有矇瞍，皆屬此類。周禮樂官，共有二十一職：大司樂，掌國子六樂六舞等。樂師，通稱為樂正。大胥，是佐樂正。小胥。大師，樂工之長。小師。瞽矇。樂工，以其才藝高下分為上中下三等。眡瞭，即相工。典同，通掌調樂器的吏。磬師、鐘師、笙師、鎛師、籥師，各為專門的技師。又有韎師，掌韎樂；旄人，教舞散樂兼教舞夷樂；籥章，掌野樂的土鼓豳籥，即吹籥以為詩章的；鞮鞻氏，掌四夷的樂；典庸器，掌藏樂器；司干，掌藏舞器。另有大樂師，掌各族的樂曲。春秋時代的樂工，孔子曾說：

「太師摯適齊；亞飯干適楚；三飯繚適蔡；四飯缺適秦。鼓方叔，入於河；播鼗武，入於漢；少師陽，擊磬襄，入於海。」（論語微子）

王者的食，分為平旦、晝、晡、暮的四飯，食時舉樂，有專任的樂工，故稱為亞飯三飯四飯的。其餘方叔是鼓師，武是鼗師，襄是磬師。可是古代大樂，至春秋時漸告虧缺。自陳公子完抱韶樂奔齊，完為舜後，韶樂遂自陳而歸齊。故孔子泣齊，聞韶樂三月不知肉味，說：「不圖為樂至於斯！」（論語述而）這是贊美之至的。又自武象起而韶濩兩樂廢，但孔子比較韶樂和武樂，說：「韶，盡美矣，又盡善也。

謂武，盡美矣，未盡善也。」（論語八佾）這也許武樂僅合致五聲六律形式之美，而韶樂則又兼詩頌絃歌內容之善的。古樂因屬專技，每保存於樂師的手裏，故孔子又說：「師摯之始，關雎之亂，洋洋乎盈耳哉！」（論語泰伯）

當時齊魯二國，實爲保存古樂的中心地。吳公子札聘魯，亦得觀於周樂：

「使工爲之歌周南召南曰：美哉！始基之矣，猶未也，然勤而不怨。爲之歌邶鄘衞，曰：美哉，淵乎！憂而不困者也。吾聞衞康叔武公之德如是，是其衞風乎？爲之歌王，曰：美哉！思而不懼，其周之東乎？爲之歌鄭，曰：美哉！其細已甚，民弗堪也，是其先亡乎？爲之歌齊，曰：美哉，泱泱乎，大風也哉！表東海者，其大公乎？國未可量也。爲之歌豳，曰：美哉，蕩乎！樂而不淫，其周公之東乎？爲之歌秦，曰：此之謂夏聲，夫能夏則大，大之至也，其周之舊乎？爲之歌魏，曰：美哉渢渢乎！大而婉，險而易行，以德輔此，則明主也。爲之歌唐，曰：思深哉！其有陶唐氏之遺民乎？非令德之後，誰能若是？爲之歌陳，曰：國無主，其能久乎？自鄶以下無譏焉。爲之歌小雅，曰：美哉！思而不貳，怨而不言，其周德之衰乎？猶有先王之遺民焉。爲之歌大雅，曰：廣哉，熙熙乎！曲而有直體，其文王之德乎？爲之歌頌，曰：直而不倨，曲而不屈，邇而不偪，遠而不攜，遷而不淫，復而不厭，哀而不愁，樂而不荒，用而不匱，廣而不宣，施而不費，取而不貪，處而不底，行而不流，五聲和，八風平，節有度，守有序，盛德之所同也。見舞象箾南籥者，曰：美哉，猶有感！見舞大武者，曰：美哉，周之盛也，其若此乎！見舞韶濩者，曰：聖人之宏也，而猶有慙德，聖人之難也。見舞大夏者，曰：美哉！勤而不德，非禹其誰能修之？見舞韶箾者，曰：德至矣哉！大矣！如天之無不幬也，如地之無不載也，雖甚盛德，其蔑以加於此矣，觀止矣！」（左傳襄公二十九年）

魯工之所歌，乃未刪的詩。這是表示韶、夏、濩、及周代各樂，已進爲一完美的程度，並且證明古詩是包括各種樂歌，聲與義合相發而不可偏廢。及周室既衰，治道虧缺，音樂遂分爲古樂與新樂。禮記說：

「魏文侯問於子夏曰：吾端冕而聽古樂，則唯恐臥；聽鄭衛之音，則不知倦。」（樂記）

孟子也分別之爲先王之樂和世俗之樂（孟子梁惠王下）。這種新樂，即子夏所謂溺音。「鄭音好濫淫志，宋音燕女溺志，衞音趨數煩志，齊音敖辟喬志。此四者，皆淫於色而害於德，是以祭祀弗用也。」（禮記樂記）故禁淫聲，使夷俗邪音，不敢亂雅，這是大師的事。

春秋時，師曠是著名音樂家，爲晉平公奏清徵之音。師襄、瓠巴、伯牙，亦爲琴瑟專家（註一）。諸侯每好用女樂；女樂即世俗之樂。齊人歸女樂，魯季桓子受之。這種女樂，是「選齊國中女子好者八十人，皆衣文衣而舞康樂。」（史記孔子世家）晉獻公欲伐虞虢，乃遺以屈產之乘，垂棘之璧，女樂二八，用熒其意而亂其政（見韓非子內儲說下六微）。秦穆公使史廖以女樂二八，遺戎王，因爲由余請期。」（韓非子十過）晉悼公十二年伐鄭，軍於蕭魚，鄭伯嘉來納女工妾三十人，女樂二八（見國語晉語七）宋玉舞賦，謂爾乃鄭女出進，二八徐待。舞以八人爲列，女樂二八卽十六人。這可見當時女樂是普遍盛行了。樂旣有古樂和新樂，也有正音南音的分別。左傳成公九年：「楚囚奏琴，操南音。」南音卽楚國的土音，是與中原的正音相對的。

迨至戰國，各國的樂器，像齊的竽，秦的箏，楚的笙，趙的瑟，魏的琴，燕的筑，器同而用異，皆與周的樂器不同。各國又有他們自己的歌樂，像魏人槌鑿之聲，楚人瀟湘之樂，齊人房中之譜，燕人變徵之音。至於民歌，不依於樂，像河西善謳，齊右善歌，以至蔡謳、吳歈、楚艷、巴嬥之音等都是。

西方古代，樂有兩種，一爲宗敎之樂，一爲非宗敎之樂。而在中國，樂之稱爲古樂和新樂，就要看應用於祭祀或燕賓的禮而定。又世界史上，對於音樂常有兩種觀念，卽積極性和消極性。中國儒家常以積極態度講求音樂的發展，而老子墨子，却有非樂之論，墨子以爲樂愈繁，其治愈寡，故認樂是曠時廢事的。西方也有這種情形，希臘人注重音樂，而羅馬則忽略此藝。然而古代中國，除道家墨家外，學者皆認爲音樂是一種重要的學藝，六藝之中，樂佔重要的地位，因爲樂敎是敎民之本。

第二節　樂的目的和效用

音樂的興起，原生於心，而心則感於物而動的。禮記樂記下以定義說：

「凡音之起，由人心生也；人心之動，物使之然也。感於物而動，故形於聲；聲相應，故生變；變成方，謂之音。比音而樂之，及干戚羽旄，謂之樂。」

既有各種聲音的發作，則引起心靈上的感應：

「是故其哀心感者，其聲噍以殺；其樂心感者，其聲嘽以緩；其喜心感者，其聲發以散；其怒心感者，其聲粗以厲；其敬心感者，其聲直以廉；其愛心感者，其聲和以柔。六者非性也，感於物而後動。」（禮記樂記）

由於心靈上的感應，遂養成種種的心術與民性：

「夫民有血氣心知之性，而無哀樂喜怒之常，應感起物而動，然後心術形焉。是故志微噍殺之音作，而民思憂；嘽諧慢易繁文簡節之音作，而民康樂；粗厲猛起奮末廣賁之音作，而民剛毅；廉直動正莊誠之音作，而民肅敬；寬裕肉好順成和動之音作，而民慈愛；流辟邪散狄成滌濫之音作，而民淫亂。」（禮記樂記）

「故齊衰之服，哭泣之聲，使人之心悲；帶甲嬰軸，歌於行伍，使人之心傷；姚冶之容，鄭衞之音，使人之心淫；紳端章甫，舞韶歌武，使人之心莊。」（荀子樂論）

樂雖由聲音而成，可是樂的產生，以諧和爲主。國語說：「夫政象樂，樂從和，和從平。聲以和樂，律以平聲。」（周語下）呂氏春秋也說：「形體有處，莫不有聲。聲出於和；和出於適。和適，先王定樂，由此而生。」（仲夏紀大樂）這樣說來，定樂的要旨在和，從而對人類性靈的感應，亦以諧和契合爲本。孟子解釋音樂和人性的關係，引子貢的話說：「聞其樂而知其德。」（孟子公孫丑上）呂氏春秋更詳其義說：「聞其聲而知其風，察其風而知其志，觀其志而知其德。盛、衰、賢、不肖、君子、小人，皆形於樂，不可隱匿。」（季夏紀音初）就是這個意思。

希臘人認爲體操是爲體格，音樂是爲心靈，故柏拉圖（Plato）說：「音樂的目的，在美的愛好。」又說：「我認爲並非由健全軀體以改善其靈魂，却由優美靈魂以改善其軀體。」但中國儒家對於音樂注重其善的功能，所以感人之心而使之化，而非在美的欣賞。「樂也者，聖人之所樂也，而可以善民心。其感人深，其移風易俗，故先王著其教焉。」（禮記樂記）因爲音樂的目的，常作敷施政教之用，故孔子說：「移風易俗，莫善於樂；安上治民，莫善於禮。」（孝經廣要道章）禮和樂同爲治術的工具。可是樂怎樣應用於治道？禮記說：

「是故樂在宗廟之中，君臣上下聽之，則莫不和敬；在族長鄉里之中，長幼同聽之，則莫不和順；在閨門之內，父子兄弟同聽之，則莫不和親。」（樂記）

從歷史稽考，音樂初期的用途，大抵屬於軍事的目的。每當作戰之初，鉦鼓出征；作戰之後，獻俘獻馘，以樂告廟。古代武器，像干戈羽戚麾旌，皆爲作戰之用，而亦爲樂舞的飾物，故音樂之用於神明的，又可以用於軍事。周初制武樂，武樂是象徵軍事的樂舞。這樣說來，上古的音樂，實爲軍事的性質。劉師培說：「上古人民競爭日烈，兵器不可須臾離，然民不習勞則薾弱多疾，而服兵之役弗克勝。故古人又作爲樂舞，使之屈伸俯仰，升降上下，和柔其形體，以廉制其筋骨，庶步伐止齊，施之戰陣而不愆，此古人重樂舞之微意也。由是言之，則古人重樂歌所以宣民氣也。……重樂舞所以強民力也。觀於野蠻民族出征獵狩，壯丁成羣，有歌必有舞，舞必持兵器而蹢蹈。蹈則戴羽以爲飾，打鼓以爲節，可見中國樂舞之起源。」（古政原始論古樂原始論）其次，音樂用於宗教，郊廟之禮，作樂以致鬼神。易經豫卦象說：「雷出地奮，豫，先王以作樂崇德，殷薦之上帝，以配祖考。」夫雷出地，奮，是和之至。先王作樂，既象其聲，又取其義，以祀禱神祇，故說「聖人作樂以應天。」（樂記）又其次，音樂適用於政治，樂與政通。「欲觀至樂，必於至治，其治厚者其樂治厚；其治薄者，其樂治薄。」（呂氏春秋季夏紀制樂）因此樂中平，則民和而不流；樂肅莊，則民齊而不亂；樂姚冶以險，則民流慢鄙賤（荀子樂論）。禮記說：「治世之音安以樂，其政和；亂世之音怨以怒，其政乖；亡國之音哀以思，其民困。」（樂記）這是說明音樂和政治關係的重要。最後，音樂又爲教育的內容，古代教民，口耳相傳，故重聲教，而以聲感人，莫善於樂。舜命后夔教冑子，則樂師就是教師。有虞之學叫做成均，均即爲韻的古文。商代大學叫做瞽宗，故周以瞽宗祀樂祖。周名大學爲辟雍，雍訓爲和，隱寓和聲之義。詩經靈臺詩：「於論鼓鍾，於樂辟雍。」辟雍亦爲習樂之地，故周禮以大司樂掌成均之法，並以樂德樂舞樂語教國子，而春誦夏絃詔於太師，四術四教，掌於樂正。朱熹說：「古者教法，禮樂射御書數不可闕一，就中樂之教尤親切。夔教胄子，只用樂；大司徒之職，也是用樂。」（朱子全書卷三十一禮一）可見古代聲教，是教育的遺法，而音樂又爲教育的中心了。

音樂的效用，從個人說，樂所以象德；從社會說，廣樂以成其敎。其影響，由個人以至社會，都是一貫的。「故樂行而倫清，耳目聰明，血氣和平，移風易俗，天下安寧。」（禮記樂記）荀子更認爲樂是審一以定和，比物以飾節，合奏以成文；足以率一道，足以治萬變。「故聽其雅頌之聲，而志意得廣焉。執其干戚，習其俯仰屈伸，而容貌得莊焉。行其綴兆，要其節奏，而行列得正焉，進退得齊焉。故樂者，出所以征誅也，入所以揖讓也。征誅揖讓，其義一也。出所以征誅，則莫不聽從；入所以揖讓，則莫不從服。故樂者，天下之大齊也，中和之紀也，人情之所必不免，是先王立樂之術也。」（荀子樂論）

第三節　樂器與樂律

古代樂器，像鐘、鼓、磬、編鐘、編磬等，因形龐大而體重，不易移動，故用簴栒以伐之。又像琴瑟，皆坐而彈。大抵因中國人居於黃河流域的平原，享受和平生活，安土重遷，樂器以裝置不動爲主。這和亞洲西部各民族移遷無常，需要輕小而可攜帶的大異。及乎征服四夷，乃吸收其文化，故周代樂器，也包括若干外國的樂器，如簫、笛、鼓等是。但鐘、磬、笙等，早已使用，其中以磬發現最先，或產生於新石器時代。尚書禹貢：「泗濱浮磬。」蔡註謂泗濱，泗水之旁；浮磬，石露水濱成磬而後貢也。在虞舜時，磬似已普遍應用。舜命夔典樂。「夔曰：於！予擊石拊石，百獸率舞。」（尚書舜典）琴瑟創於磬之後，或由於弓弦發現其音之美而變用。鐘的產生較遲，至少在銅發現以後。周代鐘爲重要的樂器，常配鼓合奏，故「鐘鼓樂之」一詞，屢見於史籍。

荀子根據聲樂之象，論述樂器的性能，謂：「鼓大麗，鐘統實，磬廉制，竽笙簫和，筦籥發猛，塤篪翁博，瑟易良。……故鼓似天，鐘似地，磬似水，竽笙簫和筦籥，似星辰日月，鞉柷拊鞷椌楬，似萬物。」（荀子樂論）禮記則辨別樂器的原料，分爲鐘聲、石聲、絲聲、竹聲、鼓鼙聲五種：「鐘聲鏗，鏗以立號，號以立橫，橫以立武。君子聽鐘聲，則思武臣。石聲磬，磬以立辨，辨以致死。君子聽磬聲，則思死封疆之臣。絲聲哀，哀以立廉，廉以立志。君子聽琴瑟之聲，則思志義之臣。竹聲濫，濫以立會，會以聚衆。君子聽竽笙簫管之聲，則思畜聚之臣。鼓鼙之聲讙，讙以立動，動以進衆。君子聽鼓鼙之聲，則思將帥之臣。」（樂記）這又是從樂器所發出的聲象，而聯想其意義了。

樂器的名稱，多記在詩經禮記等書，可分爲八類，叫做八音，茲列舉如下：

一、金屬。鐘、鉦、鏞（大鐘）、鎛（像鐘而大）、鐃（像編鐘，無舌而有柄，搖之以止鼓）、金鐲（鐲、鉦也，形如小鐘，以節鼓）、錞于（圓像錐頭，上大下小，以和鼓）、銅鼓、棧（小鐘）、編鐘（編小鐘）、金鐸（銅舌大鈴、振之以通鼓）。「鐘鼓喤喤」，金聲多屬響亮之音。鐘以領樂，鐸以節樂，編鐘是用以倚樂的。

二、石屬。石屬樂器僅有磬的一種。磬用以收樂，也以節樂；編磬則以倚樂。「磬管鎗鎗」，它的音是高響的。

三、絲屬。絲屬樂器像琴、瑟、筑等，用以倚樂。

四、竹屬。詩經：「嘒嘒管聲」，「管聲瑲瑲」。這是形容竹器的音。其器有簫（十孔長一尺）、管（六孔長一尺）、篪（十孔長一尺一寸）、竽、籥、（三孔、用和衆聲），簧、籟（三孔籥）等。

五、匏屬。笙、竽用以倚樂。

六、土屬。壎（銳上平底，形像稱錘，六孔，前四後二）用以倚樂。缶（瓦器）用以節樂。

七、革屬。革屬爲鼓，鼓以節聲樂，以和軍旅，以正田役。但它的形體大小不同，發音有異，詩經所謂：「擊鼓其鏜」，「鼗鼓淵淵」，「奏鼓簡簡」，「鼉鼓逢逢」，以描狀其鼓音。大鼓用以始樂，以收樂；小鼓用以節樂。它的種類有鼓、鼗鼓、雷鼓（神祀）、靈鼓（社祭）、路鼓（鬼享）、鼖鼓（軍事）、鼛鼓（役事）、晉鼓（金奏）、田（大鼓）、應（小鼓）、懸鼓（周鼓）、賁鼓、土鼓（以瓦爲匡，以革爲兩面）、鐸、拊（以韋爲表，充之以糠）、朄（小鼓名）等。

八、木屬。柷（像漆筩）用以起樂，敔（狀像伏虎）用以止樂。

沈約謂秦代滅學，樂經殘亡，（沈隱侯集修定樂書疏）但樂的綱目具於禮，詞歌具於詩，樂律具於諸子，鏗鏘鼓舞則傳之樂師。那麼，樂經雖亡，而由諸子所述零星的樂理，也可藉以推算其技術。樂理之中，以音律最難明。古代音律，有宮商角徵羽五音，與西方音律Do, Re, Mi, Sol, La, 及音階CDEGA相類似。五音的聲象，宋白說：「合宮通音謂之宮，其音雄雄洪洪然。開口吐聲謂之商，其音鏘鏘倉倉然。張牙湧脣謂之角，其音喔喔確確然。齒合脣開謂之徵，其音倚倚巇巇然。齒開脣聚謂之羽，其音詡詡于于然。」（資治通鑑卷一四九注）五音以宮爲基音，以黃鐘爲律呂之本。誰發明黃鐘？呂氏春秋謂創自黃帝的臣伶倫（仲夏紀古樂）。漢書襲其義，也說：「黃帝使泠綸自大夏之西，崑崙之陰，取竹之解谷，生其竅厚均者，斷兩節，間（長三寸九分）而吹之，以爲黃鐘之宮。」（律歷志）那麼律的始造，以竹爲管，取其自然圓虛，而建其音。定樂必須定律以考其聲，遂由五音產生十二律。求音律的算法，前人分爲五音相生和十二律相生兩種，茲引述如下：

（甲）五音相生法。宮既爲基音，其數假定爲九，因便於推算起見，就以九乘九爲八十一，由宮的數起始，以三分之一更相減加，而得其餘的四音。史記律書的定律說：「九九八十一以爲宮，三分去一，五十四以爲徵；三分益一，七十二以爲商；三分去一，四十八以爲羽；三分益一，六十四以爲角」。史記的相生算法，與呂氏春秋略同，因兩者均根據「三分所生，益之一分以上生；三分所生，去其一分以下生」的原理。但管子算法，恰恰相反，却爲三分所生，去其一分以上生；三分所生，益之一分以下生（註二）。故所定的律數不同了。古代樂有五音，其後再加兩音，卽變宮變徵，合而爲宮、商、角、徵、羽、變宮、變徵的七音。這七個音，當周景王問律於伶州鳩時，鳩已詳說及之（國語周語下）。七音律數，依史記律書：「以下生者，倍其實，三其法；以上生者，四其實，三其法」的定率推算，由角生變宮，應爲四二・七，由變宮生變徵，則爲五六・九。

（乙）十二律相生法。十二律皆以銅爲管，轉而相生，黃鐘爲首，其長九寸，各因而三分之，上生者益一分，下生者減一分。黃鐘的長度，以一黍之廣爲一分，十分爲寸。呂氏春秋說：

「黃鐘生林鐘，林鐘生太蔟，太蔟生南呂，南呂生姑洗，姑洗生應鐘，應鐘生蕤賓，蕤賓生大呂，大呂生夷則，夷則生夾鐘，夾鐘生無射，無射生仲呂。三分所生，益之一分以上生。三分所生，去其一分以下生。黃鐘、大呂、太蔟、夾鐘、姑洗、仲呂、蕤賓爲上；林鐘、夷則、南呂、無射、應鐘爲下。」（季夏紀音律）

據呂氏春秋的分法，十二律的律長，應如下列：

上	
律名	律長（寸）
黃鐘	9
太蔟	8
姑洗	7.12
蕤賓	6.32
大呂	8.427
夾鐘	7.491
仲呂	6.659
下	
律名	律長（寸）
林鐘	6
南呂	5.333
應鐘	4.74
夷則	5.618
無射	4.994

淮南子天文訓，十二律的上生下生，以大數求律長（註三），以九約之，大致與呂氏春秋所算的相同。史記律書十二律相生之法，用分數計算，假定黃鐘的長度爲1，則林鐘爲$\frac{2}{3}$，太蔟爲$\frac{8}{9}$，南呂爲$\frac{16}{27}$，姑洗爲$\frac{64}{81}$等推算，每數乘九，所得十二律的長度，也是一樣。至於五音與十二律的配合，則宮合黃鐘，商合太蔟，角合姑洗，徵合林鐘，羽合南呂，變宮合應鐘，變徵合蕤賓。

上述樂律的推算，歷代學者雖殫力研究，可是司馬光不信其準確。他說：

「周室既衰，禮缺樂弛，典章亡逸，疇人流散，律度衡量不存乎世，咸英、韶、濩不傳乎人。重以暴秦焚滅六籍，樂之要妙存乎聲音，其失之甚易，求之甚難。自漢以來，諸儒取諸胸臆，以億度古法，牽於文義，拘於名數，校竹管之短長，計黍粒之多寡，競於無形之域，訟於無證之庭，迭相否臧，紛然無已，雖使后夔復生，亦不能決。」（溫國文正司馬公集答景仁論養生及樂書）

中國早在數千年前，以隔八相生，和三分一加減的方法，推算樂律，不差累黍，那不能不佩服先哲講求樂理的精微。希臘古樂，它的原始樂律，包括五音，由培達哥拉斯（Pathagores,B.C. 580-500）發展而爲七音。希臘的七音，似同於中國的七音。兩者音律發展的過程雖然相似，但中國用竹管以建其音，而希臘則用絃。

第四節　舞與樂

舞蹈由來很古，這大約爲克服敵人之後，所製的凱樂。故周禮夏官，師有功，卽舞樂。左傳（襄公二十九年）及鄭注周禮地官六樂，有黃帝的雲門（大卷），唐堯的大咸（咸池），虞舜的大韶（大磬），夏禹的大夏，商湯的大濩，周武王的大武，都是舞樂。莊子也有同樣的記載（註四）。這六樂又是用以祭地祇，享人鬼，祀天神。六樂的次序：「乃奏黃鐘，歌大呂，舞雲門，以祀天神。乃奏太蔟，歌應鐘，舞咸池，以祭地示。乃奏姑洗，歌南呂，舞大磬，以祀四望。乃奏蕤賓，歌函鐘，舞大夏，以祭山川。乃奏夷則，歌小呂，舞大濩，以享先妣。乃奏無射，歌夾鐘，舞大武，以享先祖。凡六樂者，皆文之以五聲，播之以八音。」（周禮春官大司樂）武王初滅殷，未作大武，仍用夏樂，故汲冢周書世俘解說：「籥人奏崇禹、生開」。公羊傳昭公二十五年：「朱干玉戚，以舞大夏。」何注謂：「大夏，夏樂也。周所以舞夏樂者，王者始起，未制作之時，取先王之樂與己同者，假以風化天下。」及周既定樂，制有象舞武舞和勺舞。象舞紀文王之功，象太平而作樂，歌維清之詩（註五）。維清之詩，是詠文王的文德，故象舞應爲文舞，由成童學之。武王沒，嗣王象武王的功，歌武（註六）以奏之，制武舞。武舞初起，舞者總干而山立，卽持盾立正，像武王用兵的威儀。先擊鼓很久，而後舞乃作，發揚蹈厲，舞罷皆坐。武舞是由成年人舞之。周公沒，嗣王以武功之成，由周公告其成於宗廟的歌，卽以這首詩爲節而舞，叫做酌（註七）。酌卽勺，又叫做勺舞，表示周公輔成王，能斟酌文武之道而有成，由十三歲的幼童舞之。

周代的舞蹈，以武舞爲重，文舞爲輕，大別之，可分爲小舞與大舞。小舞者勺與象，大舞者大武。小舞先學勺，後學象；勺用籥，象用干戈，這是文武之次第。周禮春官樂師：「樂師掌國學之政，以教國子小舞。凡舞：有帗舞，有羽舞，有皇舞，有旄舞，有干舞，有人舞。」這六舞卽小舞。鄭注謂帗舞用全羽，羽舞用析羽，皇舞用羽冒覆頭上和衣飾翡翠的羽，此卽蒙羽的舞，旄舞用氂牛的尾，干舞用兵器，人舞用手，卽以手袖爲威儀。社稷以帗，宗廟以羽，四方以皇（段玉裁改皇爲翌），辟雍以旄，兵事以干，星辰以人舞。周禮地官司徒也說：「舞師掌教兵舞，帥而舞山川之祭祀；教帗舞，帥而舞社稷之祭祀；教羽舞，帥而舞四方之祭祀；教皇舞，帥而舞旱暵之事（卽雩）。」大祭祀用舞，小祭祀則無。羽和舞很有關係，上古之民，由狩獵進爲游牧，飾材辨物，每以動物爲濫觴，所用之物，不外骨角羽革，飾兵器爲羽旄，操翿纛爲羽舞。故原始民族，舞蹈多以羽爲飾。羽是翟羽，或大鳥羽。古文舞字从羽亡，从羽，舞所執持的，亡與無古通用，舞從無聲。古代或沒有蒙羽的舞，但舞多執羽，故舞容婆娑多姿。

舞的行列叫做佾。穀梁傳說：「舞夏，天子八佾，諸公六佾，諸侯四佾。」尸子曰：「舞夏，自天子至諸侯，皆用八佾」（隱公五年）。故六佾之舞非正的。執翟雉的羽而舞，叫做舞夏，八人爲列，分八列，舞者六十四人。舞旣分爲文舞與武舞，文舞右手秉翟，左手執籥；武舞則左手執干，右手持戚而踊蹈，並配以音樂，「籥舞笙鼓，樂既和奏」（詩經賓之初筵）。舞容要諧合節拍，節奏的美，齊齊整整，踊蹈亦具活力。故「鐘鼓之音，羽毛之容。」（莊子天道篇）公庭羣舞，場面很大。詩經所詠萬舞洋洋，萬舞是蹈厲武舞，也是羽舞的。萬舞又必有籥，籥所以節舞。其舞容：

「簡兮簡兮，方將萬舞，日之方中，在前上處。碩人俁俁，公庭萬舞。有力如虎，執轡如組。左手執籥，右手秉翟。赫如渥赭，公言錫爵。」（詩經國風簡兮）

舞蹈實兼有音樂和體育的雙重意義。「治俯仰詘信進退遲速，莫不廉制；盡筋骨之力，以要鐘鼓俯會之節，而靡有悖逆。」（荀子樂論）故「執其干戚，習其俯仰詘伸，容貌得莊焉，行其綴兆，要其節奏，行列得正焉，進退得齊焉」（禮記樂記）。舞蹈養成健康習慣，是寓有體育的效用。在個人說，舞可以舒發身心；在社會說，可以表現羣性。中國古代的舞，以羣舞為重。羣舞的心理要一致，步驟要齊整，是培養合作精神，和表現合羣天性。孔子說：「小子，何莫學乎詩？詩可以興，可以觀，可以羣」（論語陽貨）。這羣字意義很大。注謂和而不流叫做羣。其實詩是有共感共鳴的作用，自然引致羣性的共樂。詩和舞相配合，舞既然羣舞，那麼詩也可以羣詠了。舞又為樂的一部份，有樂殆有舞。晏子春秋說：

「景公謂太師曰：子何以不為客（晉范昭）調成周之樂乎？太師對曰：夫成周之樂，天子之樂也，調之必人主舞之」。（內篇雜上晉欲攻齊使人往觀晏子以禮待而折其謀）

孔子也說：「樂則韶舞」（論語衞靈公）。舞不離樂，而樂必有舞。故禮記說：「鐘鼓管磬，羽籥干戚，樂之器也；屈伸俯仰，綴兆舒疾，樂之文也。」又說：「然後發以聲音，而文以琴瑟，動以干戚，飾以羽旄，從以簫管。」（樂記）樂和舞是合一而不可分。汲冢周書說：「奏鼓以章樂，奏舞以觀禮，奏歌以觀和。」（本典解）鐘鼓、舞蹈、和詩歌，都是樂之一部份。

舞除上述配樂外，由於君臣、父子、兄弟、朋友、老幼，皆規規矩矩交相舞蹈，既屬於禮的範圍，也寓有敎育的作用。世子及學士，春夏學干戈，秋冬學羽籥，皆文武小舞。小樂正學干，大胥贊之；籥師兼敎戈，籥師丞贊之；胥鼓南，南卽羽籥的舞，大胥擊鼓以爲之節，樂師贊之（周禮樂師）。大樂正學舞干戚，干戚則爲大武的舞。就春季入學的禮，也持芬香的菜而合舞。於此可見舞在敎育上的重要。

第五節　詩與樂

詩、歌亦如舞蹈而配入於樂之中。禮記說：「詩言其志也，歌詠其聲也，舞動其容也。三者本於心，然後樂器從之。」（樂記）詩歌舞是三位一體，樂舞與樂歌，同出於詩，歌以傳聲，舞以象容。故古人歌詩以節舞。詩經的頌，頌者容也，卽形容之容。詩大序謂，頌者美盛德之形容，以其成功告於神明，是頌列於樂舞之徵，古代叫做夏，周代叫做頌。夏樂有九，至周還存在，祭禮賓禮皆用之。古者以歌節舞，復以舞節音，而篇什所陳的往迹，就是樂舞的模型。敎樂的儀式，行以肆夏。趨以采薺。肆夏采薺，皆爲詩的名稱，卽以此詩爲節。因此古代的詩，都可入樂。堂上堂下，一歌一奏，歌者人聲，奏者樂聲，歌奏皆有詞，詞就是詩。例如詩經小雅，它的南陔、白華、華黍、由庚、崇丘、由儀等篇，鄉飲酒燕禮的樂用之，奏笙拍和。二雅的正雅，爲朝廷的樂；商周的頌，爲宗廟的樂。故小雅八什，類多已譜入於樂了。

古代燕樂嘉賓，其節目，分爲升歌、間歌、合樂三段，每段奏三闋（篇），叫做三終。凡樂以金奏始，以金奏終。賓客入門，金奏用鐘鎛以迎。金奏用爲迎賓送賓，並作行禮及步趨之節。金奏的樂，天子諸侯用鐘鼓，大夫士僅用鼓。金奏的詩，則有九夏（王夏、肆夏、昭夏、納夏、章夏、齊夏、族夏、祴夏、驁夏）。天子迎賓以肆夏，送賓以肆夏。諸侯迎賓以肆夏，送賓以陔夏。大夫士僅有送賓的樂，是用陔夏。天子諸侯的出入，又自有樂，天子以王夏，諸侯以驁夏。金奏既闋，獻酬的禮完畢，則樂工升歌。升歌爲正歌之始，在堂上，用琴瑟，歌鹿鳴、四牡、皇皇者華三篇，每一篇爲一終。升歌的詩用雅頌，大夫士用小雅，諸侯燕臣下及他國的臣也用小雅，兩君相見用大雅或用頌，天子則用頌。升歌既異則笙入，吹笙的人，入於堂下，則奏南陔、白華、華黍三篇。間歌爲正歌之中，歌者在堂上，匏竹樂器在堂下，笙則在階間之，即堂階合作。間歌之奏，堂上人先歌魚麗，則堂下人笙奏由庚，這是第一終。堂上人歌南有嘉魚，則堂下人笙奏崇邱，這是第二終。又堂上人歌南山有臺，則堂下笙奏由儀，這是第三終。這種歌奏，叫做笙入三終，間歌三終。升歌笙間畢，遂歌鄉樂，周南的關雎、葛覃、卷耳三篇，和召南的鵲巢、采蘩、采蘋三篇，這是合樂三終。合樂是正歌之備，堂階的樂工合作，即堂上歌詩，以琴瑟拍和，堂下則衆音並作，堂上與堂下的樂交響凡三次。諸侯以上，禮儀盛的，以管易笙。笙與歌異工，故有間歌，有合樂；管與歌同工，故升而歌，下而管，而沒有間歌。凡升歌用雅的，管與笙都用雅；升歌用頌的，管也用頌。凡有管則有舞，舞之詩，諸侯爲酌，天子爲大武大夏。

左傳說：「衞寗武子來聘，公與之宴，爲賦湛露及彤弓。」（文公四年）這可見詩應用於樂的普遍了。故夏炘說：「古人祭射燕享，有樂則必有詩。孔子曰：師摯之始，關雎之亂，洋洋盈耳。又曰：自衞反魯然後樂正，雅頌各得其所。然詩有歌、有賦、有奏、有樂、有管、有歈之不同，歌賦者口誦其詞，以詩爲主，雖琴瑟，助歌而已，貴人聲也。奏者以鐘鼓，樂管以笙，歈以籥，皆播其詩於樂中，以音爲主，若今之樂曲矣。歌誦之詩，頒在學官，學士以時肄業，故至今不廢。奏歈諸詩，樂人職之，不頒在學官，學士不以時肄業，故樂亡而詩亦與之俱亡。」（詩樂存亡譜）鄭樵謂古之達樂爲風雅頌。「樂以詩爲本，詩以聲爲用。八音六律，爲之羽翼耳，仲尼編詩，爲燕享祀之時用以歌，而非用以說義也。古之詩，今之詞曲也，若不能歌之，但能誦其文而說其義可乎？」（通志略樂略）這種見解，恰恰和理學家所說相反。朱熹說：

「蓋以虞書考之，則詩之作，本爲言志而已。方其詩也，未有歌也；及其歌也，未有樂也。以聲依永，以律和聲，則樂乃爲詩而作，非詩爲樂而作也。三代之時，禮樂用於朝廷，而下達於閭巷，學者諷誦其言，以求其志，詠其聲，執其器，舞蹈其節，以涵養其心，用聲樂之所助於詩者爲多，然

猶曰：興於詩，成於樂。其求之固有序矣。是以凡聖賢之言詩，主於聲者少，而發其義者多。」（朱文公文集答李壽翁）

可是，墨子說：「誦詩三百，弦詩三百，歌詩三百，舞詩三百。」（墨子公孟）誦詩、弦詩、歌詩即爲譜樂的詩，而舞詩即是舞樂的歌。姑無論理學家的說法怎樣，但詩和樂的關係，自然以樂爲主；樂又以聲爲主。顧炎武謂詩三百篇，都可以被之音而爲樂。古人必先有詩，而後以樂和之。後之學者，忽略於詩的應用於樂，故慨乎言之：「言詩者大率以聲音爲末藝，不知古人入學，自六藝始。孔子以游藝爲學之成，後人之學好高，以此爲瞽師樂工之事。遂使三代之音，不存於兩京；兩京之音，不存於六代，而聲音之學，遂爲當今之絕藝。」（日知錄樂章） 但如純粹主聲的看法，却失詩之譜入於樂的意義，故仍以司馬遷的說法最恰當。他說：

「古者詩三千餘篇，及至孔子，去其重，取可施於禮義，上采契后稷，中述殷周之盛，至幽厲之缺，始於衽席。故曰：關雎之亂，以爲風始；鹿鳴爲小雅始；文王爲大雅始；清廟爲頌始。三百五篇，孔子皆弦歌之，以求合韶武雅頌之音。」（史記孔子世家）

詩本爲聲歌之用，但孔子教弟子專發明詩的義理，即所謂詩教，論樂也是這樣。故理學家的義理主張，是根據孔子編詩以後而立論。詩三百零五篇，句法自三字至八字。其風雅頌的性質不同，配合於歌唱的作用各異。「寬而靜，柔而正者，宜歌頌。廣大而靜，疏達而信者，宜歌大雅。恭儉而好禮者，宜歌小雅。正直而靜，廉而謙者宜歌風。肆直而慈愛者宜歌商。溫良而能斷者，宜歌齊。」（禮記樂記）風雅但用於絃歌笙間，三頌各章，則都是舞容。至於歌的意義，是長言之的。禮記說：「言之不足，故長言之；長言之不足，故嗟歎之，嗟歎之不足，故不知手之舞之，足之蹈之也。」（樂記）詩的內容，雖可爲歌唱，但必需應用歌唱的形式，方足以表達喜怒哀樂的情感。「故歌者，上如抗，下如隊，曲如折，止如槁木。倨中矩，句中鉤，纍纍乎端如貫珠。」（禮記樂記）經過這種表達的形式，詩在樂裏的地位，是很重要的：「金石以動之，絲竹以行之，詩以道之，歌以詠之，匏以宣之，瓦之贊之，革木以節之。」（國語周語下）

這樣說來，可知詩和樂關係的重大，與古希臘詩歌之配合於樂相似。可是中國的樂，認爲通乎政，而移風易俗。換句話說，中國的樂和禮並重，偏重於教育方面；希臘的樂，僅作爲心靈訓練，而偏重於藝術方面。孔子嘗說：「興於詩，立於禮，成於樂。」（論語泰伯）詩與樂無疑可以分論，但如單指音樂來說，自然包括詩在內。故孔子又說：「吾自衞反魯，然後樂正，雅頌各得其所。」（論語子罕）就是這個意思。（國語周語下）

第六節　禮樂的合一

「禮樂」一詞，古代常混用，即將禮與樂併而爲一。其特質是包括兩種因素，即外在性和內在性；

而其目的，則在教化。周禮地官大司徒：「以五禮防萬民之僞而教之中，以六樂防萬民之情而教之和。」六藝獨申言禮樂二事，因化民以禮樂爲急要。禮者是理智的生活，樂者是情感的生活，情感與理智保持諧和，方不致偏激。汪中說：「古之爲教也，以四術書則讀之，詩樂同物，誦之歌之，弦之舞之，揖讓周旋，是以行禮。故其習之也，恒與人共之。」（述學別錄講學釋義）禮又以敬爲主，對於情感生活，也不是完全加以約束。茲分三點來說：

（一）禮樂的關係

陸世儀說：「禮樂不相離，樂者所以節禮也，故古人行禮必聽節樂。升車則聞和鸞，行路則聞佩玉。又曰：趨於采齊，行以肆夏，皆比物此志也。知此則禮樂之道，思過半矣。」（思辨錄輯要大學類）禮樂的作用雖然各異，但其目的則相同：「禮以道其志，樂以和其聲，政以一其行，刑以防其姦。禮樂刑政，其極一也。」（禮記樂記）從本體上來說，禮樂是一物的兩面。陸隴其說：「禮樂二者，相爲表裏。論語曰：禮之用和爲貴，是禮中之樂。周禮以樂德教國子，中和祇庸孝友，曰中以無相奪倫言，曰祇以肅然起敬言，是樂中之禮。」（清儒學案三魚學案松陽鈔存）從性質上來說，樂由中出，而禮自外作，但禮樂的效用也是一致。「若夫禮樂之施於金石，越於聲音，用於宗廟社稷，事乎山川鬼神，則此所與民同也。」（禮記樂記）例如燕享嘉賓，正見禮樂的合用，表現誠敬態度，流露親愛感情，兩者不能偏廢，其關係是不可分的。禮記說：

「兩君相見，揖讓而入門；入門而縣興。揖讓而升堂；升堂而樂闋。下管象，武夏籥，序興。陳其薦俎，序其禮樂，備其百官，如此，而后君子知仁焉。行中規，還中矩，和鸞中采齊，客出以雍，徹以振羽，是故君子無物而不在禮矣。入門而金作，示情也；升歌清廟，示德也；下而管象，示事也。是故古之君子，不必親相與言也，以禮樂相示而已。」（仲尼燕居）

因此，在教育上，禮樂合用以教冑子：「凡三世教世子，必以禮樂。樂、所以脩內也；禮、所以脩外也。禮樂交錯於中，發形於外，是故其成也懌，恭敬而溫文。」（禮記文王世子）

（二）禮樂的分別

禮樂對於教化的目的雖同，但其作用仍有差別。禮爲他律性，樂爲內面性；禮爲分離性，樂爲和同性。故樂的效用爲同，以協好惡；禮的效用爲異，以辨貴賤。樂者敦和，禮者別宜。窮本極變，樂之情；著誠去僞，禮之經。樂至則無怨，禮至則不爭。樂由中出，禮自外作；樂自中出故靜，禮自外作故文。禮記論其差異性：

「大樂與天地同和，大禮與天地同節。」（樂記）

「樂也者施也，禮也者報也。樂、樂其所自生；而禮、反其所自始。」

「樂也者，動於內者也；禮也者，動於外者也。樂極和，禮極順。」

「論倫無患，樂之情也。欣喜歡愛，樂之官也。中正無邪，禮之質也。莊敬恭順，禮之制也。」
（樂記）

根據倫理觀念，「仁近於樂，義近於禮。」「樂也者，情之不可變者也。禮也者，理之不可易者也。」（樂記）又根據政治的觀點，而分論其效用：「暴民不作，諸侯賓服，兵革不試，五刑不用，百姓無患，天子不怒，如此，則樂達矣。合父子之親，明長幼之序，以敬四海之內，天子如此，則禮行矣。」
（樂記）

（三）禮樂的次序

孟子把樂放在詩禮之上，禮是節仁義，樂是樂仁義。可是說：「樂則生矣，生則惡可已也；惡可已則不知足之蹈之，手之舞之。」（孟子離婁下）這樣，樂的內在性驅發力量，看來比禮的還大了。荀子的思想，從禮出發，把樂當作禮的副產，當作禮的作用之一種。孔子却把樂的地位，看作教育完成的境界。故說：「興於詩，立於禮，成於樂。」（論語泰伯）子貢也說：「見其禮而知其政，聞其樂而知其德。」（孟子公孫丑上）儒家以德重於政，故教化的程序，樂先於禮，「樂者大始，而禮居成物。」（禮記樂記）但論教化的實施，則禮却在樂之先，禮者序也，樂者和也，君子先以禮爲本，禮立而樂從之。

至於音樂應用於道德的觀念，中國和希臘相似。雅典人以音樂構成其教育的重要部份，因認爲它對於人類心靈有高尚的影響。古希臘都列克人（Doric）的特性，盡忠於團體，愛好明潔簡單，對於諧和、秩序和勻稱，有強烈的意識，而深惡複雜、神秘、暗昧與奢華。每一種「諧和」，常列爲倫理或道德性的目標。中國古代道德的原則，每由音樂體認而來。故孔子說：「樂其可知也，始作翕如也，從之，純如也，皦如也，繹如也，以成。」（論語八佾）由此，可見古代音樂有其實用的目的，東西方是具有相同的特徵了。

（**註一**）荀子勸學篇：「瓠巴鼓瑟而流魚出聽，伯牙鼓琴而六馬仰秣」。

（**註二**）管子地員篇：「黃鐘小素之首以成宮（八十一），三分而益之以一，爲百有八爲徵（$81\times\frac{4}{3}=108$）；不無有三分而去其乘（$108\times\frac{2}{3}=72$），適足爲商；有三分而復於其所（$72\times\frac{4}{3}=96$），於是成羽；有三分去其乘（$96\times\frac{2}{3}=64$），適足以是成角」。變宮由角上生益一（$64\times\frac{4}{3}=85.3$），變徵由變宮下生損一（$85.3\times\frac{2}{3}=58.9$）。

（**註三**）淮南子天文訓：「黃鍾位子，其數八十一，主十一月，下生林鐘。林鐘之數五十四，主六月，上生太簇。太簇之數七十二，主正月，下生南呂。南呂之數四十八，主八月，上生姑洗。姑洗之數六十四，主三月，下生應鐘。應鐘之數四十二，主十月，上生蕤賓。蕤賓之數五十七，主五月，上生大呂。大呂之數七十六，主十二月，下生夷則。夷則之數五十一，主七月，上生夾鐘。夾鐘之數六十八，主二月，下生無射。無射之數四十五，主九月，上生仲呂。仲呂之數六十，主四月」。

（**註四**）莊子天下篇：「黃帝有咸池，堯有大章，舜有大韶，禹有大夏，湯有大濩，文王有辟雍之樂，武王周公作武」。

（註五）詩經周頌清廟之什維清一章五句：「維清緝熙，文王之典，肇禋，迄用有成，維周之禎」。

（註六）詩經周頌臣工之什武一章七句：「於皇武王，無競維烈。允文文王，克開厥後，嗣武受之。勝殷遏劉，者爾定功」。

（註七）詩經周頌閔予小子之什酌一章九句：「於鑠王師，遵養時晦。時純熙矣，是用大介。我龍受之，蹻蹻王之造。載用有嗣，實維爾公，允師」。

第六章 射

第一節 射的意義

荀子解蔽篇：「倕作弓，浮游作矢。」呂氏春秋謂：「夷羿作弓。」（審分覽勿躬）以弓矢作射，始自初民時代。殷代甲骨文，射字爲□，或作□，可見矢放在弓弦上爲射之狀。靜敦作□，趞曹鼎作□，石鼓文作□，父丙卣作□（古籀篇卷二十九）。周南宮中鼎作□（六藝之一錄卷二南宮中鼎三），宰辟父敦作□（同上書卷九）。故射是从弓从矢。說文解字弓作□，矢作□，射作□。射字之義，釋作弓弩發於身而中於遠，蓋身平體正然後能中的。又作□，篆文射，从寸，寸法度也，亦手也（說文解字卷五下）。那和以矢射的取義不同了。

郝敬說：「洪荒之初，禽獸迫人，聖王以弧矢爲威，敎民自衞，其來尚矣。此男子之業，故古者天子至庶人，莫不有事於射。比其敝也，相角而爭，聖人制爲禮以敎之讓，於是乎射禮興焉。」（儀禮鄉射禮注）呂大臨也說：「射者，男子所有事也，天下無事，則用之於禮義，故習大射鄉射之禮，所以習容習藝，觀德而選士。天下有事，則用之於戰勝，故主皮呈力，所以禦侮克敵也。」（禮記射義注）這樣說來，射原來是武事，平素用於作戰、田獵、和自衞，純爲實用的技藝。及其講習之餘，生活演爲武化，競技爭勝，納入於道德禮儀的範圍。古代社會，由祭祀、待賓、燕飲、田獵、詢民、祭社、選諸侯卿大夫，和大比選士皆用射，應用很普遍。

周武王克商後，大修文教，「散軍而郊射，左射貍首，右射騶虞，而貫革之射息也。」（禮記樂記）貫革的射就是軍中的射，散軍而郊射，即是把戰時的射改爲平時的射，一則變相習武，由軍事化而爲民事，敎人人習射，保存作戰的能力，實寓有軍國民敎育的意味；再則把射的意義推廣，利用射的技術和精神，變爲一種禮節，而含有體育競勝，修養身心，守法存誠的效用。因此，射遂變爲當時敎育的一部份。春合諸學，秋合諸射，以考其藝而進退之，射和學的地位是相同的。禮記說：「合諸鄉射，敎之鄉飲酒之禮，而孝弟之行立矣。」（鄉飲酒義）鄉射的普遍舉行，又爲一種社會敎育，培養合羣守禮的國民性。孔子說：「吾觀於鄉，而知王道之易易也。」（禮記鄉飲酒義）就是這個意思。陸世儀暢論其義，說：

「六藝之中，禮樂爲急，射卽次焉。射者男子之所有事也。古者男子始生，卽縣桑弧蓬矢，自成童以至於耄老，自天子以至於庶人，無不盡志於射，以習禮樂。聖人因而敎之，制爲射禮。李我存曰：成周之以射敎，猶唐之詩賦，宋之經義，今日之制舉，皆所以駕馭英雄，使之歛才就法也。故庠序以之命名，有司以之敎士。周禮鄉師正歲稽鄉器，黨共射器，州長春秋以禮會民，射於州序，鄉大夫以鄉射之禮五物詢衆庶。且將祭祀則射，將養老則射，諸侯來朝則射，諸侯相朝則射，燕使臣或與羣臣飲酒則射，設爲大射賓射燕射三禮。而又將大射，必行燕禮，將鄉射必行鄉飲酒，有恩有

義，而後與之射，以觀其德行，故人樂而趨焉。先王之教，可謂委曲而多術矣。」（思辨錄輯要卷二十一禮）

射引用於道德的訓練，是講藝明訓，考德觀賢，緐揖讓以成禮，崇五善以興教。王通說：「射以觀德。」（文中子立命篇）射者，進退周旋必合於規矩，容體比於禮，節度比於樂，內志正，外體直，持弓矢審固，然後可以言射中，這是從德性方面說的。射對個人德性的陶冶，在養其誠。程頤說：「射中鵠，舞中節，御中度，皆誠也。古人教人以射御象勺，所養之意如此。」（程氏遺書第一）又說：「射則觀其至誠而已。」（程氏遺書第六）其次，在技能上說，善射者要保其常儀。莊子說：「射者非前期（準）而中，謂之善射，天下皆羿也可乎？」（莊子徐無鬼篇）韓非也說：「夫砥礪殺矢，而以妄發，其端未嘗不中秋毫也，然而不可謂善射者，無常儀也。設五寸之的，引十步之遠，非羿逢蒙不能必中者，有常也。」（韓非子問辯篇）又說：「釋儀的而妄發，雖中小而不巧。」（韓非子用人篇）據此，射必有一定的技術，這技術是經慢慢訓練而來。如果沒有技術，偶然射中，不算為善射。

第二節　射的效用

射的效用，首在作戰：「弦木為弧，剡木為矢。弧矢之利，以威天下。」（周易繫辭下傳）用作攻敵，以弓弩襲擊。「若高山深谷，卒然相遇，必先鼓譟而乘之，進弓與弩，且射且虜。（吳子應變）用為守禦，則長短相衞：「守隘險阻，右兵，弓矢禦，殳矛守，戈戟助。凡五兵五當，長以衞短，短以救長。」（司馬法定爵）弓矢是兇器，殺人於百步之外，用於疆場，以決勝負，故楚子與若敖氏之戰，伯棼射王，師懼而退：

「秋七月戊戌，楚子與若敖氏戰於皐滸、伯棼射王，汰輈及鼓跗著於丁寧，又射，汰輈以貫笠轂。師懼，退。」（左傳宣公四年）

諸侯爭雄，每操弓矢以週旋，故晉重耳的答楚子：

「若以君之靈，得反晉國，晉楚治兵，遇於中原，其辟君三舍。若不獲命，其左執鞭弭，右屬櫜鞬，以與君週旋。」（左傳僖公二十三年）

弓矢的作用，似乎重於戈戟，射的殺傷力和戈戟相同，而又能及遠，故爲作戰的主要兵種。其次，用於田獵，驂乘入藪，火烈具揚，則驅獸而射。詩經詠其狀說：

「我車既攻，我馬既同，四牡龐龐，駕言徂東。
田車既好，四牡孔阜。東有甫草，駕言行狩。
之子于苗，選徒囂囂。建旐設旄，搏獸于敖。
駕彼四牡，四牡奕奕。赤芾金舄，會同有繹。
決拾既佽，弓矢既調。射夫既同，助我舉柴。

四黃既駕，兩驂不倚，不失其馳，舍矢如破。」（小雅車攻）

射既用於戰爭，又施於田獵，效用這樣宏大，是以教戰之令，「短者持矛戟，長者持弓弩。」（吳子治兵）因人而授以訓練。戰國時，李悝為魏文侯上地之守，而欲人人善射，遂下令說：「人之有狐疑之訟者，令之射的，中之者勝，不中者負。令下而人皆疾習射，日夜不休，及與秦人戰，大敗之。」（韓非子內儲說上）這是普及射的訓練，而制勝秦國。至於個人自衛，也需用射。射的效用這樣，故射是一種重要的技藝，也是社會生活上不可缺少的一部份。

第三節　射　器

弓矢除用於戰爭田獵者外，古代並以弓矢相聘問，賞賚功臣，射器是很有價值的。弓矢的種類，據周禮所說，有六弓八矢，茲分述如下：

(甲) 弓

弓可分為六種：王弓弧弓，以授射甲革和椹質。夾弓庾弓，以授射豻侯和鳥獸。唐弓大弓，以授學射者、使者、勞者。這六種弓，由於弓體不同而得名。大抵以往體寡，來體多，叫做王弓弧弓；往體多，來體寡，叫做夾弓庾弓；往來體相等叫唐弓大弓。王弓弧弓用以射革與椹的射正，為試弓習武所用。

夾弓庾弓用以射豻侯和弋射鳥獸，皆屬近射；近射則用弱弓。這兩弓弱弩發疾，又利於攻守。唐弓大弓，利於射深，可用於車戰野戰。弓力強弱，由於弓體的多寡而定，射遠者用勢，射深者用直。用弓是根據弓手的高低而分配，取其便於發射。弓長六尺六寸，叫做上制，上士（長人）服用；弓長六尺三寸，叫做中制，中士服用；弓長六尺，叫做下制，下士服用（考工記卷下）。規弧的度數，天子的弓，合九而成規，弧四十；諸侯的弓，合七而成規，弧五十一強；大夫的弓，合五而成規，弧七十二；士的弓，合三而成規，弧一百七十。弓的往體寡來體多則合多，往體多來體寡則合少而圜。故天子的弓是王弧，以其往體寡，可合九成規；諸侯的弓是唐大，以其往來體相等，可合七成規；大夫的弓是夾庾，以其往體多，可合五成規。這是因爲階級關係，射體聘問賞賚等儀式，弓的規弧，也有差別以爲標誌。

（乙）矢

矢有八種：枉矢絜矢利火射，用於守城車戰。殺矢鍭矢利近射，用於田獵。矰矢茀矢，用於弋射。恒矢庳矢，用於散射。枉矢殺矢矰矢恒矢，是弓所用；絜矢鍭矢茀矢庳矢，是弩所用。枉矢絜矢，皆可結火以射敵，守城車戰，前矢微重，後矢微輕，飛行迅疾。殺矢鍭矢，射敵的近者，尤重中深而不可遠。矰矢茀矢，皆可以弋飛鳥。恒矢庳矢，可以散射，卽用於禮射及習射。矢人爲矢之制：枉矢絜矢，五分二在前，五分三在後，笴鍭在前重而後輕，故發遠利火射，也叫做兵矢。殺矢鍭矢，三分一在前，二在後，前部尤重，故發遲利射近。矰矢茀矢，七分三在前，四在後，前雖重後微輕，故發必高，利弋射。恒矢庳矢，四分平均，故發必平，可用於散射。它的矢箙，以獸皮製成，每弓一箙可容一百矢（周禮司兵），或五十矢（荀子議兵）。

第四節　射禮

（甲）射禮的目的

射的主要作用，原屬軍事教育，但射納入於禮儀之內，對於人類行為的訓練，發生密切的關係。射禮的目的，根據禮記射義，可分為六點：第一、觀德行：「射者，進退周旋必中禮，內志正，外體直，然後持弓矢審固；持弓矢審固，然後可以言中，此可以觀德行也。」第二、繹己志，「射之為言者繹也，或曰舍也。繹者，各繹己之志也，故心平體正，持弓矢審固；持弓矢審固，則射中矣。」第三、求諸己：「射者，仁之道也，射求正諸己，己正而後發；發而不中，則不怨勝己者，反求諸己而已矣。」這是一種標準的體育精神，所以說，射有似乎君子。第四、志在爭：孔子說：「君子無所爭，必也射乎，揖讓而升，下而飲，其爭也君子。」第五、以選士，射所以致衆，衆集而後論士：「是故古者，天子以射選諸侯卿大夫。」第六、習禮樂：「射者，射為諸侯也，是以諸侯君臣盡志於射，以習禮樂。」習射的過程，在教育目的上所產生的意義雖然這樣，可是習射的精神，依然不離軍事性，操作宜正，以射中為標準。張載說：「君子之射，以中為勝，不必以貫革為勝。」（張橫渠集卷四王禘論）朱熹也說：「儀禮大射鄉射皆以中為勝，非止以容飾之得失為勝負。」（朱文公文集卷五十二答吳伯豐）解釋很正確。

鄉飲和鄉射，實為鄉村教育的性質。當射之時，民必聚觀，因詢衆庶，這樣習射習禮，可普及於民衆。孔子極喜鄉村生活：「鄉人飲酒，杖者出，斯出矣。」（論語鄉黨）司馬遷謁孔林時，還見到孔門後學，習鄉飲鄉射於孔子塚。儒家好禮，故其所常習的禮，是鄉飲和鄉射。禮記說：「孔子射於矍相之圃，蓋觀者如堵牆。射至於司馬，使子路執弓矢出延射曰：賁軍之將，亡國之大夫，與為人後者不得入，其餘皆入，蓋去者半。又使公罔之裘、序點，揚觶而語。公罔之裘揚觶而語曰：幼壯孝弟，耆耋好禮，不從流俗，修身以俟死者不？在此位也，蓋去者半，處者半。序點又揚觶而語曰：好學不倦，好禮不變，旄期稱道而不亂者不？在此位也，蓋勷有存焉。」（射義）這是傳說孔子和門人習射的故事，仍以習禮為重。子路執弓矢，則以子路為司射。由射而習禮，即為對勇的控制。齊景公登射，晏子修禮而侍。景公說：「選射之禮，寡人厭之矣，吾欲得天下勇士，與之圖國。」晏子答道：「君子無禮是庶人也；庶人無禮是禽獸也。夫勇多則弒其君，力多則殺其長，然而不敢者，維禮之謂也。禮者所以御民也，轡者所以御馬也，無禮而能治國家者，嬰未之聞也。」（晏子春秋內篇諫下景公登射思得勇士與之圖國晏子諫）這是從消極方面說明射而習禮的目的，在以禮御勇，維持國家的秩序。

（乙）射禮的內容

射禮可分爲天子射和鄉射兩類。天子射禮有三：大射者選行賢士，賓射者待來朝之賓以同射，燕射者乃與諸臣射而燕飲。從射別分類來說，連鄉射共有四種。四射之中，以賓射爲重，大射爲大。茲列表如下：

射名	參加者	地點	宴飲	歌儀	射侯	作用	備誌
大射	天子與羣臣	射宮	燕禮	歌騶虞	天子虎侯熊侯豹侯，諸侯熊侯豹侯，卿大夫麋侯	祭祀，君臣習射，將祭而擇士，並以選諸侯卿大夫。	射於東郊，則在壇宮；射於大學，則在辟雍（又叫做澤宮）。
賓射	天子或諸侯與來朝之賓	廟	饗	（諸侯歌貍首）	（諸侯則共射熊侯豹侯）	天子或諸侯饗來朝之賓，而因與之射，亦叫做饗射。	天子射三侯，諸侯射二侯，大夫射一侯，士射豻侯。
燕射	天子或諸侯與臣子，四方之賓。	（諸侯之射在其國郊之大學）	燕	同右	同右	天子或諸侯燕其臣子及四方之賓，或士大夫燕其賓而因與之射。	
鄉射	鄉大夫或州長與衆庶	庠序	鄉飲	卿大夫歌采蘋，士歌采蘩	卿大夫射麋侯，士射豻侯。	鄉大夫以五物詢衆庶，或州邑習容習藝，觀德而選士。	鄉飲又叫做陽禮

射者，其容體比於禮，其節比於樂，故射時必作樂，樂必奏詩，俾其射容，比於樂節，升降疾徐皆

欲合度。天子的射，歌騶虞（註一）。以爲射的節度，九節五正。諸侯的射，歌貍首，爲射的節度，七節五正。韓非說：「貍首射侯，不當強弩趨發。」（韓非子八說）貍首之詩，是諸侯的射節。卿大夫歌采蘋（註二），士大夫歌采蘩（註三），以爲射的節度，五節二正。侯者，是其所射的。說文解字，侯字作矦：「春饗所射侯也，从人从厂，象張布，矢在其下。天子射熊虎豹，服猛也；諸侯射熊豕虎；大夫射麋，麋惑也；士射鹿豕，爲田除害也。」白虎通德論也說：「含文嘉曰：天子射熊，諸侯射麋，大夫射虎豹，士射鹿豕。天子所以射熊何？示服猛巧佞也，熊爲獸猛巧者，非但當服猛也，示當服天下巧佞之臣也。諸侯射麋者，示達迷惑人也，麋之言速也。大夫射虎豹者，示服猛也。士射鹿豕者，示除害也。各取德所能服也。」（鄉射）侯以虎熊豹麋的皮飾其側，叫做皮侯。侯的中間以三分一制爲準，叫做鵠，如侯中一丈八尺的，鵠則方六尺。通常方十尺叫做侯，四尺叫做鵠，二尺叫做正，四寸叫做質。小爾雅說：「侯中者謂之鵠，鵠中者謂之正，正方二尺也。正中者謂之槷，槷方六寸也。」（廣器）槷就是質。大射則張皮侯而設鵠，賓射則張布侯而設正。考工記說：「張五采之侯，則遠國屬。」五采畫正的侯，若諸侯朝會，天子張這侯與之射，即所謂賓射。至於澤宮之射，不射侯，只射椹質，這是習射，故與擇士的正射不同。又有主皮之射，周禮鄉大夫，鄭注謂：「庶民無射禮，因田獵分禽，則有主皮。主皮者，張皮射之，無侯也。」毛奇齡的解釋，謂：「主皮者力射也，矢至于皮，非力不能。孟子曰：其至爾力也。不主皮者，禮射也，其容體比于禮，其節比于樂，雖發必祈中，而不止于祈中者以爲禮也。」（西河合集論語稽求篇）故主皮之射，又與禮射不同。射以中爲止，中以射中正爲止。詩經猗嗟：「猗嗟名兮，美目清兮。儀既成兮，終日射侯，不出正兮。」射侯的尺度這樣規定，而射程的距離，天子射一百二十步，諸侯九十步，大夫七十步，士五十步。這是表示尊者所服遠，卑者所服近之意。

大射者，天子或諸侯將有祭祀的事，與其羣臣射，數中者得與祭，不數中者不得參加。大射開始時，君有命令各官吏準備，首先張射侯，設樂縣，陳燕具。主賓揖升，先行燕禮，酬飲薦膳，歌鹿鳴三闋，管新宮三終。詩小雅曾詠其盛：

「賓之初筵，左右秩秩。籩豆有楚，殽核維旅。酒既和旨，飲酒孔偕。鐘鼓既設，舉醻逸逸。大侯既抗，弓矢斯張；射夫既同，獻爾發功。發彼有的，以祈爾爵。」

射有儀式，射儀由射人主持。開始時，由司射宣佈，爲政請射。天子以諸侯爲六耦，射熊虎豹三侯，三獲三容。射中的叫做獲，容是以革做的，可以容身故叫做容。諸侯以其臣爲四耦，射熊豹二侯，二獲二容。孤卿大夫以三耦射一侯，一獲一容。士以三耦射豻侯，一獲一容（周禮射人）。左傳襄公二十九年，晉范獻子聘魯，魯公享之，射者三耦。那麼燕射時，則以三耦同射。凡選三耦於君，大夫和大夫爲耦，如不足數，則士（下射）侍於大夫（上射）與爲耦。每耦兩人，分爲上射下射，每人射四矢。射時，由司射發誓說：「公射大侯，大夫射參侯，士射干侯，非其侯，中之不獲。」卑者如和尊者爲耦，侯却沒有差別。侯的管理員叫做負侯者，執旌負侯而俟射。大射秩序，分爲三節：（一）第一番射爲三耦射。三耦取弓矢於次（次在洗東），站在堂東南，西向北上，聽司射指揮。司射按次序作上耦射，上耦應命揖進，升堂上，上射在左，下射在右，各覗侯中，合足而俟。司射命他們：「毋射獲，毋獵獲」。初由上射發射，既發挾矢，而後由下射更發，輪射各侯，以至四矢，射完揖降，上耦往次處釋弓脫決拾，復衣返回原位。中耦下耦也照樣依次序升射。（二）第二番射，三耦再射，開始釋獲（算射中的矢數）。君與賓耦射。公卿大夫及衆耦射，亦皆釋獲，飲不勝者，獻酒和薦於獲者。（三）第三番射爲樂射，以樂節射，射後釋獲，飲不勝者。第三番射完，退諸射器，將坐燕以終禮。釋獲時司射視算，二算爲純，一算爲奇，釋獲者數獲完畢，向賓宣佈，若右勝則稱右賢於左；若左勝則稱左賢於右。以純數報告，若有奇數，則報稱奇數。若左右相等，則左右皆執一算以報稱左右均，詩經行葦說：「敦弓既堅，四鍭既鈞。舍矢既均，序賓以賢。敦弓既句，既挾四鍭。四鍭如樹，序賓以不侮。」這是描寫大射之禮。

鄉射的禮，以州長爲主人，如鄉大夫在，則以鄉大夫爲主人，賓則爲在朝公士，或不仕的君子。射器弓矢決拾，是公有的。鄉射的禮，除每歲兩次舉行外，周禮鄉大夫職，三年大比賓興賢能，退而以鄉射之禮，五物詢衆庶，則別有三年一次之典。鄉射必先行鄉飲酒的禮。先設洗，張侯，迎賓，與賓客酬飲，奏樂，射完了，更旅酬坐燕，和鄉飲酒禮一樣。掌理鄉射的人員，有司射、司正、司馬，和樂正。司射是選賓有行藝的充當，卽主人之吏，主持射儀。司正原爲蒞酒，每兼爲司馬。司馬是管理張侯和獲者。樂正是監理音樂。司射選士爲三耦，站在堂西，南面東上。司射往堂西，袒露左臂，佩決（以象骨爲之，著右大擘指，鉤弦以利發）、遂（射韝，以韋爲之，用以遂弦），取弓於階西，兼挾乘矢，升自西階，階上北面向賓宣佈：「弓矢既具，有司請射。」三耦準備，皆袒而佩決遂，納射器者授弓矢，每人四矢，一耦共八矢。三耦領弓矢，皆執弓，插三而挾一矢，等候司射的命令而升射。射儀凡三節：（一）第一番爲三耦之射。上耦揖進階北，上射在右，下射在左。上射發第一矢，復挾二矢；下射乃發一矢，輪流更發，以至四矢射畢。矢射中侯，獲者則揚旌唱獲。上耦射完，南面揖退至堂西，釋弓脫決拾，復衣返囘原位。這樣輪至三耦射畢爲止。（二）第二番爲賓主同射。賓爲上射，主人爲下射。其次，大夫與耦射，大夫爲下射。其後，衆賓繼射。射畢釋獲，然後設豊飲酒，飲其不勝者，司馬則獻酒與薦俎於獲者。（三）第三番爲樂射。射時奏樂以節射，三耦卒射，賓主人大夫及衆賓繼射。釋獲如初。司射命設豊，命勝者執張弓，不勝者執弛弓，飲不勝者。射禮完畢，則旅酬相飲。論語八佾：「揖讓而升，下而飲。」王肅注謂射於堂，升及下皆揖讓而相飲，就是這個意思。飲酒禮竟，賓拜而出。周禮射人，王樂以騶虞九節，諸侯以貍首七節，孤卿大夫以采蘋五節，士以采蘩五節。九節者五節以聽，七節者三節以聽，五節者一節以聽，其餘四節，奏以應四矢，此卽所謂樂射。射者執弓挾矢皆有儀，此卽所謂容體比於禮；發矢也應樂，此卽所謂其節比於樂。孔子說：「射者何以射？何以聽？循聲而發，發而不失正鵠者，其唯賢者乎？」（禮記射義）故以樂節射叫做舞射，舞射之時，舉止與聲音節拍相應和，不致于參差不齊。

古希臘雅典的體育訓練，由其全部範圍來看，實與心靈訓練相輔而行。私人教師在其私立或公立的體育學校，而授予這種訓練。其練習，包括跑步，跳躍，角力，或其同類的運動，游泳也很普遍。中國體育訓練，於春秋兩季，羣聚於庠序或國學公開舉行，射禮的地位，和奧林辟大競賽相似。可是奧林辟競賽，原屬於宗教性，初時僅爲步行比賽，其後爲角力、跳躍、及標槍，又其後爲車與馬的競賽。這種御賽，在較馬場舉行，車體很小，駕以四馬。競賽後，向廣衆之前，宣佈獲勝者姓名及其來自城市的名稱，並奬以橄欖冠。國人於其競賽勝利，當作征戰凱旋的英雄而歡迎之。這位英雄所乘的駟車，四馬披上紫衣，人民如潮水般前呼後擁，迓其歸來。中國的競賽，以射爲主，依循一定的禮儀，並配以音樂和飲酒，雍容不迫，與希臘的緊張狂熱姿態不同。又中國以習射選士，其有秀異的，賓興而升之於學。至於行同能偶，也別之以射，然後爵命。希臘亦以競賽選士，首選的則爲英雄，比中國射禮所選出的士，似更爲榮耀了。

第五節　射學

射學，起源於自衞。上古時代，自天子以至平民，習射爲男子專門的技能。「男子生，桑弧蓬矢六，以射天地四方；天地四方者，男子之所有事也。」（禮記射義）陸世儀說：「射者男子之所有事，故古者問射而不能則辭以疾，以男子無不習射之禮也。」（思辨錄輯要大學類）故古代基本觀念，人人是應該能射，人人也應該習射。國語說：「三時務農，而一時講武。」（周語上）呂氏春秋謂孟冬之月，「天子乃命將率講武肄，射御角力。」（孟冬紀）冬季講武習射，率為常例。鄉射，是一種鄉村的教育。錢大昕謂：「說文埻字卽埶字，埻者射臬之名，古之男子，無不習射，故常設埻於門側，而堂以是得名。」（潛研堂文集小學答問八）鄉塾教育，還是起源於習射。國學也是這樣，序訓為射，則古代辟雍本為習射之地，故辟雍叫做射宮，環之以水，也叫做澤宮。天子將祭，必先習射於澤，以射擇士。商初以武建國，故習射之典為尤崇；習射之典既崇，故鄉學的教民也以射，這是序所以訓射的來由。周代沿襲未改，故亦以序為學，又以序為習射之地。且以古習射，必在明堂，那麼習射於學，所以存古代明堂習射的遺法。習射之禮，舉國仿行，國學有射，鄉學有射，武化教育，厲行無缺。穀梁傳說：「大饑，弛侯」（襄公二十四年）若凶穀不登，則榭徹豻侯，國停鄉射。

周禮五射，鄭司農注謂為白矢，參連，剡注，襄尺，井儀。賈疏謂：白矢者，矢在侯而貫侯，過其鏃白（註四）。參連者，前放一矢，後三矢連續而去。詩經猗嗟說：「射則貫兮，四矢反兮。」鄭箋說：反，復也，每射四矢，皆得其故處，卽所謂參連。列子仲尼篇：「善射者，能令後鏃中前括，發發相及，矢矢相屬，前矢造準而無絕落，後矢之括猶銜弦，視之若一焉。」這也是參連的意義。剡注者，謂羽頭高鏃低而去剡剡然。襄尺者，襄卽讓，臣與君射，不與君並立，讓君一尺而退。井儀者，四矢貫侯，如井的容儀，井古作丼，侯有上下舌，其形如丼，中設正方二尺如井。詩經行葦說：「既挾四鏃，四鏃如樹。」樹即儀表，四矢的射發，完全像井儀，謂其中鵠之正的。李塨學射錄解釋五射說：「愚意白矢謂正立拈弓，右手持一矢樹之，投於左手大指食指間，見其矢白於土也。參連，古射用四矢，搢三而挾一介，故插於帶右者，三矢相次，參然而連也。剡注，以自從矢鏃，直貫於鵠，剡然而銳注也，所謂審也。襄平也，尺曲尺也，肘至手爲尺，襄尺謂弓引滿前後尺平直，所謂體直而固也。井儀，謂四矢集正鵠如井字，詩曰：四矢如樹，射之中也，巧也。」

射的基本性質，爲禮與尚武，即納軍事生活於禮儀的規矩化。故馬融謂射有五善：一、和，志體和；二、容，有容儀；三、主皮，能中質；四、和頌，合雅頌；五、興舞（周禮鄉師注）。和、容、與和頌屬於禮，主皮、興舞則爲尚武。孔子說：「射不主皮。」（論語八佾）這即是說射不只以中皮爲善，也兼取和容的意義。

軍事的射技，自古傳說以有窮后羿，及羿的家衆逢蒙最爲著名。逢蒙即逢門，學射於羿，又始習射於甘蠅，那麼，甘蠅也是善射的人了。春秋時，鄭人子濯孺子，衞人庾公之斯，都是善射的。庾公之斯，學射於尹公之他；尹公之他，又學射於子濯孺子（孟子離婁下）。可是左傳說：「尹公佗（尹公之他）學射於庾公差，庾公差學射於公孫丁。二子追公，公孫丁御公。子魚曰：射爲背師，不射爲戮，射爲禮乎，射兩軥而還。」（襄公十四年）這和孟子所說的相近。然而軍事上的習射，要有專門的技能。韓非說：「夫新砥礪殺矢，彀弩而射，雖冥而妄發，其端未嘗不中秋毫也。然而莫能復其處，不可謂善射，

無常儀的也。設五寸之的，引十步（或作百步）之遠，非羿逢蒙不能必全者，有常儀的也。」（韓非子外儲說左上）

常儀的就是射鵠的方法。孟子也說：「羿之教人射，必至於彀。」（孟子告子）張弩向的叫做彀，教射以習彀最爲重要。但培養中鵠的技能，又要經長期的訓練。呂氏春秋說：

「子列子常射中矣，請之於關尹子。關尹子曰：知子之所以中乎？答曰：弗知也。關尹子曰：未可。退而習之三年，又請。關尹子曰：子知子之所以中乎？子列子曰：知之矣。關尹子曰：可矣，守而勿失。」（季秋紀審己）

至於射和御，是有連帶關係的。蒐狩是射御混合習武的一件明顯的例：

「艾蘭以爲防，置旃以爲轅門，以葛覆質，以爲槷，流旁握，御轚者不得入。車軌塵，馬候蹄，揜禽旅，御者不失其馳，然後射者能中，過防弗逐，不從奔之過也。面傷不獻，不成禽不獻。禽雖多，天子取三十焉，其餘與士衆以習射於射宮。射而中，田不得禽則得禽；田得禽而射不中，則不得禽。」（穀梁傳昭公八年）

蒐狩的射，既有一定的規矩，而和澤宮的射禮又相連貫。

（註一）詩經國風騶虞二章：「彼茁者葭，一發五豝，于嗟乎騶虞。彼茁者蓬，一發五豵，于嗟乎騶虞。」詩序說：「騶虞，鵲巢之應也，鵲巢之化行，人倫既正，朝廷既治，天下純被文王之化，則庶類蕃殖，蒐田以時，仁如騶虞，則王道成矣。」

（註二）采蘋的詩，是詠大夫妻能循法度；能循法度，則可以承先祖，共祭祀的。采蘋三章：「于以采蘋，南澗之濱。于以采藻，于彼行潦。于以盛之，維筐及筥。于以湘之，維錡及釜。于以奠之，宗室牖下，誰其尸之，有齊季女。」（詩經國風）

（註三）采蘩的詩，是詠夫人不失職的，夫人可以奉祭祀則不失職。其三章：「于以采蘩，于沼于沚。于以用之，公侯之事。于以采蘩，于澗之中。于以用之，公侯之宮。被之僮僮，夙夜在公。被之祁祁，薄言還歸。」（詩經國風）

（註四）章炳麟謂白矢爲百矢，卽百發百中之意（章太炎文錄說束矢白矢）。

第七章 御

第一節 車的起源

車的起源，服牛乘馬，溯自古皇，虞鸞夏鉤殷大路，制皆無考。周人尚輿，稱元戎為先良。呂氏春秋謂：乘雅作駕，寒哀作御，王冰作服牛（審分覽勿躬）。墨子非儒下，荀子解蔽，都謂奚仲作車。陸賈也說：奚仲乃橈曲為輪，因直為轅，駕馬服牛（新語道基）。故奚仲作車，傳說很久。

車字是象形字，由古文車字，可以認識古代車輿之形。商奕車觚，所刻車字，从馬从兩輪（倪濤六藝之一錄金器款識七），表示由馬曳引兩輪的車為車字。孔作父癸鼎作。父甲彝作，其中直一筆，以像車軸，其下橫一筆，以像車軸，又上作凵為衡，兩旁作从為軛，中直之下作⦶為輿，輿的兩旁作⦶為兩輪，原當作⊗之省文。又軸的兩端作卝以像軎與，車的形貌，完全具備了。奕車作。爵文省作。白辛彝作。龜版文作，，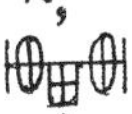，，車。骨版文省作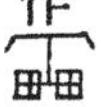。或為豎形，如事尊作，車觚作，孟妊車母簋作，骨版文作，石鼓文作（高田忠周古籀篇卷七十五文二第十九部）。又如宰事乍乙公彝作，父乙彝作，玐作父庚鼎作（高田忠周古籀篇補遺卷八第十九部車）。周代的鐘鼎文，車字象形，有單輪的，如（六藝之一錄卷九金器款識九周虔敦一、二），兩輪的，如，（同上書卷七金器款識

七周單癸卣銘）又如（馮雲鵬金石索卷一）。　故車字的象形，由橫形變爲豎形，筆劃愈省而愈簡。說文解字解釋御字，使馬，從彳卸，卸解車馬也，彳行也（卷二下）。或行或卸，仍御者之職。駕馬用二或四或六匹，多用偶數。如一車四馬，四馬八轡，兩轡納觼（觼、環之有舌的，置於軾前，以繫驂馬的兩轡），六轡在手。又四匹馬之中，在內兩馬叫做服，外面的兩馬，不受羈靷，而直接參與曳車的，叫做服騑，也叫做兩驂。周宣王石鼓文云：「左驂旛旛（輕擧貌），右驂騝騝（壯健貌）。」卽指兩驂說的。周代車多用四匹馬，叫做駟車。

考工記說：「察車自輪始。」（上卷）車是輪與輈的總名，故造車亦分爲三部份。車的三部份之中，以造輪最爲重要。周禮輪人爲輪，造輪要高崇，則人不能登的。考工記說：「兵車之輪，六尺有六寸；田車之輪，六尺有三寸；乘車之輪，六尺有六寸。輪有軹（卽軸頭），高三尺三寸，卽佔輪的一半，加軫與轐，則爲四尺。」（上卷）每一輪備有三十輻。輿則蓋長十尺，建於車上，由軫距地四尺，合爲一丈四尺。高度必以十尺爲中正。凡兵車乘車，輿廣衡長六尺六寸，田車，輿廣衡長六尺三寸。輿的深度，三分一在前，三分二在後。車牀半許，安一橫木，叫做軾。輈，是曲轅駕車的，輈身通長一丈四尺四寸。造車的原則：輪高、車廣、衡長，三者如一，叫做參稱。古代車與輿常混稱，周易說卦以坤坎爲輿而不言車，十三卦之制作也不言車。經爻言車者四，言輿者六，大有之九二：「大車以載。」大壯之九四：「壯于大輿之輹。」車輿各以其大者來說，或卽古代的重車，但其混稱，顯然可見。

周代的車分爲五種，都由木所製成，並以油飾之。第一、玉車，爲藍色，用於祭神，所謂玉路以祀。第二、金車，爲紅色，用於待賓，故金路以待賓客，朝覲饗食皆乘它。第三、象車，爲黃色，用於朝覲，所謂象路以朝燕出入。第四、革車，爲白色，用於軍事，所謂革路出師，以封四衞。第五、木車，爲黑色，用於佃獵，所謂田路以田以鄙（鄭樵通志略器服志）。車的坐法也有三種：第一、王車，王位在左，御者在右，僕人在中，故謂乘君之車，不敢虛左。第二、軍車，御者在左，戎將在中，甲士在右。第三、兵車，兵車卽輕車，五御折旋，利於捷速，御者在中，戎卒在右，弓手在左。

第二節　車和戰爭

馬車應用於戰爭，由來很古，世界各國都有。古代印度戰車，已普遍運用，吠陀時代的戰爭，戰車爲高級官兵所乘，載有兩人，一爲御士，其左立有戰士一人。埃及赫族（Akhenaten）王穆塔盧（Mu-tallu），於西紀前一二九五年，與埃及王拉美斯（Rameses II）大戰於迦疊也用戰車二千五百輛爲主力，每車戰士三人。這可見西方古代應用戰車，歷史是很悠久的了。中國自夏啓誓御以正而勝有扈，商湯龍旂十乘以克有夏，車戰淵源，邃古見自三代。呂氏春秋說：「殷湯良車七十乘，必死六千人，以戊子戰於郕，遂禽推移，大犧，登自鳴條，乃入巢門，遂有夏。桀既奔走，故王天下。」（仲秋紀簡選）商湯伐夏，還是採用戰車爲主力。古代因用車戰，故軍字從車，旅字也從車。說文旅字：「軍之五百人爲旅，从㫃从从。」㫃者是旗的省文。但殷周器堇白鼎作[illegible]，毛公鼎別器作[illegible]，廣彝廣作父巳寶尊作[illegible]。周器文包君鼎作[illegible]，縈白乍旅敦作[illegible]。則旅字最古的文，像㫃（旗）下車上有兩人或三人（古籀篇卷二十七）。車和旗旌很有關係，故建旗建旐，載旟載旌，皆畫其象以爲徵識。

中國古代作戰，險地用步卒，平地則用車。舉例來說，周武王與殷紂大戰於牧野，是用戎車三百輛，虎賁三千人，甲士四萬五千人（註一）。詩經大明篇說：

「牧野洋洋，檀車煌煌，駟騵彭彭。維師尚父，時維鷹揚。涼彼武王，肆伐大商，會朝清明。」

（小雅文王之什）

這場牧野的戰役，周師以由高臨下的臨車，和旁突側擊的衝車爲主力，擊破殷人，故詩經詠其戰功。又詩經小雅，詠宣王南征荊蠻，也藉戰車的功，說：

「鴥彼飛隼，其飛戾天，亦集爰止，方叔涖止。其車三千，師干之試。方叔率止，鉦人伐鼓，陳師鞠旅，顯允方叔。伐鼓淵淵，振旅闐闐。

蠢爾荊蠻，大邦爲讎。方叔元老，克壯其猶。方叔率止，執訊獲醜。戎車嘽嘽，彈彈焞焞，如霆如雷！」（采芑）

這些詩描述戰車的陣容，眞是有聲有色。戰車的編制，可於周代徵兵制以見之。周代徵兵，凡八家爲井，六十四井爲甸，每甸徵出戰馬四匹，車一輛，甲士三人，步卒七十二人，戈盾具備。王畿方一百里，約有六十四萬甸，可出車一萬乘，故王者稱爲萬乘之君。諸侯則千乘。四馬的車，最爲普遍，詩經所謂四牡騤騤，四牡奕奕，四牡孔阜，四牡脩廣，四牡項領，四牡彭彭，就是詠四馬的車。其中的兩匹馬，受羈靷以曳車，另有兩匹，曳車前的橫木，叫做兩驂。詩經小戎篇說：「四牡孔阜，六轡在手，騏駵是中，騧驪是驂。」這是兩馬居中，兩馬爲驂。每一四馬，繫有兩鈴爲飾，詩經所謂百兩彭彭，八鸞鏘鏘，也是詠四馬的車。管子說：「一乘者，四馬也，其甲七，其蔽五。」（管子乘馬第五）蔽，是所以捍衞車馬的，故凡在戰場，馬則披以甲鎧，而車則護以藤盾，兩旁配裝甲板，以防禦敵人的箭。車輪的軸，是車之最重要處，包以皮革，塗以漆，使它堅實。拖柱的曲端，也包以皮革，塗以六色。

周禮：巾車（車官之長），掌兵車之正。車僕，掌兵車之副。兵車凡五：一、戎路，王在軍中所乘的車；二、廣車，卽橫陣的車；三、闕車，卽補闕的車；四、苹車，對敵自隱蔽的車；五、輕車，馳敵致師的車。兵車一乘，皆備有戈、殳、車戟、酋矛、夷矛的五種兵器。但古者馳車一乘，則配革車一乘。馳車，就是戰車，革車則以載器械財貨衣食之用。二車皆藉以作戰，叫做兵車。春秋時，兵車的名稱，計有軘車，賦輿、廣車、長轂、笠轂、笠轂（兵車無蓋尊者，則人執笠依轂而立，以禦寒暑），副車叫做佐車，輜車叫做葱靈。可是戰車非所以出奇而求勝，只用作拒禦，求爲不可敗而已。

春秋時期，各國實力的強弱，每以它的戰車多寡而定，故每次戰役，不離以戰車爲主力。根據使用戰車的多少，就可推知其作戰的規模。春秋各次戰役，使用戰車的數量，可分作三個階段：

第一階段（西紀前七二二年至六三六年）。這期戰爭範圍很小，對戰車的使用，例如隱公元年（西紀前七二二年），鄭莊公以二百乘伐京。莊公二十八年（西紀前六六六年），楚令尹子元以六百乘伐鄭。閔公二年（西紀前六六〇年），齊公子無虧率車三百乘戍曹。這些戰役，使用戰車不過數百乘，故作戰規模不大。

第二階段（西紀前六三六年至五四六年）。這期戰爭規模較大，戰車的使用也稍多。僖公二十四年（西紀前六三六年），秦穆公輔重耳入晉，使用革車五百乘（韓非子卷三十過）。二十八年（西紀前六三二年），晉楚城濮之戰，晉帥用車七百乘。宣公二年（西紀前六一七年），鄭歸生大捷於宋，獲車四百六十乘。成公二年（西紀前五八九年），鞌之戰，晉帥郤克以八百乘伐齊。襄公二十五年（西紀前五五二年），鄭子產伐陳，使用戰車七百乘。

第三階段（西紀前五四六年至四七九年）。宋西門之會，雖爲弭兵之盟，但戰役較第二階段爲大，在各戰役中，用車有竟至四千乘者。左傳昭公十三年，晉治兵於邾南，甲車四千乘，是其一例。

戰國時期，作戰範圍增廣。顧炎武謂終春秋二百四十二年車戰之時，未有斬首至於累萬者。（日知錄卷三小人所腓）如將春秋和戰國兩時期所用戰車數量相比較，春秋時期，晉文公於城濮之戰，用車不過七百乘；而楚莊王之戰於邲（西紀前五九七年），用車亦僅四百五十乘，分爲左右兩軍。但在戰國時期，所用兵力，比春秋時期大十倍。據戰國策所載，蘇秦的遊說，謂秦帶甲百萬，車萬乘（張儀范睢則謂車千乘，騎萬匹）；楚帶甲百萬，車千乘，騎萬匹；趙帶甲數十萬，車千乘，騎萬匹；魏武力二十餘萬，蒼頭二十萬，奮擊二十萬，廝徒十萬，車六百乘，騎五千匹；燕帶甲數十萬，車七百乘，騎六千匹。說客之詞，未免誇大，但戰車數量的增加，自然也是事實。

戰時用車的方法，每車一輛，載有甲士三人。司馬法謂甸出車一乘，甲士三人，步卒七十二人。這七十二個步卒，是隨車而並征的，行則以車爲衞，居則以車爲營，古代一車，並沒有乘七十二個步卒的載量。若車外甲士，叫做甲兵，另屬一類，不隨車而征。戰車的編制，凡士卒百人爲卒，二十五人爲兩。凡車五輛爲小偏，十五輛爲大偏。每車一輛，備有五種兵器，所謂弓矢禦，殳矛守，戈戟助。凡五種兵器，長以衞短，短以衞長（司馬法定爵第三）。戰車的性能，一則爲大軍的選鋒。詩經說：「元戎十乘，以先啓行。」（南有嘉魚之什）戰國策也說：「古者車轂擊馳。」（秦一）再則爲大軍的掩護。六韜說：「車者軍之羽翼也，所以陷堅陣要強敵遮北走也。易戰之法，一車當步卒八十人，當十騎；險戰之法，一車當步卒四十人，當六騎。」（卷六均兵）戰車的出發，兵車在前，輜重則在後。左傳宣公十二年：「乙卯，楚師軍於邲。丙辰，楚重至於邲。」楚輜車後一日才到達，故可避免被抄擊的危險。春秋之世作戰，大抵以車爲當敵的主力，步卒爲應變的助戰，險野以人爲主，平野以車爲主，故步卒貴知變動，戰車貴知地形。吳起說：「凡用車者，陰濕則停，陽燥則起，貴高賤下，馳其強車，若近若止，必從其道，敵人若起，必逐其跡。」（吳子應變第五）這是說明用車作戰，要注意天時和地利。春秋戰爭，多在黃河流域的平原地帶，而又採用步車兩兵種，以車戰叫做陣，以步戰叫做行。故戰爭進行，步車相資，短長相衞，行止相扶，配合節制，應善爲運用。左傳桓公五年，繻葛之戰，鄭人爲魚麗之陣，先偏後伍，伍承彌縫，即以戰車當前鋒，步卒爲後衞，而擊敗周蔡衞陳的聯軍。至於營陣，遇空隙則以闕車補之，用作防禦。汲冢周書說：「輕車翼衞，在戎二方。」（大明武解第九）即以武翼武衞配置於大軍的兩旁，這樣戰車又用作拱衞的任務了。

古代車戰，御戎在軍事上佔着很重要的地位。周禮王之御士十二人，大司馬之屬有御僕下士十二人。諸侯御士雖不知其數，但春秋之世，周單公子愆期爲靈王御士（襄公三十年），晉之僕人書（襄公三年），楚之棄疾（襄公二十二年），魯之萊書（昭公四年），宋之華多僚（昭公二十一年），皆爲平時的御士。至於戰時，則命御戎與戎右。御戎是駕御主帥戰車的人，戎右即戎軍之右，是勇力之士，備制非常，爲捍衞主帥戰車的副官。像趙盾的車右祁彌明，原是晉的力士。周禮有戎僕，掌御戎車，即御戎的人，晉有韓萬（桓公三年），趙夙（閔公元年），梁由靡（僖公八年），步揚又名梁由靡（僖公十五年），荀林父（僖公二十年），梁弘（僖公三十三年），王官無地（文公二年），步招（文公七年），范無恤（文公十二年），郤毅（成公十三年），和弁糾（成公十八年）。周禮大司馬之屬有戎右，晉有梁弘（桓公三年），畢萬（閔公元年），虢射（僖公八年），家僕徒又韓簡虢射（僖公十五年），魏犨（僖公二十年），舟之橋（僖公二十八年），萊駒又狼瞫（僖公三十三年），狐鞫居（文公二年），戎津（文公七年），欒鍼（成公十三年），荀賓（成公十八年）。史書所見御與將帥之名，常同等排列，作戰的成敗，有時是取決於御戎。例如僖公八年，晉敗狄於采桑（狄地），里克率師，梁由靡御，虢射爲右。文公二年，彭衙之役，晉師以先且居將中軍，趙衰佐之，王官無地御戎，狐鞫居爲右，大敗秦師。這是主帥與御戎戎右並列。每輛戰車之中，御者居中，右者持矛，左者持弓矢。可是御戎的地位爲什麼這樣重要呢？可見如下兩例：

魯成二年，晉郤克伐齊。「靡笄之役，郤獻子傷，曰：余病喙。張侯御曰：三軍之心，在此車也，其耳目在於旗鼓，車無退表，鼓無退聲，軍事集焉，吾子忍之，不可以言病。受命於廟，受脤於社，甲胄而效死，戎之政也，病未若死，祇以解志。乃在並轡，右援枹，而鼓之，馬逸不能止。三軍從之，齊師大敗。」（國語晉語五）

「（哀公二年）鐵（衞地）之戰，趙簡子曰：鄭人擊我，吾伏弢衉血，鼓音不衰，今日之事，莫我若也。衞莊公（卽太子蒯聵）爲右，曰：吾九上九下，擊人盡殪，今日之事，莫我加也。郵無正（王良）御，曰：吾兩鞁將絕，吾能止之，今日之事，我上之次也。」（國語晉語九）

由上之所舉，可知當戎車受創危急之際，御者善爲操縱，脫離險境而建功。呂氏春秋說：「鄭公子歸生率師伐宋，宋華元率師應之大棘，羊斟御。明日將戰，華元殺羊饗士，羊斟不與焉。明日戰，怒，謂華元曰：昨日之事，子爲制；今日之事，我爲制。遂馳入於鄭師。宋師敗績，華元虜。」（先識覽察微）

這是御者反叛主帥，而致全軍喪師。左傳文公十二年，「秦爲令狐之役故，多，秦伯伐晉，取羈馬。晉人禦之，趙盾將中軍，荀林父佐之；郤缺將上軍，臾駢佐之；欒盾將下軍，胥甲佐之。范無恤御戎以從秦師於河曲。」晉人禦秦師，調用三個軍團的兵力，而御戎范無恤的地位，似與三軍將帥齊名。

至於車戰的情形，於左傳所載邲之戰，可窺其梗概：

「楚子爲乘廣（十五車爲廣）三十乘，分爲左右。左廣雞鳴而駕，日中而說；左則受之，日入而說。許偃御右廣，養由基爲右；彭名御左廣，屈蕩爲右。乙卯，王乘左廣以逐趙旃（晉將）。趙旃棄車而走林，屈蕩搏之，得其甲裳。晉人懼二子之怒楚師也，使軘車逆之。潘黨望其塵，使騁而告曰：晉師至矣！楚人亦懼王之入晉軍也，遂出陳。孫叔曰：進之！寧我薄人，無人薄我。詩曰：元戎十乘，以先啓行，先人也。軍志曰：先人有奪人之心，薄之也。遂疾進師，車馳卒奔，乘晉軍。桓子不知所爲，鼓於軍中曰：先濟者有賞。中軍下軍爭舟，舟中之指可匊也。晉師右移，上軍未動，工尹齊將右拒卒，以逐下軍。楚子使唐狡與蔡鳩居告唐惠侯，曰：不穀不德而貪，以遇大敵，不穀之罪也。然楚不克，君之羞也，敢藉君靈以濟楚師。使潘黨率游闕四十乘，從唐侯以爲左拒，以從上軍。駒伯曰：待諸乎？隨季曰：楚師方壯，若萃於我，吾師必盡，不如收而去之，分謗生民，不亦可乎？殿其卒而退，不敗。王見右廣，將從之乘，屈蕩戶之曰：君以此始，亦必以終。自是楚之乘廣先左。晉人或以廣隊，不能進。楚人惎之，脫扃，少進，馬還，又惎之。拔旆投衡，乃出，顧曰：吾不如大國之數奔也。趙旃以其良馬二濟其兄與叔父，以他馬反，遇敵不能去，棄車而走林，逄大夫與其二子乘，謂其二子無顧。顧曰：趙傁在後。怒之使下，指木曰：尸女於是。授趙旃綏以免。明日以表尸之，皆重獲在木下。楚熊負羈囚知罃，知莊子以其族反之。廚武子御，下軍之士多從之，每射，抽矢菆，納諸廚子之房。廚子怒曰：非子之求，而蒲之愛；董澤之蒲，可勝既乎？知季曰：不以人子，吾子其可得乎？吾不可以苟射故也。射連尹襄老，獲之，遂載其尸。射公子穀臣，囚之外二者還。及昏，楚師軍於邲。晉之餘師不能軍；宵濟，亦終夜有聲。」（左傳宣公十二年）

邲戰的規模，雖不及城濮戰役之大，但楚已使用戰車四百五十乘，在鄭國平原，佈陣作戰。晉帥因判敵錯誤，指揮失當，遂致一敗塗地。可是，兵車只適用於平原作戰。如遇泥濘洼水，乃寢車戰而用徒兵，始自鄭莊公。（魯隱公四年）又遇山岳地帶，則毀車以爲行，聚步卒作戰，故魯昭公元年，晉中行穆子敗無終及羣狄於太原（註二）。自是而後，車戰漸廢。

春秋時期，作戰側重於用車，可是騎兵也有運用。例如，魯僖公二十四年，秦穆公以兵車五百，疇騎三千，輔重耳入晉。學者嘗謂經典並沒有騎字，因此認爲春秋時也沒有騎馬，但左傳宣公十二年，趙旃以良馬二匹濟其兄及叔父，昭公二十五年，左師展將以昭公乘馬而歸；公羊傳昭公二十五年，齊魯相遇，以鞍爲几，已有騎之漸。又左傳僖公三十三年，秦師過周及滑，鄭商人弦高犒師，即以遽向鄭告警。詩江漢釋文，以車曰傳，以馬曰遽。弦高告警，利在迅速，故用遽。那麼，春秋之世，似乎已有騎馬。雖然，各國用騎作戰，並不顯著。至戰國時期，戰車與騎並重，因爲步兵作戰，不足以勝騎，以其善馳突；騎兵作戰，不足以勝車，以其善捍禦。故車騎各有所長，不能偏廢。魏武侯以兼車五百乘，騎三千匹，而破秦五十萬衆，吳起教以戰法，車當車，騎當騎，步兵拒步兵（吳子勵子篇第六）因此，秦國也車騎並用了。趙國的李牧，屯守代郡與雁門關以防胡，特選戰車一千三百乘，騎一萬三千匹，奮擊五萬人，射手十萬人，教以戰法，多設奇陣，張左右翼擊之，大破匈奴，斬首十餘萬。淮南子說：「古之兵，弓劍而已，槽矛無擊，脩戟無刺。晚世之兵，隆衝以攻，渠幨以守，連弩以射，銷車以鬬。」（卷十三氾論），因戰具進步，兵種不同，戰國時期作戰規模較大，殺傷能力亦異。迨趙武靈王穿胡服，習騎射（西紀前三〇七年），中國古代戰術，遂發生大轉變，戰車逐漸放棄，而代之以騎射了。騎射的發展，顧炎武論列很詳。他說：

「騎射之法，不始於趙武靈王也。左傳昭公二十五年，左師展將以公乘馬而歸。正義曰：古者服牛乘馬，馬以駕車，不單騎也。至六國之時始有單騎。蘇秦所云車千乘，騎萬匹是也。曲禮云：前有車騎者，禮記漢世書耳，經典無騎字也。……春秋之世，戎翟雜居於中夏者，大抵皆在山谷之間，兵車之所不至，齊桓晉文攘而卻之，不能深入其地者，用車故也。中行穆子之敗翟於大鹵，得之毀車崇卒。而智伯欲伐仇猶，遺之大鍾，以開其道。其不利於車可知矣，勢不得不變而爲騎。騎射所以便山谷也。胡服所以便騎射也。是以公子成之徒，諫胡服而不諫騎射。意騎射之法，必有先武靈

王而用之者矣。」（日知錄卷二十九騎）

自趙武靈王以後，史上所見車戰，不及春秋時期的繁多。在楚漢戰爭的前後，所見用戰車者，如秦二世元年秋，陳勝攻陳，以騎千匹，車六七百乘，卒數萬。同時，陳勝部將武儲君擊范陽，亦用騎二百匹，車一百乘。又其部將陳文，以車千乘，卒數十萬，攻秦至關。這時車與騎，仍屬並用。楚漢之戰，夏侯嬰破李田軍於雍邱，以兵車趣戰。漢初設輕車騎士，平地用車騎，馳突戰陣。但高祖二年以後，大戰用車，逐漸減少。二年四月，彭城之敗，漢王以數十騎逃奔，另車載家屬以行，楚騎追之。可見那時作戰，要有迅速的機動性，車行不及騎跑，故漢王捨車而用騎。同年五月，漢王整軍於滎陽，擇軍中可爲騎射的，將騎兵擊楚騎於滎陽以東，大破之。這時彭城滎陽間平原大戰，改以步騎爲主。三年十月，韓信張耳，以輕騎二千襲趙。四年八月，北貉燕人，以梟騎助漢。及項羽旣敗，以八百騎兵突圍而走，漢將灌嬰以五千騎追至東城。這樣說來，楚漢之戰，實爲車騎戰術交替的重要關鍵。

古代的車，除爲作戰外，並應用於田獵。詩經叔于田篇：「四牡之車，執轡如組，兩驂如舞。」車攻篇：「我車旣攻，我馬旣同，四牡龐龐，駕言徂東。田車旣好，四牡孔阜，東有甫草，駕言行狩。」穀梁傳所載蒐於紅，以車爲防（昭公八年）。可見古代的獵狩，非用車不可。故禮記說：「大夫殺則止佐車（驅逆之車）；佐車止，則百姓田獵。」（王制）孟子說車馬之音，羽旄之美（孟子梁惠王章下）描述田獵的車容是很盛的。傳驛也用車，國語所載：「梁山崩，以傳召伯宗。」（晉語五）傳就是驛車。至於行人出使，車馬浩蕩，詩經皇皇者華篇：「我馬維駒，六轡如濡；載馳載驅，周爰咨諏。」戰國時期，車的價值更顯著，行人出使，或國際餽贈，每用車數十乘。茲列表如下：

使用者	用途	用車數量
秦令樗里疾	入周	一百（乘）
秦姚賈	出使燕趙吳楚	一百
齊孟嘗君	遣馮諼遊梁	五十
梁王	聘孟嘗君	一百
齊使車	求取東地於楚	五十
楚襄王發上柱國子良車	北獻地於齊	五十
楚襄王遣景鯉車	索救於秦	五十
趙王派蘇秦	約諸侯	一百
趙太后	爲長安君質於齊求救	一百
魏王遣李從	使楚	一百
魏犀首	使燕	三十
魏犀首	約齊王至衞相會	五十
燕王遣蘇秦	南使於齊	五十

凡此事例，見於戰國策，表明車輿普遍應用於外交方面。車的用途這樣廣，故其價值很大。禮記說：「問士之富，以車數對。問庶人之富，以數畜對。」（曲禮下）士大夫的資產是車輿，平民的資產是雞豚牛羊，于此可見車爲當時社會所重視的程度了。

第三節　御學

古代計田賦多少，出兵出車。夏代以三百家出革車一乘，徒二十人。周代則按甸出兵出車。詩經大雅：「與爾臨衝，以伐崇墉。」（文王之什）出征調用臨車衝車，非大量出兵車和習車戰不可。古代兵民未分，人莫非兵，從兵者固當學射，從車者則宜學御，故御亦爲普遍而急需之術。周禮大司馬，中冬教大閱，乃陳車徒，「中軍以鼙令鼓，鼓人皆三鼓，司馬振鐸，羣吏作旗，車徒皆作。鼓行，鳴鐲，車徒皆行，及表乃止。三鼓摝鐸，羣吏弊旗，車徒皆坐。又三鼓，振鐸，作旗，車徒皆作。鼓進，鳴鐲，車驟徒趨，及表乃止。坐作如初，乃鼓，車馳徒走，及表乃止。鼓戒，三闋，車三發，徒三刺。乃鼓退，鳴鐃且卻，及表乃止。坐作如初。」這是戰車和步兵聯合作戰的演習。春秋時用士大夫御車以戰，勝負倚之。日常生活，自天子以至大夫，出皆用車，周禮大御戎僕齊僕職，皆大夫掌御車，御術的重要更可想見。

御術的教授，常見於史籍。周靈王太子晉賜師曠乘車四馬，說：太師也善御它罷。師曠答道：御我未曾學的。太子說：「汝不爲夫時，詩云：馬之剛矣，轡之柔矣。馬亦不剛，轡亦不柔，志氣麀麀，取予不疑，以是御之。」(汲冢周書太子晉解)善御者以能了解馬志和控制馬力兩點，最爲重要。韓非謂趙襄主學御於王子期，相約作御賽，換馬三次都落後。襄主說：「先生教我御，術未完盡。」王子期答道：「術已盡，用之，則過也。凡御之所貴，馬體安於車，人心調於馬，而後可以進速致遠。今君後則欲逮臣，先則恐逮於臣。夫誘道爭遠，非先則後也，而先後心在於臣上，何以調於馬？此君之所以後也。」(韓非子喻老第二十一)御馬執轡，原有特殊的方法。孔子家語說：「孔子曰：善御馬，正銜勒，齊轡策，均馬力，和馬心，故口無聲而馬應轡，策不擧而極千里。」(執轡第二十五) 御四馬的車執六轡，善御的人要正身以總轡，均馬力，齊馬心，迴旋曲折，長征急馳，可操縱自如。詩經皇皇者華篇：「我馬唯騏，六轡如絲。」傳謂調忍也，卽調勻之義。故執轡如組，兩驂如舞，是善御的姿態。古稱造父(爲周穆王御)王良(晉大夫御无恤子良)爲最善御的人。造父的御術：管子說：「造父善馭馬者也，善視其馬，節其飲食，度量馬力，審其足走，故能取遠道而馬不罷。」(管子形勢解)列子謂造父學於泰豆氏，盡得御術的巧妙(註三)。韓非也說：「造父御四馬，馳驟周旋，而恣欲於馬；恣欲於馬者，擅轡策之制。」(韓非子外儲說右下)

至於戰車的駕御，自有專門的方法，也是需要教授的。禮記說：「有發，則命大司徒敎士以車甲。」(王制)故戰車的駕御，必須經過訓練，才能參加實際作戰。晉巫臣使吳，與其射御，敎其乘車和戰陣，誘吳叛楚（左傳成公七年）。又楚子靈奔晉，晉人以為謀主，策吳叛楚，教其乘車射御。（左傳襄公二十六年）這是最顯著的例。魯曹劌論戰，所謂視其轍亂，望其旗靡，（左傳莊公十年）車戰的經驗，又不可以不學。御術既然不易學得，故善御的人，他的能力為當時各國所重視。晉悼公元年命百官，「知士貞子之帥志博聞，而宣惠於教也，使為太傅。知右行辛之能以數宣物定功也，使為元司空。知欒糾之能御以和於政也，使為戎御。知荀賓之有力而不暴也，使為戎右。」（國語晉語七）又使程鄭為乘馬御，統屬主管車馬的六騶，訓導他們知禮（左傳成公十八年）。能御乃委以重任，御術和國政關係的重大，可以概見。

周禮保氏，教之六藝，四曰五御。鄭注解釋五御：一、鳴和鸞；二、逐水曲；三、過君表；四、舞交衢；五、逐禽左。鳴和鸞者，以和鸞二鈴，節車之行，和在軾上，鸞在衡上，馬引車行，鸞和應響，合於節奏，叫做鳴和鸞。詩經說：「和鸞雝雝，萬福攸同。」（小雅南有嘉魚之什）左傳桓公二年：「錫鸞和鈴，昭其聲也。」荀子說：「和鸞之聲，步中武象，騶中韶護。」（正論）大戴禮記也說：「升車則聞和鸞之聲。……在衡為鸞，在軾為和。馬動而鸞鳴，鸞鳴而和，應聲曰和，和則敬，此御之節也。上車以和鸞為節，下車以佩玉為度。」（保傅篇）鳴和鸞的意義，古籍解釋最詳。逐水曲者，御車逐水勢之屈曲而不墜水之謂。過君表者，當國君大閱，教習戰法，對豎兩旗，以褐纏旃，叫做君表。表廣於車，僅容二握。君表中間，則置二闑，另豎兩旗，其門叫做和。吏率車從出自和門，乃向君表疾驅而入，全在御者中而不偏，故入則無礙。穀梁傳說：「艾蘭以爲防，置旃以爲轅門，以葛覆質，以爲槷，流旁握，御轚者不得入。」（昭公八年）毛詩傳也說：「田者，大艾草以爲防，或舍其中，褐纏旃以爲門，裘纏質以爲槷，閒容握，驅而入，轚則不得入。」過君表，是御車向轅門直入的。舞交衢者，御車於十字的街道中，車旋應於舞節。逐禽左者，田獵時御驅逆的車，逆驅禽獸，使左當人君以射之，即自左射。詩經駟驖說：「駟驖孔阜，六轡在手。公之媚子，從公於狩。奉時辰牡，辰牡孔碩。公曰左之，舍拔則獲。」穀梁傳也說：「御者不失其馳，然後射者能中。」（昭公八年）這是田獵時，引車右旋，驅禽獸而左射，始易於狩獲。

上述五御，包括駕車的通常儀法和田獵的技能，與車戰沒有關係，這是基本的御術，爲人們所應該學習的。御車的式度，禮記說得最詳：

「君車將駕，則僕執策立於馬前。已駕，僕展軨效駕，奮衣由右上，取貳綏跪乘，執策分轡驅之，五步而立。君出就車，則僕並轡授綏，左右攘辟。……客車不入大門，婦人不立乘。……入國不馳，入里必式。……僕御婦人，則進左手，後右手。御國君，則進右手，後左手而俯。國君不乘奇車。車上不廣欬，不妄指。立視五巂，式視馬尾，顧不過轂。國中以策彗卹，勿驅，塵不出軌。」（曲禮）

綏是取安之義，升車者所執以爲安。淮南子說：「上車授綏。」（繆稱）故執綏乃乘車者的事。綏有正有副，正綏叫做良綏，副綏叫做貳綏（也叫做散綏）。當車已駕，僕御取貳綏先升，然後以良綏授君，君乃執綏而升車，降時也是這樣。君執綏升車，立於左旁，僕執轡立於車中以御，勇力之士，升立於御之右，以備非常。論語鄉黨篇，也說明乘車者的禮貌：「升車，必正立，執綏。車中，不內顧，不疾言，不親指。」程頤的解釋，謂：「古人乘車，車中不內顧，不親指，不遠視。行則鳴環佩，在車則聞和鸞，式則視馬尾，自然有個君子大人氣象。」（河南程氏遺書第二下）賈誼也說：「坐乘以經，坐之容，手撫式，視五旅，欲無顧，顧不過轂，小禮動，中禮式，大禮下，坐車之容。立乘以經，立之容，右持綏，而左臂詘，存劍之緯，欲顧，顧不過轂，小禮據，中禮式，大禮下，立車之容。禮介者不拜，兵車不式，不顧不言，反抑式以應武容也，兵車之容。」（賈子新書卷六容經）古者三人共乘，皆立乘，唯安車可坐。乘車行禮則軾。像楚滅陳，陳西門壞，因其降民使修之，孔子過而不軾。子貢執轡而問道：禮過三人則下，二人則式。（韓詩外傳卷二）故軾是通常的禮。乘兵車，出先刃，入後刃，兵車不式。兵車的副車叫做佐車，朝祀的副車叫做貳車。朝祀尚敬，乘貳車的必式；戎獵尚武，故乘佐車的不式。禮記說：「兵車不式，武車綏旌，德車結旌。」（曲禮）兵車尚威武，應沒有推讓，故不爲式敬的禮。武車即是兵車，因它尚威武，故舒垂旗旛的旒，以見爲美。詩經鹿鳴之什所謂出車彭彭，旂旐央央，就是這個意義。德車即指玉路，金路，象路，木路等四種車，是非用於作戰的，德美在內，不尚赫奕之威，故纏結其旒於竿。

第四節　射御的合一

射與御，爲實用的技藝，屬於實踐的性質，原沒有什麼高深的理論。禮記王制：「凡執技以事上者，祝史射御醫卜及百工。」射御視作執技論力，但這些執技的賤役，與周禮射人大御等官不同。呂氏春秋却認爲射御是精妙的事，故說：「若射御之微。」（孝行覽本味）其實，射御乃爲社會重視的專技，墨子說：「譬若欲衆其國之善射御之士者，必將富之貴之，敬之譽之，然後國之善射御之士，將可得而衆也。」（墨子尚賢上）又說：「凡我國能射御之士，我將賞貴之；不能射御之士，我將罪賤之。問於若國之士，孰喜孰懼？我以爲必能射御之士喜，不能射御之士懼。」（尚賢下）因此，射與御常合稱，和禮樂合稱的相同。尚書秦誓說：「仡仡勇夫，射御不違。」論語子罕篇說：「執御乎？執射乎？」韓詩外傳也說：「善御者不忘其馬，善射者不忘其弓。」（卷四）射御的連帶稱呼，實已成爲習慣了。

射御教育，古書中沒有詳細的敍述，射猶略見於儀禮鄉射大射篇，御法則廢不可考。可是射御的意義，儒家常有說及。這是教育內容的一部份，至少亦爲禮的一部份，因爲儒家承認射御的目的，可能包括於禮之內。劉向說：「御者使人恭，射者使人端，亦正心修身之法。」（說苑說叢篇）射御與人們的生活既發生密切關係，故人的生死，也取義於射御，以爲飾禮的象徵。顧炎武說：

「男子以車爲居，以弓矢爲器。故其生也，桑弧蓬矢，以射天地四方；其死也，設決麗於掔，比葬則弓矢之新，沽功有弭飾焉，亦張可也，以射者男子之事也。如死於道，則升其乘車之左轂，以其綏復，以車者男子之居也。升車必正立執綏，以其綏復也，象其行也；象其行，所以達其志也。」（日知錄卷六以其綏復）

因此，古代葬器有弓矢，綏復和出喪用車，而天子命諸侯，又賜以車服弓矢，就寓有這種意義。古者教民，「講御習射以防患。」（韓詩外傳卷八）卽訓練自衞的能力。常人以射御爲藝，君子以射御爲能。詩經稱叔段多才，則曰：「叔善射忌，又良御忌。」車攻篇也說：「不失其馳，舍矢如破。」這是詠射御之善。古人相率講求射御這樣普遍，那麼登車而不能射，參乘而不能御的，是很少的了。實際上，射御爲古代的體育，對當時社會有極大影響。若在作戰和田獵來說，射御的用途更廣。左傳說：「譬如田獵，射御貫（習），則能獲禽；若未嘗登車射御，則敗績厭覆是懼，何暇思獲？」（襄公三十年）但兩者的作用，略有不同，蓋射則主攻而御則主守。

御術足以利天下，引重任遠者非御不可。易經繫辭謂：「服牛乘馬，引重致遠，以利天下。」墨子也暢論其效用說：「車爲服重致遠，乘之則安，引之則利。安以不傷人，利以速至，此車之利也。」（墨子節用中）這樣說來，當時社會對於御術是很注意的，御者具有專門的技能，爲人所重視，並非以賤役稱。那麼，古代文化和御術似有極大的關係，觀於射御的教育，便可推知其梗概。

（註一）汲冢周書也說：「周車三百五十乘，陳於牧野，帝辛從，武王使尙父與伯夫致師。王旣以虎賁戎車馳商師，商師大敗。」（卷四克殷解）

（註二）左傳昭公元年：「晉中行穆子敗無終及羣狄於太原，崇卒也。將戰，魏舒曰：『彼徒我車，所遇又阨，以什共車，必克；困諸阨，又克，請皆卒，自我始。』乃毀車以爲行，五乘爲三伍。荀吳之嬖人不肯卽卒，斬以徇。爲五陳以相離，兩於前，伍於後，專爲右角，參爲左角，偏爲前拒，以誘之。狄人笑之，未陳而薄之，大敗之。」

（註三）列子卷五湯問：「造父之師曰泰豆氏，……造父學之三日盡其巧。泰豆歎曰：子何其敏也，得之捷乎？凡所御者亦如此也。曩汝之行，得之於足，應之於心，推於御也，齊輯乎轡銜之際，而急緩乎唇吻之和，正度乎胸臆之中，而執節乎掌握之間，內得於中心，而外合於馬志，是故能進退履繩而旋曲中規矩，取道致遠，而氣力有餘，誠得其術也。得之於銜，應之於轡；得之於轡，應之於手；得之於手，應之於心。則不以目視，不以策驅，心閑體正，六轡不亂，而二十四蹄所投無差，廻旋進退莫不中節。然後輿輪之外可使無餘轍，馬蹄之外可使無餘地，未嘗覺山谷之險，原隰之夷，視之一也。吾術窮矣，汝其識之。」

第八章 書

第一節 文字的起源

中國古代，初未有文字，以結繩記事，事大則大結，事小則小結。易經繫辭下傳：「上古結繩而治，後世聖人易之以書契，百官以治，萬民以察。」老子說：「使民復結繩而用之。」（道德經第六十七章）莊子也許本老子之意，而作胠篋篇。他說：「昔者容成氏，大庭氏，伯皇氏，中央氏，栗陸氏，驪畜氏，軒轅氏，赫胥氏，尊盧氏，祝融氏，伏羲氏，神農氏，當是時也，民結繩而用之。」許愼也說：「神農氏結繩爲治而統其事。」（說文解字序）結繩記事，爲文字產生以前的事例，各民族初期都有這習慣。劉師培謂：「中國古代文字，咸本於結繩，故圈點橫直者，皆結繩之遺制也。」（小學發微補）由結繩進一步的記事，則爲書契。周禮小宰：「聽取予以書契，聽賣買以質劑。」鄭注：「書契，符書也；質劑謂市中平賈。」（註一）故事契是取予市物的劵，刻竹木以記事。其刻處，像齒狀，叫做齒。古時官府簿書，民間信約，都用這書契，相與合齒，以爲質憑。劉勰說：「契者結也！上古純質，結繩執契。今羌胡徵數，負版記緡，其遺風歟。」（文心雕龍書記篇）宋濂也說：「予聞六書居六藝之一，周官保氏掌養國子則敎之。蓋自聖人以書契代結繩之治，實取諸夬；夬揚於王庭，其用最大。」（宋學士文集翰苑別集書史會要序）易經夬卦謂：「夬揚於王庭。」夬爲書契號令之象。漢書藝文志的解釋，謂：「夬揚於王庭，言其宣揚於王者朝廷，其用最大也。」

八卦頗像巴比崙的楔形字，似乎也是中國古代文字的起源。易經繫辭下傳說：「古者包犧氏之王天下也，仰則觀象於天，俯則觀法於地，觀鳥獸之文與地之宜，近取諸身，遠取諸物，於是作八卦，以通神明之德，以類萬物之情。」這八卦：乾、坤、巽、艮、坎、離、震、兌，卽爲天、地、風、山、水、火、雷、澤八字。八卦或專爲卜筮之用，屬於宗教的文字。但由這八字單形相配合體而成義。例如結繩而爲網罟，以佃以漁，蓋取諸「離」（䷝），離下離上，其卦中虛，有結繩而爲網罟之象。又如斲木爲耜，揉木爲耒，耒耨之利，以教天下，蓋取諸「益」（䷩），震下巽上，其卦益下損上，巽在上爲耒，震在下爲耜，木動而利，爲耒耜之象。這是古代記事的符號。鄭玄謂：包犧作十言之教，曰乾、坤、震、巽、坎、離、艮、兌、消、息。（六藝論）易緯乾坤鑿度僞書，謂八卦爲天、地、風、山、水、火、雷、澤八字，八卦卽爲古文。（卷上，古文八卦）阮元也從此說，謂：「六書出於八卦，而指事、象形、形聲、會意、轉注、假借，皆出於易。舍易卦無以生六書；非六書無以傳庖犧氏之意與言。」（揅經室全集易書不盡言言不盡意說）劉師培更踵其義，謂：「伏羲畫卦，乾、坤、坎、離之卦象，卽天、地、水、火之字形。……蓋中國象形文字，固權輿於伏羲也。」（小學發微補）但章炳麟謂居今而言，八卦與文字，未必有關係（註二一）。班固却認爲八卦是記數用的。

除上述結繩、書契、八卦外，尚有圖與書，爲早期文字的產物。易經繫辭上傳：「河出圖，洛出書。」鄭玄的解釋：「河圖洛書，皆天神言語所以告王者也。」（六藝論）呂氏春秋說：「史皇作圖。」（審分覽勿躬）淳于俊說：「伏羲因燧皇之圖而制八卦。」（三國志魏三少帝紀）這樣，圖與書雖流異而同源，也爲最古文字的象徵。而文字演變，創作各殊，故種類很多。歸有光說：「自河流天苞，洛出地符之後，世傳又有龍書、鳥書、龜書、魚書、蟲穗之書，自倉頡至於史籀，又不知凡幾變矣。」（震川先生集別集王天下有三重）

文字的創制，相傳始自黃帝時左史的倉頡，見鳥獸蹄迒之跡，知分理之可相別異的，初造書契。韓非子（註三），鶡冠子（註四），呂氏春秋（註五）及淮南子（註六），皆主其說。江式古今文字表說：「臣聞伏羲氏作而八卦列其畫，軒轅氏興而龜策彰其彩，古史倉頡，覽二象之爻，觀鳥獸之跡，別創文字，以代結繩，用書契以維事。宣之王庭，則百工以敍；載之方册，則萬品以明。迄於三代，厥體頗異，雖依類取制，未能悉殊倉氏矣。」（魏書列傳藝術第七十九） 但因說者不同，故倉頡或一名而不止一人。世本說：「倉頡作書。」司馬遷、班固、韋誕、宋忠、傅玄都說：「倉頡黃帝之史官也。」崔瑗、曹植、蔡邕、索靖皆直說：「古之王也。」徐整說：「在神農黃帝之間。」譙周說：「在炎帝之世。」衞氏說：「當在庖犧倉帝之世。」愼到說：「在庖犧之前。」張揖說：「倉頡爲帝王生於禪通之紀。」（孔穎達尚書序）所以倉頡的年代，實很難確定。除倉頡外，作書的人，世本稱尚有沮誦，但無可稽考。許愼說文解字序，溯文字的起源，以爲畫卦始於伏羲，結繩始於神農，造字始於黃帝。劉師培申其說，謂：「指事文字，固權輿於神農也。及黃帝時，史官倉頡造書契，創爲象形指事二體，然所造之字，多沿伏羲神農之舊。」（小學發微補）所以，倉頡的創制文字，最大的貢獻，在整理符號，使成爲獨立的文字。

第二節　文字的演變

上古文字，種類繁賾。荀子說：「好書者衆矣，而倉頡獨傳者一也。」（荀子解蔽）倉頡所傳的爲科斗書，觀三才之文，乃意度書寫，形像蝌蚪，那麼後漢所見的科斗書，就是上古文字中的一種。三代文字，也多殊體。倉頡之時，六書中僅有象形指事二體，然而都是獨體之文。殷墟的甲骨，刻有古文，大抵是商代通用的文字，其字體可分爲象形、指事、及形體不定的三種。至於殷周的鐘鼎，也刻有古文，但與甲骨文異，因象形逐漸減少，而變爲形聲與會意，並且文字的本體比以前的文字更爲固定。這種銅器文字，已發展爲自有的類型。周代的石鼓文，其文又有異，是周宣王田獵之所作，出於史籀。那時文字增益偏旁，而字數寖多。史籀又取倉頡的形意，配合爲之，損益古文，或同或異，加以銛利鉤殺，著有大篆十五篇。史氏掌官書以贊治，故史籀獨能專精文字而加以整理。班固謂：「史籀篇者，周時史官教學童書者也，與孔子壁中古文異體。」（漢書藝文志）這篇名見於漢書，喪失於王莽之亂，至許愼時僅存九篇。籀的文，字字可用六書來解釋，殆爲周代的通俗文字。如果說造文字的是倉頡，那麼正文字的是史籀了。

東周之世，官用公文及書籍，仍以古文爲之，但平王東遷後，諸侯立政，家殊國異，而文字乖形。戰國時，秦用籀文，六國則用古文。直至秦代李斯，取史籀大篆或頗省改，創爲小篆，字體又一變。由古文變爲大篆，由大篆變爲小篆，這種演變，則爲字體的變化，和字數的增加。由史籀所創的大篆，至李斯所創的小篆，其間相距爲三百五十年以上，倘將古文與大篆的應用時間兩相比較，後者的時期自然較前者爲短；但將大篆與小篆比較，則大篆應用的時期較小篆爲長了。史籀雖將前代文字，做過一番整理工作，而成大篆，但因封建政治，未能統一，史籀的影響，僅及王畿千里，故其文字不甚流行於關東。孔子書六經，左邱明述春秋傳，皆用古文。章炳麟謂六經中，易、書、禮、詩，詩除國風外，均史籀前的書，流行民間，爲時已久，史籀不及改。並且作書者嫌大篆的繁重，故依古文以省時間。可見古文的應用是和大篆平行的。

孔子說：「今天下，車同軌，書同文，行同倫。」（中庸）這是儒家想像同文之盛；也可知文字未經整理以前，是不能同的。事實上，春秋之世，各國殊文之習，仍各自爲用。「廣谷大川異制，民生其間者異俗，剛柔輕重遲速異齊，五味異和，器械異制，衣服異宜。」（禮記王制）故尚書用茲，論語用斯，孟子用此，就因時代而不同。「魯人以榶（盌），衞人用柯（盂），齊人用一革（囊）。」（荀子正論）就因地區而不同。各國不同文，形體各異，其款識文字，一紙之上，齊楚不分，誠難辨曉。例如公字，宋公鼎爲令，魯公鼎爲凸。文字，晉姜鼎作宊，周公鼎作㕣，周敦作𢆶。「作」字，周公鼎作乍，晉姜鼎作乍，孔父鼎作乍，楚王彝作乍（鄭樵通志略諸國殊文圖）。史記封禪書，管子曾說：「封泰山禪梁父者，七十二家，而夷吾所記（識）者，十有二焉。」這可見文字形體的繁多。漢書藝文志說：「古制書必用文，不知則闕，問諸故老；至於衰世，是非無正，人用其私。」故孔子說：「吾猶及史之闕文也。」（論語衞靈公）蓋傷其寖不正之故。顧炎武說：「五經中文字不同多矣，有一經之中，而自不同者，如桑葚見於衞詩，而魯則爲黮。鬯弓著於鄭風，而秦則爲韔。左氏一書，其錄楚也，薳氏或爲蔿氏，箴尹或爲鍼尹，況於鐘鼎之文乎？」（日知錄文字不同）文字這樣互異，故方音亦殊。楚語於菟，吳言矢胎，皆屬稱虎。筆字，「楚謂之聿，吳謂之不聿，燕謂之弗，秦謂之筆。」（說文解字卷三下）孟子也說：「南蠻鴃舌之人。」（孟子滕文公上）齊人傅之，楚人咻之，（孟子滕文公下）古代方音，可見其差別。孔子教人，也感到方言的困難。故論語說：「子所雅言，詩書執禮，皆雅言也。」（述而）鄭注謂讀先王典法，必正言其音，故雅言卽是正言。劉臺拱說：「夫子生長於魯，不能不魯語，惟誦詩讀書執禮三者，必正言其音，所以重先王之訓典，謹末學之流失。」（劉氏遺書論語騈枝）孔子的弟子三千，來自各國，而齊有齊語，魯有魯語，楚有楚語，方言土音，難於通曉，非先統一語言，不能教授，故以周的正言教之。當時文字方音這樣複雜，因此，上古有輶軒使者，巡遊四方，採集方言異語，以謀語言的通轉訓釋，而求文字的統一。周禮外史，掌達書名於四方。鄭注謂使四方知書之文字，得能讀之。故統一語言文字的工作，周代已做過一番工夫了。

秦代以前，戰國七雄：「田疇異晦，車涂異軌，律令異法，衣冠異制，言語異聲，文字異形。」(說文解字序)及秦統一中國，乃統一文字，以作施行政教的需要。當時雖有大篆、小篆、刻符、蟲書、摹印、署書、殳書、隸書等八體的分別，然大致以小篆爲代表統一中國文字的首次。小篆盡合六書的條例，故整理文字的工作，至秦代始告成。但以字體來說，至秦隸一變，六書之義寖失了。文與字，古代也叫做名。周禮春官外史，掌達書名於四方，書名卽書文。孔子說：「必也正名乎。」(論語子路)正名就是正文字的意思。鶡冠子環流篇說：「有圖而有名。」名卽文字。字古稱爲文，爲言，爲名，而不言字。字訓爲乳，愛養之義，是敬其名者。以文爲字，乃始於史記。秦始皇琅玡臺石刻：「同書文字。」這樣，字的名稱，由秦而立，自漢而顯著(顧炎武日知錄字)。文字的數量，史籀大篆，約有九千字。秦代的三蒼(李斯蒼頡篇七章，趙高爰歷篇六章，胡毋敬博學篇七章)，共有三千三百字。至西漢時，揚雄的訓纂篇，共有字五千三百四十。東漢時，許愼的說文解字，則有字共九千三百五十三。文字的演變，眞是「孳乳寖多」了。

第三節　六　書

古代書的教學：周禮：「八歲入小學，保氏敎國子，先以六書。」禮記內則說：「六年敎之數與方名，十年出就外傳，居宿於外，學書計。」其教法，所重者爲辨形聲、謹點畫。白虎通德論也說：「八歲毀齒，始有識知，入學，學書計。」（辟雍）自昔儒者，其結髮從事，必先小學；小學所學，乃六書之文。迄漢代仍存此制。漢書藝文志說：「太史試學童，能諷書九千字以上，乃得爲史。」說文解字序也說：「學僮十七以上，始試諷籀書九千字，乃得爲吏。」漢書藝文志並載有小學十家四十五篇，自史籀以至杜林倉頡訓纂等字學，書的教學頗盛。童蒙入學，先授以基本文字，殆爲教育上之通例。故王充論衡自紀篇說：「充爲小兒，六歲教書，八歲出於書館。」就是這例。

英文古魯德（Edward Clodd）的字母的故事（The Story of the Alphabet, Ch. III），論文字的演進，可分爲四個階段：（一）助記憶階段（Mnemonic Stage）；（二）象形階段（Pictorial Stage）；（三）表意階段（Ideographic Stage）；（四）標音階段（Phonetic Stage）。中國文字的創制，也可分爲四個階段。例如，結繩記事，可作爲助記憶階段，但並未有正式文字的形態。迨文字創制，乃演進爲如下的階段：一、象形，等於象形階段。二、指事與會意，等於表意階段。三、形聲，等於標音階段。象形、指事、會意、形聲是造字的基本方法，也表示中國文字的演進，初由象形而至表意，最後至於標音。可是中國文字，雖形聲並重，仍以表意爲主，與西方的衍音不同，因此達到「孳乳寖多」的境地。

江式謂：「文字者六藝之宗，王教之始。」（古今文字表）故教學始於書，書學的教授，最重要的是六書。六書者，文字的綱領，是造字的原則，用字的方法。進言之，六書者，聲音訓詁之本，名物度數之原，以明形聲相生，音義相轉的法則。六書之學，由來很久。孔子謂：今天下，書同文，則六書的名稱，當在孔子以前，至晚也與孔子同時。歐陽修說：「周禮六藝，有六書之學，其點畫曲直，皆有其說。」（歐陽文忠公集與石推官第二書）徐一夔也說：「古者六書之法，皆掌於官。成周保氏之職，以六書教國子。而書之設，以同文爲盛，故又有外史掌達書之名，行人掌諭書名。」（皇明文衡六書本義序）六書的次序，有三家之說：（一）班固漢書藝文志：「象形、象事、象意、象聲、轉注、假借。」（二）許愼說文解字序：「指事、象形、形聲、會意、轉注、假借。」（三）鄭衆周禮保氏注：「象形、會意、轉注、處事、假借、諧聲。」晉衞恒四體書勢，北魏江式古今文字表皆根據許序。江式且謂：「蓋是史頡之遺法也。」唐顏師古漢書注，張參五經文字序例，皆根據班序。賈公彥周禮疏則根據鄭序。南唐徐鍇說文繫傳，宋鄭樵通志六書略，是根據許名而從班序。清世學者，大多尊許崇班，而從沒有伸鄭司農之說。（樊榭山房文集戈達夫法書通解序）許愼所著說文解字，是根據六書而教人以造字之法。趙宧光說文長箋自序，謂：「世儒欲明經以敷化，考文以通經者，捨許氏無書。」說文一書之可貴，就是使文字的構造有法則可尋，而法則就是六書。六書之中，象形指事，是文字本身組織的原則；形聲會意，是代表文字所有的聲和義的原則；轉注假借，則專爲推廣以上四者，盡其變化的應用。故六書的內容，不外形、聲、義三者。形爲體勢以立形，聲爲聲韻以明聲，義爲訓詁以成文。象形使之明體勢，會意指事以明訓詁，轉注形聲使之明聲韻，假借則三者俱有。鄭注周禮，擧六書之目，而未著其說。許愼旣著其說，但設辭簡略，殊難瞭明。六書的定義，說文解字解釋如下：

「一曰指事，指事者，視而可識，察而見意，上下是也。二曰象形，象形者，畫成其物，隨體詰詘，日月是也。三曰形聲，形聲者以事爲名，取譬相成，江河是也。四曰會意，會意者比類合誼，以見指撝，武信是也。五曰轉注，轉注者，建類一首，同意相受，考老是也。六曰假借，假借者，本無其字，依聲託事，令長是也。」（說文解字序）

晉衞恒論四體書勢，也申述許氏之義，說：

「夫指事者，在上爲上，在下爲下。象形者，日滿月虧，效其形也。形聲者，以類爲形，配以聲也。會意者，止戈爲武，人言爲信是也。轉注者，以老壽考也。假借者，數言同字，其聲雖異，文意一也。」（晉書卷三十六列傳六衞恒傳）

鄭樵通志略論六書說：

「小學之義，第一當識子母之相生，第二當識文字之有間。象形指事文也，會意諧聲轉注字也。假借，文字俱也。象形指事一也，象形別出爲指事。諧聲轉注一也，諧聲別出爲轉注。二母爲會意，一子一母爲諧聲。六書也者，象形爲本；形不可象，則屬指事；事不可指，則屬諸意；意不可會，則屬諸聲。聲則無不諧矣。五不足而後假借生焉。」（六書略）

戴震（註七）與江聲（註八），對於六書的解釋，也很詳切。各家申論，更為繁頤，但仍不離許氏的矩矱。六書的內容，茲因許名而從班序，簡述其義例如下：

（一）象形。章炳麟說：「倉頡初造之文，為獨體象形，與獨體指事。指事者，象形之廣義也，若兩文合而成字者，非會意，卽形聲，倉頡時尚未有此。」大抵最初的文字，起自象形與指事。象形則又出自圖畫。鶡冠子環流篇：「有圖而有名。」名卽文字，則文字由圖畫而出。故章炳麟謂象形字的溝陌又分為二，一以寫體貌，一以借形為象（訂文篇）。凡象形之字，卽古圖畫的變體。象形與圖畫，祇有精粗之異，而指事形聲會意，都含有一部份的象形。象形為圖畫，指事為符號，會意轉注則以盡象形的流勢，而假借形聲則以盡指事的流勢。但象形以獨體為多，文字至象形時期，始和繪畫相分離，而別演為單畫的純粹文字。凡物有形可象，故隨其形而畫之；事無形可摹，則指其實以示之，因此象形應在指事之先。故宋濂說：「倉頡造書，史皇制畫，書與畫，非異道也，其初一致也。……六書首之以象形，象形乃繪事之權輿。形不能盡象；而後諧之以聲；聲不能諧，而後會之以意；意不能盡會，而後指之以事；事不能盡指，而後轉注假借之法興焉。書者所以濟畫之不足也；使畫而可盡，則無事乎書矣。」（宋學士文集鑾坡前集畫原）鄭樵也說：「書與畫同出，畫取形，書取象；畫取多，書取少。凡象形者，皆可畫也。」（通志略六書略）他分析象形文字，正生象形，有：天地、山川、井邑、草木、人物、鳥獸、蟲魚、鬼物、器用、服飾。側生則有：象貌、象數、象位、象氣、象聲、象屬。兼生則有：形兼聲、形兼意。

概括言之，象形字可分爲獨體象形和合體象形。獨體象形是單純的，像日、月、人、水、火、牛、羊、鳥、瓜、口、耳、刀、井等字是。合體象形是複合的，像土、石、谷、羽、米、齒等字是。又有變體象形，分爲省文、增文、倒文、借文四種。省文像烏之從鳥，亢之從大。增文像亦字從大加八，而示人的掖，夫字從大加一，一以像簪，是大夫的。倒文像県字乃首的倒懸。借文像交字從大示人股相交之形，方字從大像偏曲之形等是。說文所舉象形字僅三百六十四，鄭樵六書略則有六百零八，幾增一倍。劉師培說：「古人造字既象物形定字形，復象物音定字音，故象形與物形同，字音復與物音同。」（小學發微補）這樣說來，造字象形也象音的了。

（二）指事。指事者，以手指示其事，由形或各形的關係所指以示其意。指事與象形不同，象形是形，指事是事。形可象的叫做象形，象形的字，必隨其物的體，屈曲而畫之。形不可象的指其事，使人一見而可識，叫做指事。故徐鍇說：「無形可載，有勢可見，則爲指事。」（說文解字繫傳）指事又介於象形與會意之間，故往往與象形會意相混。大抵象形爲具體的描寫，指事爲抽象的描寫，故象形是圖畫，指事是符號。陳澧說：「象形者畫而成之，如圖畫然。指事者，指之而已，不畫其形也。」（東塾讀書記小學）指事出自符號，爲一種表識，似尚近結繩的遺意。字書中所舉之字，以指事爲最少。說文共九千三百五十三字，指事僅一百二十五；鄭樵六書略共二萬四千二百三十五字，而指事也僅一百零七。指事字例可分爲三類：一、單純的，像一、上、下、中、旦、母、刃、回等字是。二、複合的（六書略稱爲兼生的），其指事兼形，像本末，均由木字加一，木爲象形，一指木本或木杪的。刃，從刀從一，刀爲象形，一爲刀的鋒口。不，鳥飛上翔而不下來，從一，一指天。至，鳥飛從高而下至地，也從一、一指地。這些字皆事大於形，故屬指事。其指事兼意，寒字，像人在山下，從草薦覆之。后，像人之形，從口，施令以告於四方。牟（牛鳴），從牛加厶，表示牛口出氣，以牟像其聲。這卽指事加意，但事大於意，故屬指事。其指事兼聲，像用字，從卜從中；庸，從用從庚；甫，從用從父等是。其指事兼形兼意，高字，從亠口像臺觀，冂爲垣牆周匝，口和倉舍同意，合而爲崇高的意義。其指事兼形意聲，牽字，牛是意，加冂是縻形，從玄聲。三、變體的，有省文增文變文的分別。省文像夕字，月字減去一點，從月半見，是暮的意義。增文像廴（音引），從彳（小步），加乀延長之，則爲長行的意義。變文像七（化字），從倒人，表示變化之意；七，從反人，是相與比敘的。

（三）會意。章炳麟說：「象形指事，可施於名物者多，可施於動作者少，於是乃有形聲會意之例。」換句話說，象形指事是靜體的文字，形聲會意是動體的文字。可是會意字多出於象形，故也近於圖畫。會意者，會合二體以成一字，卽會合二文以上以見意，有義無聲。左傳有止戈爲武（宣公十二年），反正爲乏（宣公十五年）；國語有人三爲衆，女三爲粲（周語），蟲皿爲蠱，二首六身爲亥（晉語），都是解釋會意字的例。會意字例，約可分爲三類：一、單純的（合二體），合二母者像二木爲林，二火爲炎，二人爲从；母子合者，像一大爲天，一土爲王，中心爲忠，如心爲恕，人言爲信，力田爲男，女帚爲婦，子系爲孫，卜貝爲貞，人爲爲僞，人戈爲伐，隹手爲隻，草田爲苗，林火爲焚等是。二、複合的（合三體以上），像筋字，從竹從肉從力，竹物爲多筋的，從力像筋；祭字，從肉從又從示，手持肉以祭；解字從角從刀從牛，即以刀判牛角而剖之；或字，從戈從口以守一，一是地，故爲邦之義。三、變體的，像孝字爲老的省文，與子相合，取爲孝之義；梟字爲鳥的省文，與木相合，即爲鳥頭懸在木上。但這些字也是二體所合成。

（四）形聲。形聲者，即一旁取某一字的義，一旁取某一字的音，兩旁相合，即成一字，故半字爲字的形，半字爲字的聲，像江河桐楓等是。所謂立類爲母，從類爲子，母主形，子主聲，觸聲成字，不可勝數。說文主母而役子，廣韻主子而率母；說文以母統子，廣韻以子該母。取形取聲，各有偏重。形聲以事爲名，事即偏旁，兼象形指事而言，以象形指事爲體，而以聲取譬，共成一字，像江河以水爲體，取譬工可爲聲，而成爲江河字。六書之中，以形聲一項最有價値，即造字時，以偏旁部首定其形，以左右上下相對部份擬其音，而造出無數的形聲字。故五書有盡，形聲無窮，文字的運用，形聲最博，假借次之。說文九千三百五十三字中，形聲字七千六百九十七，佔百分之八十以上。鄭樵六書略二萬四千二百三十五字中，形聲字二萬一千八百一十，佔百分之九十。鄭樵對形聲分類，以聲爲重，分爲六類：一、子母同聲（如敔、隸、肄、鄧、孶、疑）；二、母主聲（如瞿、牆、綴）；三、主聲不主義（如䖵、魏、犀）；四、子母互爲聲（如靡、雌）；五、聲兼意（如禮、禘、珥、珩、莫、葬、可、哥、知）

；六、三體諧聲（如歸，從止婦省𠂤聲；奉、從手從廾，丰聲；衡、木觸橫木也，從角從大行聲；雁、從隹從人，厂聲。」（通志略六書略第三）如從形聲的位置來說，可分爲左形右聲者，像江河字；右形左聲者像鳩鴿字；上形下聲者，像草藻字；上聲下形者，像婆娑字；外形內聲者，像圃國字；外聲內形者，像聞問字等。

（五）轉注。象形、指事、會意、形聲四者，爲造字的方法，轉注、假借，則字既造而用之的方法。數字一義爲轉注，一字數義爲假借。故異義同字叫做假借，異字同義叫做轉注。這樣說來，轉注假借，是字的變用。許宗彥說：「假借者，假此字爲彼字，假其體也。轉注者，由一字爲數字，由數字爲數十百字，從偏旁轉相注，亦言體也。……是故事形聲意四字，字之所由造，有假借則可以轉移，而無強造之病；有轉注則有所依附，而無虛造之患。」（鑑止水齋集轉注說）轉注者，以匯文字之通。韓非子五蠹篇：「倉頡造字，自營爲私，背私爲公。」自營爲私者是指事，背私爲公者，明爲轉注。郭璞所謂轉相訓者，似近於轉注之義。賈公彥釋作左右相注，遂引致裴務齊的誤解，他的切韻，竟有考字左回老字右轉之說。徐鍇說文繫傳說：「屬類成字，而復於偏旁訓博喻近譬，故爲轉注。人毛七（音化）爲老，壽耆耋亦老，故以老字注之。受意於老，轉相傳注，故謂之轉注。」說文轉注定義：「建類一首，同意相受。」建類一首爲轉注意義的基本解釋，鄭樵認爲建類者，立類爲母，從類爲子；母主義，子主聲，故以主義、主聲、別聲、別義四類解釋轉注（**註九**）。曹仁虎末同意其說（**註十**）。清代學者的解釋轉注，以江聲及戴震爲最著。許宗彥同江聲之說，謂：「轉注，祭酒曰：轉注者建類一首，同意相受，考老是也。後敍曰：其建首也，立一爲耑，卽建類一首之謂也。如示爲部首，從示之偏旁注爲神祇等字；從神祇注爲祠祀祭祝等字；從祠祀祭祝復注爲祓禧禠祜等字，展轉相注，皆同意爲一類。其偏旁悉从示，故示爲建類之首。許君舉考老以見例是已。」（鑑止水齋集轉注說）夏炘對轉注之義，分析更詳，他說：

「建類者卽部分之類，如一部元天丕吏等字爲類，上部帝旁下等字爲類，示部祜禮禧祿等字爲類是也。一首者，卽每部之首，如元天丕吏等字爲類，部首共屬一字；帝旁下等字爲類，部首共屬上字；祜禮禧祿等字爲類，部首共屬示字是也。同意相受者，謂每部同類之字，皆本此部首一字之意，遞相授受也。如第一部一字爲數目之始，部中元字从一訓始，天字从一訓顚，丕字从一訓大，吏字从一史，謂一心史事，皆與一同意。第二部上字，訓高，部中帝字从二爲王天下之號，有尊無二上之義；旁字从二有自上而下旁達四方之形，下字从反上爲下，皆與上同意。第三部示部訓神事，部中禮字从示爲事神獲福，禧字从示爲行禮獲吉，祜祿字俱从示訓福，皆與示同意。五百四十部从此類推，無一字不合，所謂每部同類之字，皆本此部首一字之意，遞相授受也。謂之轉注者，如水之灌注相輸受耳，獨舉考老者，考字屬老，所謂建類一首（徐鍇論之備矣），考卽訓老，所謂同意相受也。五百四十部皆如此，考老尤其最顯者也。不舉一元者，元雖與一同意，而不卽訓爲一，考與老同意，而又直訓爲老，較之一元尤顯，故舉之以爲例。」（六書轉注說卷上轉注正義）

以五百四十部爲建類一首，江聲雖不主此說，但許愼說文序說：「其建首也，立一爲耑。」似屬此義。轉注有同意相受之義，近乎會意，但和會意不同。曹仁虎說：「轉注者，以此合彼，而不離其原義，如以老合丂爲考，而考字仍與老字同義。以老合句爲耇，而耇字仍與老字同義。會意者以此合彼而各自爲義，如止戈爲武，而武字已非止字之義。人言爲信，而信字已非人字之義。此轉注與會意之分也。」（轉注古義考）又轉注義近形聲，但也有差別。徐鍇說：「形聲江河不同，灘濕各異。轉注考老實同，妙好無隔。此其分也。」（說文繫詞）

（六）假借。兩形並列的爲會意，兩字同意的爲轉注，一音兩用的爲假借。假借是以一字的義而爲數字的用。古時字少，說話只有其聲，尙無其字，於是借他字的形，當此語的用，讀則依所借字的聲，義則託以所借的字。這就是依聲託事之義。故假借本無此字，假借同聲之字以充之，則不復更造此字，用此方法，卽所以濟文字之窮。戴震六書論說：「一字具數用者，依於義以引伸，依於聲而旁寄，假此以施於彼，曰假借。」段玉裁說文注說：「異義同字曰假借。」又說：「有假借而一字可數義也。」陳澧也說：「蓋古字少而後世字多，凡後世有一事一物爲古所無者，則叚造一字，亦爲古時所無。若不叚造，而卽依託古有之字，則謂之假借。如縣令縣長古時所無，至秦漢始有，是其最著者也。當時固可叚造令長之字，乃卽依託古有之令字長字，是謂假借。」（東塾讀書記小學）假借的應用很廣，有造字的假借爲本，及用字的假借爲末。說文讀若的，可爲經傳假借之例。鄭樵分析假借爲兩類十二項（註十一），卽有義的假借與無義的假借兩類。有義則借義，無義則借音，雖頗扼要，但略嫌煩碎。假借的字不易明，各家也紛紜其說。可是從文字本身的借用來說，可引用現代文法的名詞、固有名詞、形容詞、和動詞四類以爲解釋，統括如下八例：一、名詞借作動詞，如數之爲數（尸故切），衣之爲衣，背之爲背，衡之爲衡，妻之爲妻（去聲）等是。二、名詞借作形容詞，如華之爲華，賢（多財）之爲賢，空之爲空（音孔、竅也），饒（食餘）之爲饒（多衍），三之爲三（去聲），數之爲數（色角切），蕃之爲蕃（蕃蕪）等是。三、固有名詞借作動詞，如敦（玉敦）之爲敦，雕（鳥名）之爲雕，蔓（藤屬）之爲蔓，豫（獸名）之爲豫（猶豫），來（麥）之爲來，爲（母猴）之爲爲等是。四、固有名詞借作形容詞，如雅（鴉）之爲雅，難（鳥也）之爲難，參（間厠）之爲參（參差），丑（手之械）之爲丑，亥（豕屬）之爲亥等是。五、形容詞借作名詞，如樂之爲樂，奇之爲奇（奇偶），長之爲長（去聲），勝之爲勝（平聲），衆之爲衆（平聲）等是。六、形容詞借作動詞，如好之爲好，旁之爲旁（去聲），中之爲中（去聲），上之爲上，下之爲下，左之爲左，右之爲右等是。七、動詞借作名詞，如遺之爲遺，行之爲行，歸之爲歸，分之爲分，塞之爲塞（去聲），食之爲食等是。八、動詞借作形容詞，如嘉之爲嘉，喧之爲喧（上聲），敖之爲敖（音傲）等是。

許愼說文解字，列五百四十部，這卽偏旁，偏旁是字之原，本於倉頡，許氏根據它以爲說文，其餘八千八百一十三字，則繫於各部，故此五百四十部，卽爲九千三百五十三字的綱領。其說文序：「倉頡之始作書，蓋依類象形，故謂之文，其後形聲相益，卽謂之字。」「獨體叫做文，合體叫做字，音讀叫做名。許氏訓字爲乳，乳卽產生之意。可知書契的創作，文是在字之先。孫星衍謂：「倉頡之始作，先有文而後有字。六書象形指事多爲文，會意形聲多爲字，轉注假借，則文字兼之。」（見說文解字序）

世界原始文字，多起於象形。如埃及墨西哥的古文，皆爲象形字。中國古代象形字，有類於巴比崙的楔形文字，於是學者常有中國文字起源於巴比崙的說法。拉哥披里（Lacouperie）曾詳爲舉例（註十二）。但這種臆說，尚未有確切的證明。上古之世，未有文字，人類的言語，以聲達意，聲者肖乎意而出。文字既作，意與聲遂相附麗，象形指事會意的字，是由意而作，形聲的字，是由聲而作。故中國古代文字，初爲象形與指事，其後發展爲會意與形聲；形、聲、義三大因素遂具備，最後乃應用於轉注與假借。轉注以足其意，假借以足其聲。象形、指事、會意、形聲爲書的本體，轉注假借爲書的應用。形聲字又有像古埃及的拼音字，但這兩種文字，仍有差異。古埃及文字是形聲字，先由象形，而將象形連綴以發其音。例如蜂字（Bee），卽繪一蜂，葉字（Leaf）卽繪一葉，合蜂與葉兩個音節（Syllables），拼成Belief（相信）的一字。蜂與葉的象形，不過爲音節，故古埃及文字，爲一種純表音的連貫體。中國的形聲字，是應用一旁的聲爲綱及一旁的形爲目而成，未有明確的音節。且周人之法，重文而非重聲，故說書同文，而沒有說書同聲。因聲亦以見意，如政者正也，仁者人也，誼者宜也，仍以意爲重。六書側重於形義，這是中國和古埃及的文字基本不同之點。

第四節　文具書籍

文字的書寫，未有筆墨。以書刀刻字於方策叫做削。考工記謂：「以魯之削爲良，魯爲詩書之國，故書刀的製造爲最好。古代書籍，用竹簡或縑帛爲之。」管子說：「聖人著之簡筴，傳以告後進。」（宙合第十二）墨子說：「以其所書於竹帛，鏤於金石。」（兼愛下）又說：「故先王之書，聖人一尺之帛，一篇之書。」（明鬼）呂氏春秋也說：「盡荊越之竹，猶不能書。」（季夏紀明理）竹簡的書是用刀雕刻，縑帛的書則用漆書寫，而竹簡又用韋編成。

說文：「書，著也，從聿。」（卷三下）即著於竹帛的叫做書。書的效用，在傳久遠，墨子說：「書之竹帛，傳遺後世子孫。」（明鬼下）其次，書在主言，用記時事，文心雕龍說：「大舜云：書用識哉，所以記時事也。蓋聖賢言辭，總爲之書；書之爲體，主言者也。……故書者舒也，舒布其言，陳之簡牘，取象於夬，貴在明決而已。」（書記第二十五）周禮外史，掌四方之志，掌三王五帝之書。這是官藏的書籍。州黨既有鄉學，而王官失守，學術又流於民間，公私講學，自不能沒有書。習談論，服文學則用書。「藏書策，習談論，聚徒役，服文學而議說，世主必從而禮之。」（韓非子顯學五十）教作戰的也用書。「境內皆言兵，藏孫吳之書者家有之。」（韓非子五蠹四十九）書籍這樣流行，私人藏儲豐富。「惠施多方，其書五車。」（莊子天下篇）「墨子南遊使衞，關中載書甚多。」（墨子貴義）「王壽負書而行，見徐馮於周塗。

馮曰：事者爲也，爲生於時，知者無常事。書者言也，言生於知，知者不藏書。今子何獨負之，而行於是？王壽因焚其書而儛之。」（韓非子喻老二十一）「蘇秦負書擔橐，……乃夜發書，陳篋數十。」（戰國策秦策文一）可見書籍的私藏，已屬普遍的事。

對書籍攻習的方法，要朗誦以求記憶。禮記說：「今之教者，呻其佔畢。」（學記）莊子說：「問臧奚事，則挾筴讀書。」（駢拇第八）當時讀書的風氣很盛。國語：「文公學讀書於臼季，三日，曰：吾不能行也，咫聞則多矣。對曰：然而多聞以待能者，不猶愈乎？」（晉語四）因偏重讀書記憶，而缺乏考驗，故韓非批評說：「今學者皆道書筴之頌語，不察當世之實事。」（韓非子六反四十六）由於重記憶而尙朗誦，言以足志，文以足言；言之無文，行之不遠。故古人貴言有文，必需有韻有文的言，行之始遠。阮元解釋其義說：

「古人以簡策傳事者少，以口舌傳事者多；以目治事者少，以口耳治事者多。故同爲一言，轉相告語，必有愆誤，是必寡其詞，協其音，以文其言，使人易於記誦，無能增改。且無方言俗語雜於其間，始能達意，始能行遠，此孔子於易，所以著文言之篇也。古人歌詩箴銘諺語，凡有韻之文，皆此道也。文言數百字，幾句句用韻，孔子於此發明乾坤之蘊，銓釋四德之名，幾費修詞之意，冀達意外之言。要使遠近易誦，古今易傳，公卿學士皆能記誦，以通天地萬物，以警國家身心，不但多用韻，抑且多用偶。」（揅經室三集文言說）

有韻有文的言，須經一番修辭。修辭的要旨，說話能善辭令，不貴多，不貴佞，以達意為主；讀書則朗朗可誦，易於記憶，故立言著書，要以文言為尚。

（註一）周禮地官司市：「以質劑結信而止訟。」質人：「凡賣買者質劑焉，大市以質，小市以劑。」鄭注謂：「質劑者為之券，藏之也，大市為長券，小市為短券。」

（註二）章炳麟說文解字序：「居今而言，八卦與文字，未必有關，其所以首舉八卦者，大抵初造之文，有若干字取諸卦象。為☵水，𡗝字從之；☲為火，古之火字作（火）；☰為气，天積气也，气作≋，義與天同；☷為州，漢人書坤作巛，地之大者，無逾九州，故州字重巛而書𡿧。」

（註三）韓非子五蠹第四十九：「古者蒼頡之作書也，自環者謂之私，背私謂之公。」

（註四）鶡冠子近迭第七：「蒼頡作法，書從甲子，成史李官，蒼頡不道，然非蒼頡文墨不起。」

（註五）呂氏春秋君守：「蒼頡作書。」

（註六）淮南子本經訓：「昔者蒼頡作書而天雨粟，鬼夜哭。」又泰族篇：「蒼頡之初作書，以辯治百官，領理萬事，愚者得以不忘，智者得以志遠。」

（註七）戴震說：「大致造字之始，無所憑依，宇宙間，事與形兩大端而已。指其事之實曰指事，一二上下是也。象其形之大體曰象形，日月水火是也。文字既立，則聲寄於字，而字有可調之聲；意寄於字，而字有可通之意，是又文字之兩大端也。因而博衍之，取乎聲諧曰諧聲；聲不諧而會合其意曰會意。四者書之體止此矣。由是之於用，數字共一用者，如初哉首基之皆為始，卬吾台予之皆為我，其義轉相為注曰轉注。一字具數用者，依於義以引伸，依於聲而旁寄，假此以施於彼曰假借。所以用文字者，斯其兩大端也。」（戴東原集答江愼修先生論小學書）

（註八）江聲六書說：「六書之中，象形會意諧聲三者是其正，指事轉注假借三者是其貳。指事統於形，轉注統於意，假借統於聲。象形者，顧其形皆由意造，亦因字而生者，故曰實爲指事。說文解字中，頗有言象形而實爲指事者，不可殫述。合兩字以成一誼者爲會意，取一意以概數字者爲轉注，所謂比類合誼，以見指撝者，是爲會意，言會合其意，轉注卽由是而轉。轉注如挹彼注玆之注，卽如考老之字，老屬會意，人老則須髮變白，故老從人毛匕，此亦合三字爲誼者也。立老字以爲部首，所謂建類一首，考與老同意，故受老字而從老省。考字之外，如耆耋壽耇之類，凡與老同意者，皆從老省而屬老，是取一字之意，以概數字，所謂同意相受。假借之說曰：依聲託事，則假借者循聲而借也，蓋諧聲者定厥所從而後配以聲，聲在字後者也。假借者則取彼成文，而卽仍其聲，聲在字先者也。如長借取修長，卽是仍所借字之聲，所謂依聲託事，故曰：聲在字先。」

（註九）鄭樵認爲建類者，立類爲母，從類爲子；母主義，子主聲。轉注分爲四類：一、建類主義轉注，主義者以母爲主，而轉其子，如老字爲首，則凡耆、考、耇、孝、耋，皆從老字轉相灌注。如履爲首，則凡屣、屨、屐等是。二、建類主聲轉注，主聲者以子爲主而轉其母，如弌、弍、弎；鳳、凰；糴、糶等是。三、互體別聲轉注，諧聲轉注皆以聲別，聲異而義者曰互體別聲，如古叶、叶占、啼啻、唯售等是。四、互體別義轉注，義異而聲不異者曰互體別義，如旻旼、朞期、猶猷、愚偶等是。（通志略六書略第二）

（註十）曹仁虎謂鄭樵所說轉注之前二類，能宗建類一首之語，以求轉注，較之諸家之說，自爲有據，惟中多雜入諧聲之字，未盡精審。其後二類，以一字之結體，或左右易位，或上下易位，各自有義，卽爲轉注，雖非沿左回右轉本義之說，然多混入會意，衡以考老之例，非轉注之義矣。（轉注古義考）

（註十一） 鄭樵通志略六書略第四，分析假借字如下：

甲、有義之假借。一、同音借義，如初，裁衣之始，而爲凡物之始；基、築土之本，而爲凡物之本；始、女子之初，而爲凡物之初等是。二、協音借義，如分之爲分（去聲）；少之爲少（去聲）；行之爲行（下孟切）；數之爲數（尸故切），爲數（色角切）；從之爲從（才用切），爲從（七容切）等是。三、因義借音，如以有惡也故可惡（音烏）；以其內也故可內（納）；佚（夷質切）、縱也，而爲佚宕之佚（迭）；伯、長也，而爲伯王之伯（覇）等是。四、因借而借，如難、鳥也，因音借而爲艱難之難，因艱難之難借爲險難之難（去聲）；爲、母猴也，因音借而爲作爲之爲，因作爲之爲借爲相爲之爲（去聲）；來、本麥字，因音借而爲往來之來，因往來之來借爲勞來（賚）等是。

乙、無義之假借。一、借同音不借義，如汝、水也，而爲爾汝之汝；爾、花盛也，而爲汝爾之爾；業、大版也，而爲事業之業等是。二、借協音不借義，如荷之爲荷（負也）；鮮之爲鮮（上聲）；薄之爲薄（必各切）；莫（暮）之爲莫（模各切），爲莫（音陌）等是。三、語辭之借，如於，烏也，云、雲也，焉、鳶也，惟、思也，唯、應也，而、面毛也，須、鬚也，夫、本丈夫也，然、燎也等是。四、五音之借，如宮本宮室之宮，商本商度之商，角本頭角之角，徵本徵召之徵，羽本羽毛之羽。五、三詩之借，如風本風蟲之風，雅本鳥鵶之鵶，頌本顏容之容。六、十日之借，如甲本戈甲，乙本魚腸，丙本魚尾，丁本蠆尾，戊本武也，己本几也，庚鬲也，辛被罪也，壬懷妊也，癸草木實也。七、十二辰之借。如子、人之子也，丑、手之械也，寅臏也，卯犡也，辰未詳本義，巳蛇屬也，午未詳本義，未木之滋也，申持簡也，酉臼也，戌與戊戚同意，亥豕屬也。十日十二辰惟巳亥有義，他並假借。八、方言之借，如鮦之爲鮦（音胄）；歜（音觸）之爲歜（徂感切）；覃（如字）之爲覃（音剡）；咎（如字）之爲咎（音皐）等是。九、雙音並義不爲假借，如陶、陶冶也，陶、皐陶也；榮、永兵切，桐也，榮音營，屋榮；校、古孝切，木囚也，校、戶教切、木蘭也等是。

（註十二）拉哥披里氏的研究，認爲中國古代文字，或與巴比崙（ Babylonian ）及亞述利亞（ Assyrian ）的楔形文字相同，例如：

一、黍，或帶有芒刺的粟耳，古巴比崙爲及，中國古文爲，現爲來字。亞述利亞文爲。中國古文是由巴比崙文第二式演變而來。

二、心，古巴比崙文爲，中國古文爲，現爲心，亞述利亞文爲。

三、耳，古巴比崙文爲，中國古文爲，現爲耳，亞述利亞文爲。（Terrien De Lacouperie, *The Old Babylonian Characters and Their Chinese Darivates*, pp. 14—18）

其餘如苗字、鳥字、弓字等，舉例很多。拉哥披里並溯論亞卡地（Akkadian屬野史中臆說的吐蘭族 Turanians，相傳這民族始創文明，而巴比崙及亞述利亞的文化，因以興起）文與中國文字爲同源，包括兄弟、子、區域、黑、奴、種族、卜者、目、石、牛、沙漠、磚等字。（*Early History of the Chinese Civilization*, Table I and p. 23）

第九章　數

第一節　數的起源

管子說：「剛柔也，輕重也，大小也，實虛也，遠近也，多少也，謂之計數。」(管子七法第六) 說文解字也說：「數、計也。」(卷三下) 故計算叫做數。這樣解釋，數的定義，頗爲明晐。中國數學，相傳黃帝使大撓作甲子，隸首作算數，故稱隸首善算。夏侯陽算經序說：「算數起自伏羲，而黃帝定三數爲十等，隸首因以著九章。」那麼，數學源流，又似遠自伏羲。古代算書，傳以九章算術及周髀算經爲最古，但這兩書始自何人，實難稽考。

上古算學，記數之法，有以五進位，以十進位，或以二十進位。中國古代，是用十進記數。易經八卦，變而爲六十四，乾之策二百一十六，坤之策一百四十四，凡三百六十，原以十進位計算。易繫辭：「萬有一千五百二十。」(繫辭上傳) 高至萬位，也以十進。故孟子說：「辭十萬而受萬。」(孟子公孫丑下) 再進則爲億爲兆。像荀子說及「億萬」(非相篇)，易經、禮記、詩經、左傳說及「萬民」，尙書說及「兆民」(注謂億萬曰兆)。古代以十萬爲億，但百萬之數，常見於古籍。晏子春秋：「寵之百萬以富其家。」(內篇襍下) 戰國策：「奮擊百萬」(秦策文一)，皆其著例。萬以上的數分爲十級，即億、兆、京、陔、秭、壤、溝、澗、正、載，進位法又分爲上中下三種。下數以十進，如十萬爲億，十億爲兆。中數以萬進，如萬萬爲億，萬億爲兆。上數則數窮而進，如萬萬爲億，億億爲兆。這些最高數，多屬揣測之詞，並沒有標準。戰國時期，以萬爲最高單位，萬以上十進，故有十萬百萬之稱，這較爲有系統。根據十進法，上古有九九之數，以爲計算的捷徑，管子謂：伏羲「作九九之數，以合天道。」(管子輕重戊八十四) 劉徽九章算術序也說：「昔在包犧氏始畫八卦，以通神明之德，以類萬物之情，作九九之數。」九九歌訣，管子、荀子、鶡冠子、呂氏春秋、戰國策等書，均引用之。如鶡冠子：「五音六律，稽從身出，五五二十五，以理天下；六六三十六，以爲歲式。」(度萬第八) 戰國策：「昔周之代殷得九鼎，凡一鼎而九萬人輓之，九九八十一萬人。」(東周) 這證明九九數表，早已應用於計算了。

計算的工具，是用籌和策。老子說：「善計無籌策。」(道德經巧用) 禮記也說：「龜爲卜，筴爲筮。」(曲禮) 筴卽策，策是蓍的莖數。筭卽算，古筭筴二字常常互用。又古算字作祘，屬象形字。易經揲蓍，以一蓍當一數，卽以策計算。籌用以記數而無字畫，一籌也只當一數。籌是用竹做的，長短似沒有一定。儀禮說：「箭籌八十，長尺有握，握素。」(鄉射禮記) 以箭爲籌，長一尺四寸。禮記投壺說：「算尺有二寸。」那麼，投壺的箭籌，較短二寸。梅文鼎說：「或有問於梅子曰：古者算學亦有器乎？曰：有。曰：何器？曰：古用籌。籌何似？曰：漢書言之矣，用竹徑一分，長六寸，二百七十一而成六觚爲一握，度長短者不失毫釐，量多少者不失圭撮，權輕重者不失黍絫。」(梅氏叢書輯要筆算五古算器考) 這種籌，是排列於几案上，從事計算，故其制又較短。九章算術的加、減、乘、除、開方、比例、盈不足、方程等算法，都用籌排算。除通常算法外，投壺耦射，也釋算數獲，以較勝負。釋算數獲，謂算籌以計所獲的數，是古代九數布籌列位的本法。其計數之法，先直列，次橫列，儀禮鄉射說：「釋獲者東面，于中西坐，先數右獲，二算為純。一純以取，實於左手。十純，則縮而委之。每委異之（易於校數）。有餘純，則橫於下。一算為奇，奇則又縮諸純下。」籌算的列式，例如左傳襄公三十年，晉師曠知絳縣老人的年歲，史趙說：亥有二首六身，下二如身，是其日數的。士文伯會他的意說：那麼該是二萬六千六百有六旬了。古亥字書作，下二如身則成為，故列作二六六六的數。

第二節　數的觀念

古代對於舉數多少的觀念，如汪中述學釋三九所說：「生人之措辭，凡一二所不能盡者，則約之三，以見其多；三之所不能盡者，則約之九，以見其極多。」古籍記數，多據成數來說，每為約舉之詞。對於數量繁多的，則約之以百，像百工百物百穀百姓等是。數量最高的，則約之以萬。卜偃說：「萬、盈數也。」（左傳閔公元年）像萬民萬物等是。古人對於浩繁的數，有不能確指其目者，則所舉的數，或稱三十六或稱七十二。又記數有出於懸揣之詞者，所舉的數，不必與實相符，亦不致大與實違。（劉師培書疑義舉例補）因古代簡策繁重，以口耳相傳者多，故阮元謂古人以數記言，使百官萬民易誦易記，「如一言、三省、三友、三樂、三戒、三畏、三愆、三疾、三變、四教、四絕、四惡、五美、六言、六蔽、九思之類，則亦皆口授耳受心記之古法也。」（揅經室三集卷三數記）

古代認爲算者天地的經緯，羣生的元用，必正其本，然後萬事理，若差之毫釐，則謬以千里。數理用於治事，甚爲普遍。又古人以道藝相衡，藝輕而道重，可是以道寓器，而又以器譬道。大學由絜矩之道悟平均，孟子以規矩之用喻法守，韓非以權衡之數而比治國，那麼，數學之理，也與政通了。故愼到說：「有權衡者，不可欺以輕重；有尺寸者，不可差以長短；有法度者，不可巧以作僞。」（愼子君人五）法家對法理的推論，是以數理爲根據。韓非的解釋，更爲精闢。他說：

「凡理者方圓短長麤靡堅脆之分也。故理定而後可得道也。……凡物之有形者易裁也，易割也。何以論之？有形則有短長；有短長則有大小；有大小則有方圓；有方圓則有堅脆；有堅脆則有輕重；有輕重則有白黑。短長、大小、方圓、堅脆、輕重、白黑之謂理，理定而物易割也。」（韓非子卷六解老）

易經，爲一部數理的書。近人有以初等代數的觀念，論其八卦，而用正負二數替代奇偶，列爲程式的推算。又有以易卦分爲陰陽，用二元數學來解釋。淮南子對易經下一定義說：「清明條達者，易之義也。（泰族）清明條達，實含有數理的成份。易經也說：「二篇（乾坤）之策，萬有一千五百二十，當萬物之數也，是故四營而成易，十有八變而成卦。八卦而小成，引而伸之，觸類而長之，天下之能事畢矣。」（繫辭上傳）古代形而上學，常注意數理單位的衍算，由一至九，一爲數之始，九爲數之終，以奇偶爲變化，取五爲中數。易經以天地之數假定爲五，演繹至自然現象，休咎物理，民生日用的觀念，常以五數爲象徵。這是數理的最高觀念。西方古代數理哲學，以希臘的培達哥拉斯（Pythagoras）爲著，他認爲不只數學，並且任何事物都可用數理來推論。培氏對於數學的理論，藉着「由算術至論理的推論」方法之助，而可獲致完全解決。易經對於數理本身的衍算，雖沒有這樣的明顯，但對於自然現象，社會關係，和人類行爲，——一切宇宙觀和人生觀，統一於八卦數理的範疇之內，假設定律，按級推算，以求出它的答案。這樣說來，易經對於數的觀念，和培達哥拉斯所說則相似。

第三節　應用數學

數的建位，爲算式中重要的智識。墨子說：「一少於二而多於五，說在建。」（墨子經下）孫詒讓的注釋，謂建是進之誤，說一在個位，卽少於二；進一位爲十，卽多於五，視進位怎樣而定的。此則對於數的位置，已能認識其重要性了。

古巴比崙的數學智識，一則用於天文的推算，一則用於商業的進行，故能高度發展其量衡制度和計算。中國古代也是一樣，量衡數算，普遍應用。尚書說：「同律度量衡。」（堯典虞夏書）禮記說：「八政：飲食、衣服、事爲、異別、度、量、數、制。」（王制）論語說：「謹權量，審法度。」（堯曰）孟子說：「權、然後知輕重；度、然後知長短。」（孟子梁惠王上）又說：「布帛長短同，則價相若；麻縷絲絮輕重同，則價相若。」（同上書滕文公上）荀子說：「探籌投鉤者所以爲公，衡石稱縣者所以爲平，斗斛敦槩者所以爲嘖。」（荀子君道）呂氏春秋也說：「平權衡，正鈞石，齊斗甬。」（仲秋紀）這可見古籍對於衡量的效用，極爲重視。古代度量衡的數：（一）度：一黍爲一分，十分爲寸，十寸爲尺，十尺爲丈，十丈爲引。（二）量：二龠爲合，十合爲升，十升爲斗，十斗爲斛。（一）衡：一龠爲十二銖，二十四銖爲兩，十六兩爲斤，三十斤爲鈞，四鈞爲石。儀禮聘禮：「十斗曰斛，十六斗曰籔，十籔曰秉，二百四十斗，四秉曰筥，十筥曰稯，十稯曰秅，四百秉爲一秅。」劉師培的解釋謂：「秉筥稯秅，其計物之用有二：一爲量名，則十六斛爲秉，六十四斛爲筥，六百四十斛爲稯，六千四百斛爲秅。一爲衡權之名，則二百四十斤爲秉，九百六十斤爲筥，九千六百斤爲稯，九萬六千斤爲秅。」（禮經舊說卷八）左傳昭公三年：「齊舊四量，豆區釜鍾，以四升爲豆，各自其四。登於釜，釜十則鍾。」故廣雅謂：四升曰梪，四梪曰區，區四曰釜，釜十曰鍾。韓非子也有斗石、斗斛、區釜的名稱（外儲說右上）。這些度量衡的標準數，雖然沒有完全統一，但其計算，是應用非十進諸等數的。非十進諸等數，應用很廣，管子以之計鹽利（管子海王篇輕重五）；禮記以之算里畝。王制說：「古者周尺八尺爲步，今以周尺六尺四寸爲步。古者百畝，當今東田百四十六畝三十步。古者百里，當今百二十一里六十步四尺二寸二分。」這種非十進諸等數，古代學者，每用異除同乘的算法來計算。禮記月令，黃鐘律管法的推算，則應用乘法和減法建國制地，必需用數。周禮遂人掌邦之野，以土地之圖經田野，造縣鄙形體之法。禮記王制九州建國，地法以方里計，要用開方算法。國家經濟，計財算產，也非用數不可。周禮司書：「凡上之用財用，必考于司會，三歲則大計羣吏之治，以知民之財器械之數，以知田野夫家六畜之數，以知山林川澤之數，以逆羣吏之徵令。」國家全部的土地、農田、賦稅、兵力，又要有完整的統計。左傳襄公二十五年：「楚蔿掩爲司馬，子木使庀賦，數甲兵。甲午，蔿掩書土田，度山林，鳩藪澤，辨京陵，表淳鹵，數疆潦，規偃豬，町原防，牧隰皋，井衍沃，量入修賦，賦車，籍馬，賦車兵，徒兵，甲楯之數。既成，以授子木，禮也。」荀子更認爲治國，宜善於數算：「衆庶百姓，必以法數制之。量地而立國，計利而畜民，度人力而授事，使民必勝事，事必出利。利足以生民，皆使衣食百用，出入相揜，必有臧餘，謂之稱數。故自天子通於庶人，事無大小多少，由是推之。」（荀子富國篇）國家會計，最重賦役，故有布縷之征，粟米之征，和力役之征，都應用於分數計算。古者稅畝，十一而稅，即征十分之一，但有十分取二（註一），二十而取一（註二），又有二十而取三，二十而取五（周禮載師），都是分數的算法。管子說：「田租百取五，市賦百取二，關賦百取一。」（管子幼官第八）又管子定賦：「十一仞見水輕征，十分去二三；二則去三四；四則去四；五則去半，比之於山。五尺見水，十分去一；四則去三；三則去二；二則去一；三尺而見水，比之於澤。」（同上書乘馬第五）這是以分數計算應征免征的數率。公羊傳昭公三十一年，郲婁的夏父分國，打算中分之，三分之，四分之，五分之，即根據分數來劃分。算祿按階級倍增，損祿則遞減，也用分數。墨子說：「歲饉則仕者大夫以下皆損祿五分之一，旱則損五分之二，凶則損五分之三，餽則損五分之四。」（墨子七患）這就是一個例子。

第四節　幾何與三角

人們皆知西方幾何學起源於埃及，首先應用於量地，因尼羅河每年泛濫，乃採用這簡易測量法，以保持土地的疆界。但埃及的幾何學，不注重理論，僅用於本身實際的問題，像由四邊的長度以測定平方形或三角形田土的面積等是。中國古代，規矩方圓的理論很多。規矩的創始者，尸佼謂古者倕為規矩準繩，使天下倣焉。（尸子卷下）相傳倕是堯的巧工，但殊難稽考了。以規矩計算方圓，即屬幾何的範圍。「圓者中規，方者中矩。」兩語見於周禮多官輿人，莊子馬蹄篇，和荀子賦篇。「規矩，方圓之至也。」又見於管子法法第十六，和孟子離婁上。孟子並說：「不以規矩，不能成方圓。」（同上書）規矩，是定方圓的標準。故晏子說：「今夫車輪，山之直木也；良匠揉之，其圓中規。」（晏子春秋內篇雜上）鶡冠子也說：「增規不圓，增矩不方。」（鶡冠子王鈇）韓非更說：「故欲成方圓，而隨其規矩。」（韓非子解老）墨子對於規矩度方圓，解釋最詳：

「今夫輪人操其規，將以量度天下之圜與不圜也。曰：中吾規者謂之圜，不中吾規者，謂之不圜。

是以圜與不圜，皆可得而知也。此其故何？則圜法明也。匠人亦操其矩，將以量度天下之方與不方也。曰：中吾矩者，謂之方；不中吾矩者，謂之不方，皆可得而知之，此其故何？則方法明也。」
（墨子天志中）

這可見規矩方圓的理論，非常普遍。墨子對於幾何數理，並曾有論及，陳澧東塾讀書記申釋如下：

「如經上云：平同高也，此卽海島算經所謂兩表齊高也。又云：直參也，卽海島算經所謂後表與前表參相直也。又云：纑間虛也，說云：纑虛也者，兩木之間，謂其無木者也。九章算術劉徽注云：凡廣從相乘謂之冪，卽此所謂纑也。海島算經云：以表高乘表間。李湻風云：前後表相去爲表間，卽所謂兩木之間，無木者也。又云：端、體之無序而最前者也，說云：端、是無同也，此所謂端，卽西人算法所謂點也，體之無序，卽所謂線也，序如東序西序之序，猶言兩旁也。幾何原本云：線有長無廣，卽此所謂無序，謂無兩旁也。幾何原本又云：線之界是點，卽所謂最前也。幾何原本文云：直線止有兩端，兩端上下，更無一點，卽所謂無同也。又云：有間、中也，間不及旁也。說云：有間，謂夾之者也，間謂夾者也。幾何原本云：直線相遇作角，爲直線角，在直線界中之形，爲直線形，皆此所謂有間也，線與界夾之也。又云：中同長也，說云：心中自是往相若也。又云：圜一中同長也，幾何原本云：圜之中處爲圜心，一圜惟一心，無二心，圜界至中心，作直線俱等。卽此所謂一中同長。」（卷十二諸子）

墨子又說：「小圜之圜，與大圜之圜同，方至尺之不至也。」（墨子大取）這是說圓的絕對值是不變的。又說：「方柱隅四讙（疑維字），倍爲二也。」（同上書經上）倍爲二卽倍之爲二，這是矩形開方的算法。可見墨子對於幾何學，已有有系統的數理，及正確的推算，似不能僅以常識視之。莊子曾引名家之言，謂：「一尺之捶，日取其半，萬世不竭。」（莊子天下篇）這也是幾何學的道理。

三角學的應用，由來已久。古代應用三角的測算：第一，用於測量經界；第二，用於營造建築。西周之世，已知直角三角術的計算。周禮大司徒職，以土圭之法，測土深，正日景，以求地中。載師職：廛里，場圃，宅田。匠人職：遂溝洫澮。其餘如近郊，甸地、稍地、縣地、畺地、皆需測量計算，而應用三角。古者六尺爲步，三百方步爲里，叫做井田。井田最重要的是劃經界。孟子說：「經界既正，分田制祿，可坐而定也。」（孟子滕文公上）荀子也說：「量地而立國。」（荀子富國）量地和分田，自然應用幾何三角之術了。至於建築，考工記說：「匠人建國，水地以縣，置槷以縣，眡以景。」即用三角術以測正營建築。又說：「匠人營國，方九里，旁三門。國中九經九緯，經涂九軌，市朝一夫。……王宮門阿之制五雉，宮隅之制七雉，城隅之制九雉。經涂九軌，環涂七軌，野涂五軌。門阿之制，以爲都城之制。宮隅之制，以爲諸侯之城制。環涂以爲諸侯經涂，野涂以爲都經涂。」（下卷）城雖有大小，但城牆以百雉爲率。公羊傳定公十二年，：「五板而堵，五堵而雉，百雉而城。」古謂每一雉的長度爲三丈，百雉卽三百丈，方五百步。這是建城開道的常制。建城的進行，如左傳宣公十一年：「（楚）令尹蔿艾獵城沂，使封人（司徒的屬官）慮事，以授司徒，量功（量用功的多寡）命日（度日子的多少）、分財用（看所用芻茭版築多少而分配撥料）、平板榦（平其高低厚薄，板榦合當築幾雉）、稱畚築（畚是度其負土的多寡，稱算一人可以運幾工，一人可以築幾堵）、程土物（料度所用泥土木材的多少）、議遠邇（計算就近取水取土）、略基址（巡略基址濶狹高下方圓曲直而安排之）、且餱糧（先辦役夫的糧食）、度有司（審度有司，各稱其才），事三旬而成，不愆於素。」築城規模這麼大，非用數學不可。又昭公三十二年：「士彌牟營成周，計丈數，揣高卑，度厚薄，仞溝洫，物土方，議遠邇，量事期，計徒庸，慮財用，書餱糧，以令役於諸侯。」營造成周，當應用各種數學計算，但揣高卑，仞溝洫、物土方，則需用幾何三角。凡城邑備制叫做城，不備制叫做築，春秋所紀，城一十八，外城三，內城二十五，築六，築城營造，既不離數學，可見春秋時，人皆着實做工夫，而爲有用之學，並非專尙虛文。又如萬里長城，至秦始皇時始完成，但在始皇以前，如燕趙秦等國，都曾分段建築。城高約十六米突半，頂端濶度爲五米突，底爲八米突。由這些數字看來，可知萬里長城的建築，也須應用三角術。考工記說：「審曲面埶，謂之百工。」審曲者所以求其勾股之形，面爲平方之形，而埶爲立方之形（劉師培周末學術史序工藝學史序）。故古代百工之士，求器物方廣曲直之形，是應用幾何三角的。

自古相傳幾何三角原理的專書，爲周髀算經。髀之義訓股，以周地立八尺之表以爲股，其影爲勾，故叫做周髀。數理精蘊謂商高一篇，誠爲周六藝之遺文，而非後人所能假託的（周髀經解）蔡邕且謂其術數具存，考驗天狀，多所遺失，可見漢季已有此書了。但是漢書藝文志，周髀不著於錄，商高姓名，古今人表亦無聞，故懷疑爲西漢人的僞書。雖然這樣，但其數理，自有師承。于此可見古代三角術的梗概。商高說：「數之法出於圓方。圓出於方，方出於矩，矩出於九九八十一。」這是割圓及求圓積的濫觴。因爲矩的任何一方，它的單位數爲十，九爲最高數，一爲最小者，九以上的數當爲一的最大單位。又說：「折矩以爲勾廣三，股脩四，徑隅五。」這是整數勾股的算法。「既方其外，半其一矩（即以勾股相乘爲十二，半之得六，乃勾股的面積），環而共盤，得成三四五（此即環繞盤旋於勾股弦的周圍，得 3＋4＋5＝12 units）兩矩共長二十有五，是爲積矩。」兩股是勾和股，勾股相求，勾三自乘爲九，股四自乘爲一十六，合計爲二十五，是勾股各自乘的積併合，而與弦自乘的積相等，故它的程式爲 $3^2+4^2=5^2$。對於矩的應用：一、平矩以正繩（準之以平，繩之以直）；二、偃矩以望高（用矩測高的方法）；三、覆矩以測深（用矩以測深的方法）；四、臥矩以知遠（用矩測遠的方法）；五、環矩以爲圓（用矩爲圓的方法）；六、合矩以爲方（用矩爲方的方法）（數理精蘊周髀經解）。前四種是測量術的權輿，後兩種是幾何學求圓求方的方法。

第五節　天文與曆算

呂氏春秋說：「容成作歷，羲和作占日，尚儀作占月，后益作占歲。」（審分覽勿躬）這僅是傳說，眞僞難知。曆數的起源，首見於尚書：

「迺命羲和，欽若昊天，歷象日月星辰，敬授人時。分命羲仲，宅嵎夷，曰暘谷，寅賓出日，平秩東作，日中，星鳥以殷仲春，厥民析，鳥獸孳尾。申命羲叔，宅南交，平秩南訛，敬致，日永，星火以正仲夏，厥民因，鳥獸希革。分命和仲，宅西，曰昧谷，寅餞納日，平秩西成，宵中，星虛以殷仲秋，厥民夷，鳥獸毛毨。申命和叔，宅朔方，曰幽都，平在朔易，日短，星昴以正仲冬，厥民隩，鳥獸氄毛。」（堯典虞夏書）

這章是曆數最早的記載。漢書律歷志，更補充的說：

「歷數之起上矣，傳述顓頊命南正重司天，火正黎司地。其後三苗亂德，二官咸廢，而閏餘乖次，孟陬殄滅，攝提失方。堯復育重黎之後，使纂其業。故書曰：迺命羲、和，欽若昊天，歷象日月星辰，敬授民時。歲三百有六旬有六日，以閏月皆四時成歲，允釐百官，衆功皆美。其後以授舜，曰：咨爾舜！天之歷數在爾躬。舜亦以命禹。至周武王訪箕子，箕子言大法九章，而五紀明歷法。故自殷周皆創業改制，咸正歷紀，服色從之，順其時氣，以應天道。」

尚書堯典所述曆象，日月星辰，中星，冬至夏至，以閏月定四時。春秋所記三十七次日蝕，其餘像記恒星、星殞、星孛（彗星）甚爲正確。這些天文的紀錄，非精於曆算，不會出此。左傳僖公五年：「春王正月辛亥朔，日南至。公既視朔，遂登觀臺以望，而書，禮也。凡分至啓閉，必書雲物，爲備故也。」瞻星望朔，紀錄天文氣象，古代已有詳備的制度。徐幹說：「昔者聖之造曆數，察紀律之行，觀運機之動，原星辰之迭中，寤晷影之長短，於是營儀以准之，立表以測之，下漏以考之，布算以追之。」（中論曆數第十三）故作曆占歲，是用數學推算的。

古埃及的創造算術，除實用的計算外，並用以研究天文。巴比崙的教士，早在西紀前三千八百年，以天體為觀察的對象，年月的長度，季節的來臨，天空太陽的軌道，行星的旋轉，日蝕月蝕彗星流星等，都特別注意研究。時間的計算，為其需要的動機；由於這種動機，遂引起對曆數及曆書發生興趣。一年的長度，包含有三百六十五日；一月包含有二十九日十二時四十四分。中國古代數學，也特別應用於曆算。周髀算經的榮方陳子，傳為周公的後人，以勾股量天，故這書兼論天文曆法。測天以定四時，首先測定冬至點，置歲首，最為重要。測定冬至點，則用晷儀。周禮地官大司徒：「以土圭之法，測土深，正日景，以求地中。」古人沒有測天的精密儀器，所恃者，只測度這太陽影的長短，於此定發斂而布四時。又根據虞書羲和章所說的原則而測算，一年長度共計有三百六十五日四時七刻二分四十五秒。古人制曆，多本於月。月繞地球一周為二七．三二一二日，但因同時須隨地球繞日，所以自新月至下次新月，或自滿月至下次滿月，與繞地球的日數不同，而為二九．五三一日，曆家叫做合朔。夏曆的月有大小區別，大月三十日，小月二十九日，平均每月為二九．五日，與實際差〇．〇三日，須多置一大月以彌補之。五個小月與七個大月的日數，共三百五十五日，與歲實相差約十一日，故每三年須多置一閏月以作補正。虞夏書謂以閏月定四時成歲，就是這個意思。可是誰掌理曆算呢？淮南子說：「昔者萇宏，周室之執數者也，天地之氣，日月之行，風雨之變，律歷之數，無所不通。」（氾論）執數的人，自然精通曆數。但漢書謂史以數學入於律歷，那麼，曆算的學問，是由史的官專門授受和主持了。

第六節　數的教學

周禮保氏，教民六藝，六曰九數。禮記內則說：「六年教之數與方名。九年教之數日，十年出就外傳，居宿於外，學書計。」這就是說：男子六歲，教以十百千萬的數，南北東西的名。九歲教以初十念朔望六甲的日。十歲則教以六書和九數。白虎通德論也說：「八歲毀齒，始有識，知入學，學書計。」（辟雍）故數學實爲古代基本教程之一。胡翰說：「數何始乎？始於古之聖人，六企九章，蓋太昊軒轅氏所作也，其學則古無有也。六藝之教，在小學八歲之童習之，而九數在當時猶一藝爾。道術裂於天下，百氏之說並興，天下之言數者不必本於儒，而儒亦罕究其奧。」（皇明文衡卷三十八王氏數學舉要序）可是古之學者，似皆通於算。錢大昕說：「宣尼有言：推十合一爲士。自古未有不知數而爲儒者。中法之紬於歐邏巴也，由於儒者之不知數也。昔齊桓公之時，士有以九九見者，設庭燎之禮以待之。九九者黃帝所傳，商高所授，周公大聖，不憚下問，桓公禮以庭燎，良不爲過。」（潛研堂文集贈談階平序）劉師培也申明此義，謂：「周代士民，洞明九數。說文士字下云：士事也，數始於一，終於十，從一十。孔子曰：推十合一爲士，此卽古人重祘之徵。又祘字下云：明視以算之，從二示。逸周書曰：士分民之祘，均分以祘之也。與推十合一爲士之例，互相發明。」（周末學術史序）這樣說來，古代不知算的不足以爲士，故士者必須通算，而自幼要教以數學，列爲六藝之一。

數學的基本教程，就是九數：（一）方田，以御田疇界域；（二）粟米，以御交質變易；（三）衰分，以御貴賤廩稅；（四）少廣，以御積冪方圓；（五）商功，以御功程積實；（六）均輸，以御遠近勞費；（七）方程，以御錯糅正負；（八）贏不足，以御錯糅互見；（九）勾股，以御高深廣遠。九章算法，卽根據這些內容。周禮保氏，鄭司農注說：「九數：方田，粟米，差分，少廣，商功，均輸，方程，贏不足，旁要。今有重差，夕桀，勾股。」鄭司農解釋九數，第九種勾股，原叫做旁要。「今有」云者，卽重差、夕桀、勾股三個名詞，是由漢法加上的。九章算術，經兩漢人幾度刪補，魏劉徽始取二百六十四問，分隸九章，且爲之注，而有今之傳本。九章算術不著錄於漢書藝文志者，因西漢時有算術而不稱九章（註三）。漢書律歷志錄劉歆論備數說：「其法在算術宣於天下，小學是則。」可知九章之名，是由劉徽加上，而西漢時只稱爲算術。九章算術或稱起自隸首。夏侯陽算經序說：「算術起自伏羲，而黃帝定三數爲十等，隸首因以著九章。」這無疑是一種臆說。九章算術既由劉徽所注，劉徽注九章算術，猶許愼撰說文解字。講六書者不能舍許氏的書，講九數者也不能舍劉氏的書。劉徽九章算術原序謂：「周公制禮而有九數；九數之流，則九章是矣。往者暴秦焚書，經術散壞。自時厥後，漢北平侯張蒼大司農中丞耿壽昌，皆以善算命世。蒼等因舊文之遺殘，各稱刪補，故校其目則與古或異，而所論者多近語也。徽幼習九章，長再詳覽，觀陰陽之割裂，總算數之根源。探賾之暇，遂悟其意，是以敢竭頑魯，采其所見，爲之作注。且算在六藝，古者以賓興賢能，教習國子，雖曰九數，其能窮纖入微，探測無方，至於以法相傳，亦猶規矩度量，可得而共，非特難爲也。」

九章算術一書，由來似乎很久，經張蒼等整理刪補，又經劉徽增注的。其問題凡二百四十六。茲將其內容，分述如下：

一、方田：諸田不等，以方爲正，凡三十八問，詳命分算法及田畝的計算。列舉矩形，二等邊三角形、梯形、圓、圓弧、環等，乃簡單的面積求法，並記分數的加減乘除、通分、約分、最大公約數的求法。

二、粟米：粟者米的未舂，諸米不等，以粟爲率，故叫做粟米，凡四十六問。這數乃百分、比例、及內外耗諸率的算法，詳簡易比例之義。

三、衰分：衰、差也，以差而平分，故叫做衰分，也叫做差分。凡二十問，詳配分比例之義。爲配分，以差配分，相當於後之所謂差分。

四、少廣：少廣從多，以從之多，益廣之少，凡二十四問。這數乃知田的面積及一邊而求他一邊的算法，和關於開平方、開立方、球積及單分數的算法。

五、商功：商、度也，以度其功庸，故叫做商功，凡二十八問。求城、垣、堤、溝塹渠等的體積及各求積容粟的算法。

六、均輸：均、平也，輸、委也，凡二十八問，以均平其輸委，即決定賦誅多寡的算法，合用差分與比例的。

七、盈不足：盈、滿也，不足者虛也，滿虛相推，以求其適，凡二十問。其解答問題，不用普通的算法，假定與以二值，由它見出眞價的算法。

八、方程：方者左右也，程者課率也，左右課率，總統羣物，凡十八問。關於一次聯立方程式，正負的術語，已見於這章。

九、勾股：勾、短面也，股、長面也，短長相推，以求其弦，即三角法，又叫做旁要，在邊叫做旁，要即腰，又叫做重差，凡二十四問。關於勾股弦的問題，其中並使用二次方程式。

（註一）論語顏淵：「哀公曰二，吾猶不足。」

（註二）孟子告子章下：「白圭曰：吾二十而取一。」

（註三）漢書藝文志有許商算術二十六卷，杜忠算術十六卷。

第十章 歷代的六藝

第一節 六藝的演變

自秦漢以後，六藝衰廢，儒生乏文武之才，經師重訓詁之義。漢代之學，六藝得其四，失其二。唐代之學，六藝得其二，失其四。宋明之學，六藝亦得其一，失其五。李塨綜論其演變頗詳，他說：

「自秦滅儒術而後，漢興，齊魯諸儒，脩其經藝，講習大射鄉飲之禮。叔孫通作漢禮儀，與諸生弟子共定高堂生傳儀禮十七篇，而魯徐生善爲容。孝文帝時，以容爲禮，官大夫傳子孫弟子制氏。以雅樂音律，世在樂官，樂人竇公，獻世傳大司樂章於文帝。又漢律課學童學書，則周孔六藝之學，入漢固有存者。然武帝置五經諸博士以教弟子，惟試誦讀。光武取聰明有威重者一人爲祭酒。晉武益以助教。隋煬改大學爲國子監，初置司業一人，丞三人。唐龍朔二年，改國子監爲司成館，祭酒爲大司成，司業爲小司成，博士爲司成。宣業後，又改爲成均監。總之，亦主於誦讀而已。至宋明而道學名立，國學輕，家塾重，然半日靜坐，半日讀書，較之漢唐高下幾何，雖齊高帝建元中，置治禮吏；陳有律學博士；隋開皇中，書算學各置博士；唐亦有書學算學之設，然於古法千百之十一耳。三物四術，愈傳而愈微矣。……明太祖欲復六藝，可謂特識，但見之不明，守之不定，且性嚴

而急，朝立法，暮取士，乃嫌不如己意，而又變帖括，此可惜也。」（顏氏學記恕谷一）

漢代承周秦未遠，雖禮樂大壞，但尚得射、御、書、數、鄉射鄉飲的禮，講習未歇，又雖非以射取士，諸生却自講射，每年一次。而書數兩藝，啓發師承，獨有創造。但自漢以後，六藝與六經之名混，六經代替了六藝，經學章句，桎梏士子身心，畢生精力，消磨於訓詁，朝廷以此取士，社會以此成風，六藝之學，幾不復爲人重視。北齊顏之推家訓，謂樂足以暢神情，不可令有稱譽。射如要輕禽，截狡獸，不願爲之。書藝不須過精，算術可以兼明，不可以專業（註一）。樂射算的學藝已微，而講習的態度又這樣消極，故南北朝之際，六藝就一蹶不振了。隋唐承魏晉六朝之弊，禮樂射御雖失，尚重書數，並爲書算置學。唐又仿周官，開元修禮書，但其教育精神所在，偏重於文學。房琯欲仿春秋御法，驅牛車於斜濤谷，和安祿山作戰，一敗塗地。元稹撰觀兵部馬射賦（註二），亦僅對禮儀敷陳盛德，並非普遍施行的事。宋繼唐後，專尚理學，六藝同樣遺忘。那時喪禮衰廢，婚儀簡單；雅樂喪亡，正聲已息。創乘轎之制，士不習御；詩賦盛玩，鄉射之儀罷。以射而言，不講久矣。故國子司業朱服上言：「惟先王之時，燕飲必有射，將祭擇士於射宮，能偶則又別之以射。射、武事也，先王於進成人材之際，每不廢焉。今養士之盛，莫盛於大學，而大學之士，鮮能知射，矧見武學教場，與國子監相去數十步，欲使大學諸生，遇假有願射者，聽往習焉。」（龐元英文昌雜錄卷四）六藝衰微，洪适並慨乎言之：「六藝去古浸遠危廢矣。冠婚喪祭，家自爲式。賓主酬酢，無可觀之儀。大賓客大祭祀，亦屑屑唯掌故是聽。鞉磬柷敔，聞者欲寐，士之徹琴瑟，匪曰有故。桑弧蓬矢不設，儒家以射爲武事棄弗習。輿轎以當車，而執綏之容不復見。持籌而計，尙弗橫之爲什伯，何二首六身之有。禮、樂、射、御與數五者蓋如此，曰書之學雖存，好之不專，業之不精，未見卓然名世。」（盤洲文集卷三十四隸韻序）胡安之（叔器）受業於朱熹，認爲六藝雖然有用，但當時人士都不注意。他說：「禮、樂、射、御、書、數，自秦漢以來皆廢了。曰射，如今秀才自是不曉。御、是而今無車。書、古人皆理會得，如偏旁義理皆曉，這也是一事。數、是算數，而今人皆不理會。六者皆實用，無一可缺，而今人是從頭到尾皆無用。」（御纂朱子全書卷五學五）宋代的六藝，既然這樣荒廢，及至元代，讀書人連六藝的名詞，都茫然不知了。至正十三年，張翥以太學博士主持京試，至秋闈發策漢人，問以六藝，衆皆罔然，叩籧語之尙不瞭悟，所答遺五得一，舉二舛四，終場沒有一個全策（六藝綱目張翥序）

明太祖初有意恢閎六藝。宋濂說：「皇明一遵三代爲治，初入小學，習以禮、樂、射、數；及升大學，則明修己治人之道。」（宋學士文集翰苑別集卷一送翁好古教授廣州序）洪武八年，頒學校格式，六藝以律易御，禮律書爲一科，樂射算爲一科。每科以訓導員二人掌教，這實爲五藝而非六藝。但這種課程，施行也不能久。直至清代，六藝依樣陵替。戴震說：「古者六藝之教，禮樂殘闕失傳，射御則絕無師說。書者，治經之本，厪賴許叔重說文解字，略見梗概；而所謂九數卽九章，世罕有其書。」（戴東原集卷七刊九章算術序）綜合歷代的演變來說，六藝之難于復興，其情形可以概見。

第二節　漢儒與六藝

東漢晚季，儒者雖困阨於五經章句，但六藝之義，仍復倡論。鄭衆注周禮，對於六藝內容，詳爲條舉。鄭玄解經，亦闡明六藝。淮南子說林：「孔子之窮於陳蔡，而廢六藝則惑。」這六藝雖指六經而言，但建安十七年高誘注，謂六藝卽爲禮、樂、射、御、書、數。徐幹著中論一書，引述周禮教國子以六德六行六藝。幹字偉長，北海人，生於漢魏之間，魏文帝稱其懷文抱質，恬淡寡慾，有箕山之志。幹爲儒家之流，其論治學，謂學猶飾也，器不飾則無以爲美（中論治學第一）。而爲學的宗旨，以大義爲先，物名爲後，大義舉而物名從之。根據這一觀點，故認爲藝是德之枝葉。他說：

「藝之興也，其由民心之有智乎？造藝者將以有理乎？民生而心知物，知物而欲作，欲作而事繁，事繁而莫之能理也，故聖人因智以造藝，因藝以立事。二者近在乎身，而遠在乎物，藝者所以旌智飾能，統事御羣也，聖人之所不能已也。藝者所以事成德者也，德者以道率身者也。藝者德之枝葉也，德者人之根幹也。斯二物者，不偏行，不獨立，木無枝葉則不能豐其根幹，故謂之瘣。人無藝則不能成其德，故謂之野。若欲爲夫君子，必兼之乎。」（中論藝紀第七）

藝是屬於智慧的產物，用爲旌智飾能，統事御羣，但藝的目的，還在以成德。他再補充的說：

「故君子非仁不立，非義不行，非藝不治，非容不莊。四者無愆，而聖賢之器就矣。……孔子稱安上治民，莫善於禮；移風易俗，莫善於樂，存乎六藝者，著其末節也。謂夫陳籩豆，置尊俎，執羽籥，擊鐘磬，升降趨翔，屈伸俯仰之數，並禮樂之本也，禮樂之本者，其德音乎？」（同上）

雖然德爲體，藝爲用；德爲本，藝爲末，但藝的本身價值是很大。徐幹並爲六藝下以定義說：

「故恭恪廉讓，藝之情也。中和平直，藝之實也。齊敏不匱，藝之華也。威儀孔時，藝之飾也。通乎羣藝之情實者，可與論道。識乎羣藝之華飾者，可與講事。事者有司之職也。道者君子之業也。先王之賤藝者，蓋賤有司也。君子兼之則貴也。故孔子曰：志於道，據於德，依於仁，游於藝。藝者心之使也，仁之聲也，義之象也，故禮以考敬，樂以敦愛，射以平志，御以和心，書以綴事，數以理煩。敬考則民不慢，愛敦則羣生悅，志平則怨尤亡，心和則離德睦，事綴則法戒明，煩理則物不悖。六者雖殊，其致一也。其道則君子專之，其事則有司共之，此藝之大體也。」（同上）

德藝必須合一，人格方臻圓滿，德是質，藝是文，「既脩其質，且加其文，文質著然後體全。體全然後可登乎清廟，而可羞乎王公。」（同上）可是徐幹仍認「手習乎射御書數之巧，體騖乎俯仰折旋之容。」（中論務本第十五）是詳於小事，而以禮樂較爲重要百通。

第三節　唐儒與六藝

唐代府州建學，釋奠之禮，舉行鄉飲，依然古禮儀式。又爲書算置學，並授以科第。武后朝，鳳閣舍人韋嗣立上疏，請大敦學校，羨仰以六藝教人。他說：「臣伏聞古先哲王立學官，所以掌教國子以六德六行六藝，三教備而人道畢矣。」(歷代名臣奏議卷一一三)權德輿策問明經科周禮試題，曾以六藝爲問：「今欲舉司徒之三物，教賓興於六藝，又慮舞樂未通於韶濩，徒玩干旄；鄉射有昧於和容，務持弓矢。適廢術學，豈資賢能？」(權載之文集卷四十)學校與貢擧，唐人也以六藝提供意見。劉禹錫論書，引述禮記士依於德，游於藝一節，說：「德者何？曰至曰敏曰孝之爲謂。藝者何？禮、樂、射、御、書、數之爲謂。是則藝居三德之後，而士必游之也。書居數之上，六藝之一也。」(劉夢得文集卷二十五)柳宗元雖不講六藝，但爲韋京兆祭太常崔少卿文：「六書奧秘。」又祭崔君敏文：「藝邃六書。」對於六書爲六藝之一，未嘗不重其義。除此以外，唐人凡講六藝，襲漢儒觀點，都以六經爲言。韓愈進學解：「先生口不絕吟於六藝之文。」這也是指六經而說的。唐人因偏重文學，詩賦爲盛，對於六藝的古義，不復注意講求了。

第四節　宋儒與六藝

李塨論宋儒爲學：「專在讀書，內則玩索性天，外亦輔以倫常。至於禮樂兵農，聖門所謂博學於文者，尚書教胄子，周禮禮記學法，昭然可考，獨置之若遺。」(論語傳註問學而一)這是指摘宋儒偏於理學而說的。可是胡瑗(安定)教授於湖州，倡明正學，又開重實派的風氣。胡瑗以爲聖人之道，有體有用有文，遂以明體達用之學，教授諸生。教人的方法，設經義治事兩齋，經義是講明六經，治事則每人各治一事，又兼攝一事，像治民以安其生，講武以禦其寇，堰水以利田，算曆以明數等。他的治事以達用之學，也有近於六藝教人之旨。學者如曾鞏、王安石、王令、鄭剛中等，曾引論六藝的要義。曾鞏認爲古代教育，是從心體耳目手足各方面的訓練，六藝教法，極爲周詳。他說：

「古者學士之於六藝，射能弧矢之事矣，又當善其揖讓之節。御能車馬之事矣，又當善其驅馳之節。書非能肆筆而已，又當辨其體而皆通其意。數非能布策而已，又當知其用而各盡其法。而五禮之威儀，至於三千；六樂之節文，可謂微且多矣。噫！煩且勞如是，然古之學者必能此，亦可謂難矣。然習其射御以禮，習其干戈以樂，則少於學，長於朝，其於武備固修矣。其於家有塾，於黨有庠，於鄉有序，於國有學，於教有師，於視聽言動有其容，於衣冠飲食有其度。几杖有銘，盤杅有戒，在輿有和鸞之聲，行步有佩玉之音，燕處有雅頌之樂，而非其故，琴瑟未嘗去於前也。盡其出入進退俯仰左右，接於耳目，動於四體，達於其心者，所以養之至如此其詳且密也。」（相國序維摩院聽琴序）

這篇六藝教育論，說得很完美。王安石的教育主張，是配合他的政治主張，教育重在陶冶，教之養之取之任之，對人才的訓練和任用，連在一起，實爲一種積極的教育。學校所教，是禮樂刑政，士子所習，是先王法言德行治天下之意，養成國家有用之才。他認爲先王的教法：「德則異之以智、仁、聖、義、忠、和；行則同之以孝、友、睦、婣、任、恤；藝則盡之以禮、樂、射、御、書、數。淫言詖行詭怪之術，不足以輔世，則無所容於時。」（王臨川集虔州學記）王安石的學旨，還是周禮教三物的說法。王令的師說，論述古代教育：「爲之師以諭其道，爲之保以詔其業，示之智、仁、聖、義、忠、和，使相充擴；孝、友、睦、婣、任、恤，使相修飾；禮、樂、射、御、書、數，使相開曉。」這也是鄉三物的教育論。鄭剛中曾任四川宣撫副使，對於六藝要旨，持論精闢。他說：

「先養以道，然後教則由禮樂之粗，以達禮樂之精。以之學射，則內志正外體直，而白矢參連之法得矣。以之學御，則不失其馳，不爲詭遇，而鳴和鑾逐水曲之法得矣。以之學書，則象形會意，知其寓道德性命之理。以之學數，則方田粟米，識其該天地星辰之妙，豈止爲藝之末而已哉？」（六藝綱目附錄）

南宋之世，理學家以恢宏儒家的眞實學問爲己任，故對於六藝之義，注意講求。可是陸朱的學旨不同，對於六藝的觀點有別。陸九淵以尊德性而道問學，他的學旨，以德行爲上，道藝次之。因爲「主於道則欲消而藝亦可進；主於藝則欲熾而道亡，藝亦不進。」（象山先生全集語錄）對於六藝，他却認爲末技：

「德成而上，藝成而下；行成而先，事成而後。論語曰：入則孝，出則弟，謹而信，汎愛衆，而親仁。曰：言忠信，行篤敬。孟子曰：仁義禮智，根於心，其生色也，睟然見於面，盎於背，施於四體；四體不言而喻。曰：仁義忠信，樂善不倦。此等皆德行事，爲尊爲貴，爲上爲先。樂師辨乎聲詩，祝史辨乎宗廟之禮，與凡射御書數等事，皆藝也，爲卑爲賤，爲下爲後。」（同上書與陶贊仲書）

朱熹的觀點，和陸九淵相反，他認爲六藝是修己治人的實務。「三代之教，藝爲最下，然皆猶有實用，而不可闕。」（朱文公文集學校貢學私議）因爲實用，所以六藝爲小學的入手工夫。他說：

「古人之學，固以致知格物爲先，然其始也，必養之於小學，則亦灑掃、應對、進退之節，禮、樂、射、御、書、數之習而已，是皆酬酢講量之事也。」（同上書答呂子約）

又說：

「古先聖王爲是之故，立學校以教其民。而其爲教，必始於灑掃、應對、進退之間，禮、樂、射、御、書、數之際，使之敬恭，朝夕脩其孝弟忠信而無違也，然後從之，教之格物致知，以盡其道。」（同上書南劍州尤溪縣學記）

講求實學，要就切身處理會，六藝皆是應當學的，並且切於實用的：

「古人便都從小學中學了，所以大來都不費力，如禮、樂、射、御、書、數，大綱都學了，及至長大，也更不大段學，便只理會窮理致知工夫。而今自小失了，要塡補實是難，但須莊敬誠實，立其基本，逐事逐物，理會道理，待此通透，意誠心正了，就切身處理會，旋去理會禮、樂、射、御、書、數。今則無所用乎御，如禮、樂、射、書、數，也是合當理底，皆是切用。」（御纂朱子

全書學一小學）

六藝不只實用，還有涵養的作用：

「古之學者，八歲而入小學，學六甲五方書計之事。十五而入大學，學先聖之禮樂焉，非獨教之，固將有以養之也。蓋理義以養其心，聲音以養其耳，采色以養其目，舞蹈降登疾徐俯仰以養其血脈，以至於左右起居盤盂几杖有銘有戒，其所以養之之具，可謂備至爾矣。夫如是故學者有成材，而庠序有實用，此先王之教所以爲盛也。」（朱文公文集論諸生）

這樣說來，六藝在教育上具有這兩種性能——實用和涵養，那麼，它很適切的用爲小學的課程，也是治學上格物致知的基礎。換句話說，六藝爲下學之功，入德之階，達成格物致知的基本實踐功夫。晦翁認爲小學是學其事，大學是窮其理。以灑掃、應對、進退之節，禮、樂、射、御、書、數之文，屬於小學。以窮理正心修己治人八字概括大學格物等，屬於大學。故爲學的歷程：

「古者初年入小學，只是教之以事，如禮、樂、射、御、書、數、及孝、弟、忠、信之事。自十六七入大學，然後教之以理，如致知格物，及所以爲忠、信、孝、弟者。」（御纂朱子全書學一小學）

「古之爲教者，有小子之學，有大人之學。小子之學，灑掃、應對、進退之節，詩、書、禮、樂、射、御、書、數之文是也。大人之學，窮理、修身、齊家、治國、平天下之道是也。」（朱文公文集經筵講義）

根據這小學大學的歷程，晦翁再詳述其教法：

「蓋古人之教，自其孩幼而教之以孝、悌、誠、敬之實，及其少長而博之以詩、書、禮、樂之文，皆所以使之卽夫一事一物之間，各有以知其義理之所在，而致涵養踐履之功也。及其十五成童，學於大學，則其灑掃、應對之間，禮、樂、射、御之際，所以涵養踐履之者，略已小成矣。於是不離乎此而教之以格物，以致其知焉。致知云者，因其所已知者推而致之，以及其所未知者而極其至也。是必至於擧天地萬物之理而一以貫之，然後爲知之至。而所謂誠意正心修身齊家治國平天下者，至是而無不盡其道焉。」（朱文公文集答吳晦叔）

樓鑰爲南宋一代文宗，曾輔大政。他解釋小學之義，謂小年所當學，並非學者之小事。六藝是小學所當習。他說：

「所謂藝者，非如今之技藝，乃禮、樂、射、御、書、數，古所謂六藝是也。稽之禮經，各有名數，先王設教，及人之幼少眞淳未散之時，使習而熟之，則身在有餘，不可勝用。君子未有不兼此而能爲全德者。今禮壞樂亡，射御號爲武事，數亦不復見，惟六書可傳，士又罕垂意焉。夫謂之小學，謂小年所當學，非曰學之細也。灑掃進退，尙由此可以上達，而況六藝乎？苟能盡力于三省而遊于此，則爲士庶幾乎備矣。」（攻媿集建寧府紫芝書院記）

樓鑰並說：「古者四民擇其秀者爲士而教之，所謂八歲入小學者，教以禮、樂、射、御、書、數，是六者雖未見古人之大全，周禮注疏，亦見其略，是皆有名數法度。」又說六藝中五藝已罕傳，猶幸六書之說具存。「凡將爰歷等書不可復見，急就章止存大略，惟許叔重作說文解字，垂範千載。」（同上書復古篇序）王應麟也羨仰六藝之學，說：「古之爲教，則五典十義六德六行也，其學則五禮、六樂、五射、六（五）馭、六書、九數也。少而習焉，其心安焉。正歲孟月之吉，黨正社禜之會，讀法飲射，無非教也。弟子之職，攝衣沃盥，執帚播灑，饌饋陳膳，執燭奉席，無非學也。……吁！古道何時而復乎？」（困學紀聞卷五禮記）

金元間文學，以金的元好問（遺山）爲最著，其推崇六藝之旨，可見之於他所撰的令旨重修眞定廟學記和東平府新學記兩文。他說：「三代皆有學，而周爲備。其見之經者，始於井天下之田。井田之法立，而後黨庠遂之教行。若鄉射鄉飲酒，若春秋合樂，勞農養老，尊賢使能，考藝選言之政，受成獻馘訊囚之事，又養鄉之俊造者爲之士，取鄉大夫之嘗見於施設而去焉者爲之師。德則異之以知、仁、聖、義、忠、和；行則同之以孝、友、睦、婣、任、恤；藝則盡之以禮、樂、射、御、書、數。」（遺山先生文集令旨重修眞定廟學記）元代六藝之學衰微，可是庸中佼佼，首推浙東舒天民。天民以讀漢書至君子舒六藝之風，謂班固先得我心之所欲，因此自號藝風。他撰六藝綱目二卷，取周禮保氏六藝之文，因鄭注標爲條目。其子恭爲之注，同郡趙宜中爲之附注。這是講述六藝的第一部專書。

第五節 明儒與六藝

明初官學，曾以六藝爲課程，其後罷歇，可是明儒倡論六藝的，仍有如下的各家。

洪武初年，翰林編修蘇伯衡，曾主會試，其於國學公試策題八首，第六首則注重六藝爲問：「有虞胄子之教，專之於后夔；成周國子之教，總之於樂正，則樂豈非尤學士之所重歟？後世何以希濶而弗講歟？古者興師，其出也受成於學，其反也獻俘獻馘於學，則兵豈非亦學士之所當知歟？後世何以忌諱而弗談歟？所言者無非天人性命之理，而指六藝爲器之末。所習者無過記誦詞章之間，而視六德六行爲空言。後世之學校，果三代之學校歟？」（皇明文衡卷二十三）

方孝孺（正學）特別重視六藝，並且主張師其意，變通而運用之。他認爲古代教育是詳且愼，教養很有方法。可是如取法古人的六德六藝，不能求全盡備，尤其六藝教學，要貴乎專精，各因其質而分別設科。故仿六藝微意，大學應以六科爲準，這是對六藝教育具有創造性的建議。他論明教說：

「謂今天下無才，因養之無其漸，而教之無其法也。古之善育才者，爲之之具素備，能使人以不成才爲病，不若人爲恥，各思勉爲君子而不可止也。……及其升於太學，求之以六德以觀其內，試之以六藝以觀其外。行完而德備，藝成而器良，然後措之於用，蓋其詳且愼也。……古之六德智仁聖之事，顏閔之所不能及；六藝禮樂之度數節文，孟子之所不能詳；射御之工，杜預羊祜之所不能兼；書數之法，君子猶有所未習，今欲責學者皆法古人而盡備之，宜其未易爲也。……聖人之取人，德不求其全，而取其不違乎道；藝不求其備，而貴乎能致其精。故善立教者，莫如本之以六行，餘則因其質而設其科，人有剛毅而重厚者，有慈良而順愛者，有疏達而明斷者，有強識而通敏者，有沉勇而有威者，有多力而任武者。」（遜志齋集卷三）

這六科爲大臣、牧伯、百官衆職、文學典禮、和疆埸將帥等準備訓練，是統括文武的教育。方孝孺的策問十二首，其中一首也以六藝爲問，可見他對於六藝的學旨，講求備至了。

「問：六藝之爲用要矣，古之人未有不通乎是而可爲大賢君子者。其度數之細，爲教之法，亦可得而詳言乎？考之孔子之書，其於禮樂蓋屢及之，而鮮有問答射御書數者獨何歟？豈六者之中亦有重輕本末歟？抑此四者微而易知，當時學者無不習熟，而無事於問答歟？後世之士，學止乎讀書，以射御爲武事，以書數爲末技，禮樂之音律制度，往往以爲有司所職，無庸乎考習，其通六藝者蓋寡。然而道德明備者，輒爲天下所宗，而莫敢議，何其與古異歟？今欲師古人而周通六藝，則患無其傳，且力不暇，欲如後世之學止乎誦讀，則授之以事，於用必有所闕，然則奚爲而可乎？豈先乎其大而後可盡其細乎？將識其旨趣綱要，而纖悉曲折或可遺乎？周公自謂多藝，孔子亦曰遊乎藝，聖人未嘗以藝爲可後也。學者仰師聖人而顧後藝，其不可也決矣。講其所疑，蓋亦聖人之意。」（遜志齋集卷六）

吳寬（號匏翁）的教育觀點，認爲人才是養於學校，而養士取士之法，以德行爲上，六藝次之。他說：「嘗考之古人設爲此（學校）者，或以之養老而寓其禮於俎豆之陳，或以之習射而寓其禮於弓矢之發，或以之受成獻馘而寓其禮於軍旅之講，所謂窮理正心修己治人之術，一皆寓於此。當是時，取人之法，雖以納言而承庸之，必射侯以明其心術；雖以六藝而賓興之，必德行以考其根本。人才之出，所以彬彬乎其盛者，由其取之養之有道也。」（匏翁家藏集太康縣修學記）

王守仁（陽明）的學旨，主張致良知，重力行，對於六藝雖不及其他儒者的注意講求，只揣其意，故教學仍認爲以歌詩、習禮、讀書三者爲重。這卽側重以禮樂教人，也是六藝之一道，可見於他的訓蒙大意：

「古之教者，教以人倫，後世記誦詞章之習起，而先王之教亡。今教童子，惟當以孝弟忠信禮義廉恥爲專務，其裁培涵養之方，則宜誘之歌詩，以發其志意；導之習禮，以肅其威儀；諷之讀書，以開其知覺。……故凡誘之歌詩者，非但發其志意而已，亦所以洩其跳號呼嘯於詠歌，宣其幽抑結滯於音節也。導之習禮者，非但肅其威儀而已，亦所以周旋揖讓，而動蕩其血脉，拜起屈伸，而固束其筋骸也。諷之讀書者，非但開其智覺而已，亦所以沉潛反復而存其心，抑揚諷誦以宣其志也。凡此皆所以順導其志意，調理其性情，潛消其鄙吝，默化其麤頑，日使之漸於禮義而不苦其難，入於中和而不知其故，是蓋先王立教之微意也。」（王文成公全書訓蒙大意示教讀劉伯頌等）

陽明先生這種教學法，取六藝的動作方面，而棄其事物方面，是知行合一，學做合一，身心手腦聯合運用的教育。陸世儀批評他的方法說：「陽明先生社學法最好，欲教童子歌詩習禮，以發其志意，肅其威儀，蓋恐蒙師惟督句讀，則學者苦於簡束，而無鼓舞入道之樂也。」（思辨錄輯要卷一小學類）

廣東黃佐，仿朱熹小學之義，於正德六年，著有小學古訓一卷，分二十目，以六藝殿其後。其內容，以威儀、動作爲首；其次爲居處、執事、飲食、衣服之宜；又其次爲灑掃、應對、進退之節，皆重立教敬身，以端其本。知敬身則可與適道，故明人倫次之。人倫既明，才可以和他談到弟子之職，故入孝出弟，謹行信言，汎愛親仁又次之。行有餘力，則以學文，故學文又次之。學文則六藝可通，故最後論列禮、樂、射、御、書、數（小學古訓引）

歸有光也談及六藝，認爲有裨於實用。他說：「樂只是以和爲本，而所用不同。射乃爲防禦而設。司徒六藝，如御書數皆習之，以爲世用。」（震川先生集別集卷七與沈敬甫）唐順之得力於陽明之學爲多，但他對於六藝之學，較陽明更爲重視，認爲六藝並非藝成而下，且爲德成而上的。他說：

「竊以六藝之學，皆先王所以寓精神心術之妙，非特以資實用而已。傳曰：其數可陳也，其義難知也。顧得其數而昧於其義，則九九之技，小道泥於致遠，是曲藝之所以藝成而下也。即其數而窮其義，則參伍錯綜之用，可以成變化而行鬼神，是儒者之所以遊於藝也。遊於藝，則藝也者，即所謂德成而上也。顧先王六藝之教既寢，而算書之傳於世，往往出於曲藝之士之所爲，是以其數存而其

義隱矣。」（荊川先生文集卷七與顧若溪）

因此，德與藝是無分別的，其差別卽在運用的精粗：

「古人雖以六德六藝分言，然德非虛器，其切實應用處卽謂之藝；藝非粗跡，其精義致用處，卽謂之德。故古人終日從事於六藝之間，非特以實用之不可缺，而姑從事云耳。蓋卽此而鼓舞凝聚其精神，堅忍操鍊其筋骨，沉潛縝密其心思，以類萬物而通神明，故曰：灑掃應對，精義入神，只是一理。藝之精處，卽是心精；藝之粗處，卽是心粗，非二致也。」（同上書卷五答俞教諭）

荊川先生更認爲古人和今人對六藝的學習不同，結果亦異。「如六藝皆古人養性而理心，自此便可上達天德。今人學射學書學數，前不過武弁之粗材，與胥吏之末技。是以戴記分爲記藝上下之說，而子夏亦譏其不能致遠，況又不在六藝之科者乎。」（同上書卷五與田巨山提學）馮應京（可大），萬曆二十年進士，學求有用，不求空言，對於六藝的觀點，和荊川先生相類似。故他解釋六藝謂：「人之參天地者六德也，德之見於世者六行也，行之措乎事者六藝也。先王之設序庠學校，唯五禮、六樂、五射、五御、六書、九數爲孜孜，而德行備乎其間矣。」

第六節　清儒與六藝

清初理學家，提倡六藝之學，最著名的，一爲陸世儀，一爲顏元及他的弟子李塨，論述六藝意義最詳，主張恢復六藝課程最力。茲分別論述如下：

陸世儀字道威，號剛齋，又號桴亭，太倉人，明諸生，專宗程朱體道之純，衞道之正，學期於經世，與顧寧人相近，爲清初大儒。桴亭先生之學，自天文、地理、禮樂、農桑、井田、學校、封建、郡縣，以至河渠、貢賦、戰陣、刑法、鄉飲、賓射、祭祀、喪紀，無不源流畢貫。生平居敬窮理，履中蹈和，一以宋儒之學爲主。其學主於身體力行，不尚空知空論，認爲居敬窮理四字，是學者學聖人的第一步功夫，以居敬爲力行，窮理爲致知，而尤以敬字爲重。他教人先小學而後大學，以立志居敬爲本而以大學八條目爲程，然後漸近於大學。平生心得，備見於思辨錄一書。

桴亭先生論教育，分爲大學與小學。大學之法，教人以詩、書、禮、樂。小學是教人以規矩、節目、名物、度數、灑掃、應對、進退之節、事親、取友、隆師、敬長之道，詩、書、六藝之文，孔子入孝出弟數言足以包括的了。可是小學怎樣能學習六藝？桴亭先生解釋說：

「或問六藝，童子十五以內，恐未必能習。曰：玩禮、樂、射、御、書、數之文、文字則與義字有別。文是習其事，義是詳其理，禮樂雖精微，然禮記云：十三學樂誦詩。又曰：十三舞勺，成童舞象。則知由麤以及精，自有因年而進之法。射御雖非童子事，然北人與南人不同，曹丕典論論文，自言八歲卽學騎射。是射御亦非難事也。至於書數，尤易爲力。」（思辨錄輯要卷一小學類）

各級學校，也可以六藝爲教學的內容，又不僅限於童子的。他說：

「古者天子之學謂之太學，諸侯謂之國學，而黨塾之間，則謂之鄉學。學之名雖異，而所以教之之術，則無不同，始之以灑掃、應對、進退之節，繼之以禮、樂、射、御、詩書六藝之文，終之以修己治人化民成俗之道。其下之所習，卽上之所需也。其幼之所學，卽壯之所行也。」（陸子遺書文集卷五學校議）

六藝之法，今已不傳，學者應參考古代的遺法，酌而行之：

「古者六藝，學者皆當學之。今其法不傳，吾輩苟欲用心，不必泥古，須相今時宜，及參古遺法，酌而行之。如五禮六樂，今不可考矣，然論其切身可行者，禮則如大明集禮文公家禮之類，所當究心也。樂未便論到精微，只彈琴一事，雖非古調，然亦當稍習，時時操之，使心氣和平。射不必五射，只如今人射法，務求志正體直足矣。五御者古人所以御車，今法不傳，當習御馬，使馳驟便捷，亦男子一要事。至於書，古人止辨六書之體而已，非若後世所謂羲之獻之之筆法也。今人論書，動講法帖，廢時失事，何益於我？若眞草隸篆，四體亦不可不識，斯亦博學之一端也。若數學則九章算法，今人亦有知之者，得其人而從學焉可也。要之，六藝既非古法，亦不必十分究心，有虧正業，但當時時留心，遇可學處便學，不至當面放過可也。」（思辨錄輯要卷一大學類）

這是成年人對於學習六藝應持的態度。桴亭先生於六藝中，對書數特別饒有興趣。他說：

「古者八歲入小學，周官保氏掌養國子，教之六書。漢興，蕭何草律令太史試學童，能諷書九千字以上，乃得爲史；又以六體試之，課最者以爲尚書御史史書令史。六體者，古文、奇字、篆書、隸書、繆篆、蟲書，皆所以通知古今文字摹印章書幡信也，則知古人皆以字學爲小學，故人皆識字。」（同上書卷一小學類）

他又說：

「致知工夫，莫備於六書，蓋天地間一物必有一字，而聖賢制字，一字必具一理，能即字以窮理，則格物之道存焉矣。許氏說文雖略存古人之意，而理有未備。」（同上書卷四格致類）

關於數學，桴亭先生說：

「數爲六藝之一，似緩而實急。凡天文、律歷、水利、兵法、農田之類，皆須用算學者，不知算，雖知算而不精，未可云用世也。宋崇寧中曾立算學，假疑設數爲算問，是亦一法。」（同上書，卷一，大學類）

桴亭先生基於六藝的講求，故注重實學，凡專家技術，皆儒者所不廢，而當以正用。所以他說：

「六藝古法雖不傳，然今人所當學者，正不止六藝，如天文、如地理、河渠、兵法之類，皆切於用世，不可不講。俗儒不知內聖外王之學，徒高談性命，無補於世，此當世所以來迂拙之誚也。」（同上書卷一大學類）

桴亭先生並擬一套讀書法，欲將所讀的書，分爲三節：（一）自五歲至十五歲爲一節，十年誦讀。（二）自十五歲至二十五歲爲一節，十年講貫。（三）自二十五歲至三十五歲爲一節，十年涉獵。除四書、五經、性理、文史等外，對於天文、地理、水利、農田、兵法，皆兼習之。

顏元之學，自創宗旨，以六藝立教，也是實利派的儒者。他認爲堯舜之道，在六府三事，周公教萬民以三物，孔子以四教，弟子身通六藝，所謂道學訓詁注疏，皆屬空言。著存學、存性、存治、存人四編，以之立教。設習齋，堂上設禮樂諸器，率門弟子進退揖讓於其間，歌謳舞蹈，文行並進，分日考究兵、農、水、火、工、虞，弟子各授以所長。嘗認爲學問之要，是有事有物。正德、利用、厚生叫做事，不見諸事，則非德、非用、非生的。心有事則存，身有事則修，家齊國治，都是有事；無事則道與治俱廢。德、行、藝叫做物，不徵諸物，則非德、非行、非藝。嘗謂將七字富天下，即「墾荒、均田、興水利」；以六字強天下，「人皆兵，官皆將」；以九字安天下，即「舉人才，正大經，興禮樂。」這是他的實利派教育論之中心思想。

習齋先生教弟子，行孝弟，存忠信，每日習禮，習樂，習射，習書數。他認爲古人學習六藝，以成其德行。可是六藝不外一禮，猶四德的統括於仁。禮必習行而後見，不能專恃書册誦讀。（顏氏學記卷一習齋一）他又認爲以孔門的三事，六府、六德、六行、六藝，方不爲釋，而救程門之失。又以古者學從六藝入手，其中涵濡性情，歷練經濟，不得躐等，力之所至，學問才能達成。郝文燦興漳南書院，曾聘習齋先生主教，他運用六藝的學旨，爲定規制，分設六齋：一、文事，課禮、樂、書、數、天文、地理等科。二、武備、課黃帝太公孫吳諸子兵機、攻守、營陣、水陸諸戰法、射御、技擊等科。三、經史，課十三經、歷代史、制誥、章奏、詩、文等科。四、藝能，課水學、火學、工學、象數等科。五、理學，課程朱陸王諸書。六、帖括，課制舉文。分別部門，且學且習。未幾，因久雨水潦罷歸，歎道：「天意不欲吾道行也！」習齋先生宗六藝的要旨，發揚其眞諦，擴展其課程，變化運用，側重實踐功夫，較桴亭先生的主張，尤爲具體。

習齋先生有高第弟子二人，一爲李塨，一爲王崑繩。李塨，字恕谷，以三物六行六藝爲學之本，期於致用。學數學射御學書，又從王五公學兵法，毛西河學樂律。那時宋學極盛而將衰，漢學初興而未熾，顏李之學，在培人才，濟實用，與專講訓詁考證者不同。恕谷謂禮讓爲國，自治治人，非禮不行。農乃國本，食爲民天，而兵則所以衞民，故於田賦，郊社、禘祫，宗廟皆有考究，期可見之實用。恕谷又謂古大學敎法，所謂六德、六行、六藝，規矩還存在，故格物之學，人人所習，惟以明德親民標其目，以誠意指其入手而已。他認爲古人明理之功以實事，不以空文，故說致知在格物。六藝乃大學的實事，謂博學於文，文者卽是六藝；博文之禮，卽習五禮之儀；約之以禮，則統六藝而言。周禮大司徒十二教，樂居禮之一，古者射御皆有禮，書數亦禮中事（顏氏學記卷四恕谷一）。這和習齋的學旨是一貫的。

恕谷既守習齋的家法，重實用，重習行，自己學習訂有課表三種，其中一種訂於二十三歲，叫做「一歲常儀功」，卽周歲學業自課表，內容在分日習六藝：一日習禮，三日習樂，五日習律，七日習數，九日習射。編小學稽業五卷，根據禮記內則，詳述學習六藝的程序。仍認六藝是小學的課程。他說：

「周禮師氏掌以三德三行，教國子。保氏掌養國子以道，乃教之六藝，則習幼儀，學禮樂。朱子解學文，亦曰詩、書、六藝之文，詩以習歌咏，書以考政事，禮、樂、射、御、書、數，皆修己治人之實務，此古人之學也。」（聖經學規纂卷一）

恕谷更認爲今之六藝，猶古之六藝：

「古之六藝，誠有不盡傳者，然今世鉅儒，力行冠、婚、喪、祭之禮者，固有其人；講諳五聲、七始、九歌、十二律之法者，亦有其人。世所習新射法，雖出自京師練武之士；然質之古法，實相璧合。古御車法，不用於後世，卽騎卽御也。書數之學，世更夥其人矣，蓋此乃天理自然不容斷絕者耳。」（同上書卷二）

恕谷初學於顏元，後學於毛奇齡。奇齡字大可，學者稱西河先生，說經好辯駁，爲清初大儒。毛氏謂恕谷受顏氏學，墨守六藝。他認爲六藝卽是六經，並沒有以禮、樂、射、御、書、數叫做六藝的，可以說，他是反對六藝說的第一人了。西河先生駁論六藝說：

「或疑周官六物非六藝，果否？曰：吾亦疑之。從來經傳並無有以禮、樂、射、御、書、數稱六藝者。考藝有數端，尙書工執藝事，論語吾不試故藝，是技藝。金縢多材多藝，禮運協于分藝，是才藝。少儀問道藝，學記不興其藝，是文藝。假曰才藝，則論語冉求之藝，文之以禮樂，世無禮樂是藝而又可以文藝者。假曰技藝，則王制凡執技以事上者惟射御及百工耳，古周官保氏掌虎門之學，教以書計，是書數且非技，何況禮樂？若文藝則禮樂有之，射御非文事，卽六書是藝文所有，然而揚雄書學作續纂訓，備六藝羣書之字，是字在藝中，而字不是藝。至數則益疏矣。是周官六藝，遍證之諸經，無一當者。……予徐考之，孔門六藝，正是六經。故又曰孔子以詩、書、禮、樂敎弟子，蓋三千焉，身通六藝者七十二人，謂通四經者多，而並通六經者祇此數也。……自鄭康成與林孝存爭周官得失，偏袒周官，謬於少儀問道藝，學記不興其藝，凡六經藝文之藝，俱註作周官藝物之藝。遂至千載眩亂，以致魏晉論六學間及六物。徐幹作藝紀一篇，且直以六物實之。而唐宋後儒，則但知以六物爲藝，而並不知有六學之藝。此實學術明昧一大關會，不可不察也。」（西河全集逸講箋卷三）

西河先生根據大學綱領以斥李塨所守的六藝，等於引禮記攻禮記，立論辨釋，仍未見其精當。清季龔自珍，對於六藝的見解，和朱晦翁相同，以後世對書數的不講求，曾慨乎言之：

「古者八歲入小學，敎之數與方名，與其灑掃進退之節。保氏掌國子之敎，有書有數。六書九數，皆謂之小學。由是十五入大學，乃與之言正心誠意，以推極於家國天下，壯而爲卿大夫公侯，天下國家名實本末皆治。後世小學廢，專有大學，童子入塾所受，卽治天下之道，不則窮理盡性幽遠之言，六書九數，白首未之聞。」（定盦文集卷中陳碩甫所著書序）

民國以後，近世學者章炳麟，申論儒與六藝的關係，章氏以達、類、私三科之名釋儒：「類名爲儒，儒者知禮、樂、射、御、書、數。天官曰：儒以道得民。說曰：儒諸侯保氏，有六藝以教民者。地官曰：聯師儒。說曰：師儒，鄉里教以道藝者。此則躬備德行為師，效其材藝為儒。」儒雖以教六藝為務，但六藝早已失其學了。「周之衰，保氏失其守，史籀之書，高商之算，蠭門之射，范氏之御，皆不自儒者傳。故孔子曰：吾猶及史闕文也，有馬者借人乘之，今亡矣夫！」若由今世來檢論六藝，他認為：「禮樂世變易，射御於今，麤觕無參連白矢，交衢和鸞之技，獨書數仍世益精博，凡為學者，未有捨是者也。」（原儒）章氏並認為書數是小學工夫，「此則書數並稱，而禮樂射御闕焉。蓋六藝者，習之不一時，行之不一歲，射御非兒童所任，六樂之舞，十三始舞勺，成童舞象，二十而舞大夏，禮亦準是。」（小學略說）那麼，禮樂射御，則應列為大學的課程了。

日本人鹽谷世宏留心經世之學，有宕陰存稿十三卷，補遺一卷，其中有六藝論六篇。大旨謂先王之教，以六藝為先—禮樂所以養仁也，書數所以養智也，射御所以養勇也。漢之學，得四而失二，其大壞者，禮樂而已，尚得射御書數焉。唐之學，得二而失四，雖失禮樂射御，猶兼書數焉。宋元明之學，得一而失五，專於讀書，而附之佛理，性命之說高，而經綸之業疏；誅心之論深，而馭材之術失。然鹽谷氏之於六藝，尤重於寓武，特詳於射御，故其序步操軌範曰：「唐虞三代之世，其講兵演武，何其深也！典樂大師之教，執干戈而舞，肆手足勢也。表綴兆，樹羽旄，北出南旋，夾振駟伐，肆坐作進退疾徐疏數之節也。軍之大用在車，故一器而工聚焉，致精於器械也。子生則射焉，入學則射焉，鄉人聚則射焉，王侯有賓客則射焉，士自非疾病，不得以不能辭，重威遠之用也。以此造材，故及其成，大可以任將帥，小可以執干戈。後世記覽文詩之習盛，而六藝寖廢，於是乎文武歧為兩途，而士乏實材。漢晉以還，戎患日滋者，豈非禮樂崩而武備墮之故歟？」（兪樾，春在堂隨筆，卷五）這東人之言，對六藝的體用，別有一番見解，故附陳於末焉。

（註一）顏氏家訓雜藝篇第十九：「吾幼承門業，加性愛重，所見法書亦多，而翫習功夫頗至，遂不能佳者，良由無分故也。然而此藝不須過精，夫巧者勞而智者憂，常為人所役使，更覺為累。……弧矢之利，以威天下，先王所以觀德擇賢，亦濟身之急務也。江南為世之常射，以為兵射，冠冕儒生，多不習此。別有博射，弱弓長箭，施於準的，揖讓升降以行禮焉。防禦寇難，了無所益，亂離之後，此術遂亡。河北文士，率曉兵射，非直葛洪一箭，已解追兵，三九讌集，常縻榮賜。雖然，要輕禽，截狡獸，不願汝輩為之。……算術亦是六藝要事，自古儒士論天道定律歷者，皆學通之，然可以兼明，不可以專業。……洎於梁初，衣冠子孫，不知琴者，號有所闕。大同以末，斯風頓盡，然而此樂愔愔雅致有深味哉。今世曲解，雖變於古，猶足以暢神情也，唯不可令有稱譽，見役勳貴。」

（註二）元稹觀兵部馬射賦；「大司馬以馳射而選才，衆君子皆注目而觀藝。至張侯之所，乃執弓而誓。誓曰；今皇帝製羽舞以敷文德，擇材官而奮武備，兼以超乘者為雄，不惜中鵠者得祭。用先才捷，志亦和平。以多馬為能，故以馬為試；以得祿為美，故以鹿為正。豈獨武人之利，實唯君子之爭。」（長慶集卷二十七）

第十一章　結論

第一節　六藝對教育的影響

六藝對教育的影響，自然不及六經（實爲五經）的顯著。自漢武帝罷黜百家，尊崇儒術，中國的教育，就是六經的教育。而且六經替代了六藝之名，因此六藝在後世的教育中，似乎沒有地位可說了。然而六藝的禮樂，原同六經的禮樂。五禮儀容，維持到數千年，爲構成中國社會的骨幹。鄭子產說：「夫禮、天之經也，地之義也，民之行也。」中國政教，始終受了它的支配。樂經雖然說已亡，舞蹈音律，也失傳很久，但樂的理論和制度，後代依然考究，官方所用的雅樂，更仿自古樂。從六藝方面來說，禮樂是前兩種高深的科目，射御書數爲後四種通俗的科目。而六經之中，詩書易春秋，也不及禮樂的重要。因此，如果說禮樂是六經教育的中心，也可以說是六藝教育的中心了。

其次說到射御。射御在春秋時代還很流行，自戰國以後逐漸衰歇。射完全納入於禮之中，御則朝廷的輿輅，僅具形式，也屬於禮的範圍。漢代循吏，以發展鄉學爲己任，常舉行鄉射鄉飲，不過習行古禮而已，射的原意已失。自有騎以後，御不及騎的迅捷，它的作用也大變。以後射騎，代替了射御，但射騎純屬於軍事性質，學校廢棄而不講，學校教育，遂與軍國民教育無關，這是由武化轉入文治的大關鍵。六經完全尚文，乃變爲文弱的教育了。書在漢代大爲發展，許愼的說文解字，可以說是集六書的大成，六書之學，至是始有正式教科書。六書的學問，雖由許愼而止步，但後代學者對於文字的精研，不離六書的矩矱，而旁及訓詁、聲韻、書法，列爲小學，著述繁富，爲研究中國文字必循的途徑。這在孔門六經以外，尚能追踪六藝，稽古窮源，因此書的影響於後代教育很深。可是它的發展，不是來自六經，而實來自六藝。數以九章算術爲最著，卽所謂九數，漢張蒼師承其法，至魏劉徽闡發其義，九章遂成爲算術的教科書。直至唐宋，數學雖較進步，但九章爲算術的淵源，習算者仍以九章爲要典。而隋唐的特設算學，置博士，授科第，六藝的數，更被重視。這樣說來，六藝的禮、樂、書、數，始終佔着很重要的地位，而影響中國的教育，實至深厚。

第二節　六藝和中國民族性

六藝雖列爲小學鄉學的課程，但對中國民族性，具有孕育和培養的作用，而有密切的關係。換句話說，西周時代的中國民族性，可由六藝反映出它的面貌，有如下列三點：

（一）周代社會經濟生產，是在黃河流域的黃土平原，施行一種公田制度的小農業，導水潦，利陂溝，已有稍具規模的灌溉制度，如桔槔打水的方法，就是補溝洫的不足。耕土施肥，或用腐草，或用骨灰。除正常糧食的作物外，並有蠶桑、園藝、家畜的副業。「死徙無出鄉，鄉田同井。」安土重遷，鄉黨因而形成，社會關係秩序化。孔子所謂：「鄉人飲酒，杖者出，斯出矣。」（論語鄉黨）孟子所謂：「出入相友，守望相助，疾病相扶持。」（孟子滕文公上）像這樣的社會，已有相當進步，表現規規矩矩的生活。維持這種生活的中心，就是禮治。當時雖有刑政，但禮是教人好好生活，代替了法律。於是人和人的關係，家族和家族的關係，社會和社會的關係，天子和諸侯的關係，諸侯和諸侯的關係，由日常生活的生死、冠婚、飲食、應對，以至朝聘、賓客、出征、田獵、祭祀等，都有一定的規矩；違背了這些規矩，就是無禮。禮是根據人性誘導人情而制的：「因其好色而制婚姻之禮，故男女有別。因其喜音而正雅頌之聲，故風俗不流。因其寧家室，樂妻子，教之以順，故父子有親。因其喜朋友而教之以悌，故長幼有序。然後脩朝聘以明貴賤，鄉飲習射以明長幼，時搜振旅以習用兵也，入學庠序以脩人倫。此皆人之所有於性，而聖人所匠成也。」（淮南子泰族）社會秩序，不踰節，不侵侮，就應用這套方法建立它的基礎。禮有大祭、大喪、帥田、行役、鄉射、校比、皆聚衆庶；聚衆庶又為團結民族的社會活動。個人生活既然規矩化，團體生活也秩序化，歷史早期有這樣進步和嚴密組織的社會，又加以黃河流域地理條件的優異，故中國民族能逐漸壯大，賦有高度的強韌性，而為無可擊破的團體。它所佔有的疆土，雖然「夏后殷周之盛，地未有過千里者也。」（孟子公孫丑上）卻能抵抗蠻夷的侵略，並且將其同化，本體不斷擴大者，就是基於這種禮治所組成社會的力量。儒家崇拜這種力量，一面主張貫徹井田制度，積極生產；一面主張加強封建和學校，鞏固社會組織。故荀子謂：「儒術誠行，則天下大而富，使而功。」（荀子富國）就是這個意思。中國先民在這種環境下，保持它的和平性，樂天知命；忍耐而禮讓，因此民族特性不是急進。也不是怯弱，而是雍容不迫，中庸平易。爲着培養這種德性，涵煦這種人生觀，故以禮爲政教的極則。可是禮只是一種規矩的儀型，如果沒有樂歌以諧和配合，調劑性靈，則不免失之枯燥，流於剛傲。因此禮樂是相助相成，互爲濟用，樂歌施於政教，則使社會有藝術化的意向，移風易俗，潛化於無形。社會生活有規矩有興趣，合情合理，民族親愛，富有情感。古代以禮樂爲政教的最高準繩，實含有這種意義；中國民族性的優美，就是有賴乎禮樂的功能之所陶鑄。

（二）周代雖號稱統一，但戎、狄、蠻、夷，仍遍居中夏，故田賦出兵，經濟和國防合一，自衞不能一時或忘。武王伐紂後，「歸馬於華山之原，放牛於桃林之野。」表面上似乎偃武修文，但實質上武備融合於政教之內，國民的軍事生活，異常普遍。國家求治，雖然崇尚禮樂，而國家的威烈，仍以武功爲第一。尚書的泰誓、牧誓、武成、旅獒等篇，詩經大雅的文王之什、生民之什、蕩之什；頌的清廟、閔予小子之什、駉、那等章，多列武功之詞，作爲武化的靈魂。穀梁傳說：「古者雖有文事，必有武備。」（襄公二十五年）國家對於軍事訓練，在組織上寓兵於農，人民三時務農，一時講武，三年則大比，會萬民之卒伍而用之，以簡閱民兵之數。人民無事則校室講學，有事則治兵振旅，朝夕相親，可戰可守。

故孔子謂：「善人教民七年，亦可以卽戎矣。」（論語子路）這是通常民間的軍事教育。至於貴族和士大夫，平素有執射、執御、田獵、校閱、和干戚舞蹈，都是把軍事訓練寓入通常生活和學校教育之中。所以每一男子或士大夫，平時規規矩矩的溫文爾雅，一到戰時，都能執干戈以衞社稷，國民性格，文武兼通。故孔子門人，子路絕纓而死，冉求將魯左軍禦齊；墨學之徒，亦能救宋。習鬬爲男子之事（尚書大傳略說），大儒也應該知兵。社會習俗，生男懸弧，表示稟賦禦侮克敵的能力，不能射則辭以疾。以喪禮之大，三年之喪，已練可服金革，因軍事而禮也可變通。樂舞莫重於武宿夜（禮記祭統），故以武舞爲重，而萬舞是習戎備的（左傳莊公二十八年）。古代兵源，來自田間，井田制度賦予國民權利義務的平等，故田賦出兵，爲國民兵的基層組織。貴族或士大夫帶兵，車戰則重射，習射習御，以培養軍事幹部。井田制與射御有密切的關係。春秋以禮會民而射於州序，農隙閱車徒，射御寓入於禮儀，涵煦於歌樂，爲訓練的形式。後儒不明斯旨，以爲射御列於儀禮之中，僅作爲禮式的末節，孰知古代大閱、田獵、出師、獻俘，都有一定的儀式，不能單視爲禮的範圍和性質。所以井田制廢弛，田賦出兵的原意全失，射御教育也爲之一變了。

（三）古代文字，除通常應用於社會生活之外，涉於智識的範圍很廣，像天文、地理、動植物、礦物、物理、化學、數學、生理衞生、宗教、工商業等，零星名詞，所在皆有。而文字的進步，運用於情感方面和思想方面，像詩歌修詞，長短篇散文，記事載言，抒情論理，文字已能充份達意，達到完備的境界。至於數學，古代計算用籌，但對數理已進於高深的程度，由於天文曆數歲閏的計算，日月蝕的測算和紀錄，自然需要精密的數學。通常百工製器，建築測量，數學的應用更廣。大抵較深數學的師承，在於王官，而度量衡和普通算術，則由學校教師所傳授。中國古代數學家，著名的雖不及希臘之多，但程度上並無遜色。西方自中世紀以後，數學躍進，故能發展現代科學的途徑。中國後代學者，對於數學，尚未能接承前賢的遺澤，努力而發揚之，這是民族文化一個方向的問題。孔門教學，缺乏數理，和希臘的柏拉圖亞里斯多德不同，因此影響後代學術很大。即使理學家談格物，仰觀天文，俯察地理，遠取諸物，近取諸身，其觀察求取，即是窮極之義，但因缺乏數理的幫助，故格物也只變爲抽象的名詞罷了。然而周代文化，根本重數，古代測天占星定時曆，非有濃厚的數學興趣不可。井田制度，封疆建國，田賦稅畝，需用測量之學。而銅鑄鐘鼎，金石樂器，一切工藝，也靠精密的數學。所以古代中國的民族還是一個善算的民族；不只善算，而且對於數學，更普遍傳授。故六藝課程，書數同等重要。書是教人學習傳達思想的工具，數是教人解決生活的難題，都是屬於智識的範圍。如果看看中國人對於文學和數學的進步，可證明民族的智識，已臻相當發展。因此書數的列入課程，對於民性的陶冶，內容更爲圓滿了。

第三節　六藝和自由七藝的比較

西洋自由七藝（Seven Liberal Arts），遠古溯諸希臘羅馬，歷中世紀最爲發展，繼續以迄於近代，爲西方教育的傳統課程。自由七藝，波愛萃斯（Boethius, C. 475－524）把它劃分爲前三種（Trivium），卽文法、修辭、和辯證術；後四種（Quadrivium），卽算術、幾何、天文、和音樂。這七種通藝的定義：文法，是正確說話的科學，及文學的基礎。修辭，是善爲辭令的科學，應付思想表達的形式。辯證術（或論理學），是瞭解的科學，適應於爲考究與定義，爲解釋，和爲由僞辨眞，而爲科學的科學。算術，是數字的科學，根據它的本身而作數量的訓練，包括數字的要義和區分，爲幾何天文音樂的所需，並應用於商業，貿易和曆數的計算。幾何，一部份爲優異心靈的訓練，使智能敏捷和思想慧悟，一部份爲實用性，包括計算和量積，是不變的大小和形式的訓練。天文，是研究自然現象，授給星宿世界的法則，決定日月星辰的行徑，作時間的計算。音樂，是和音的實際智識，包括聲和歌，訓練音韻的諧和，及有關聲音的音律。這些自由藝，爲西方各級學校的基本課程，且認爲智識的工具，故在希臘時期，視作研究哲學的準備；羅馬時期，是爲演講的準備；中世紀時期，用作訓練個人以達一種優良生活，並用爲神學的研究。這種自由藝的採用，以中世紀爲最盛，普遍見之於基督教的預備學校（Catechumenal School），問答學校（Catechetical School），禮拜堂學校（Cathedral or Episcopal School），僧侶學校（Monastic School）等。其後巴黎、牛津等大學，也以它爲基本課程。歷文藝復興、宗教改革、實體主義（Realism）時期，自然主義（Naturalism）時期，以至現代教育，如美國初期各大學的課程，都以自由藝爲中心。並且其影響所及，包括意大利、法蘭西、德意志、英吉利、愛爾蘭、西班牙，東至拜占庭和敍利亞。前三種自由藝所代表的是文法，文法是初級入學的階梯。後四種所代表的是數學，則屬於高級的課程。至大學興起的時期，巴黎大學對於前三種，由文法轉而趨向於論理學。論理學和數學，爲推理的學科。故自中世紀以後，西方教育，即以論理學和數學爲骨幹，因此使思想精密，概念明瞭而正確，有思考力，判斷力，培植科學的基礎。要言之，西方自由七藝，是一種通才教育，爲純智識的訓練，所以自由七藝的傳統，歷二千餘年而不廢。

中國的六藝和西洋自由七藝，在古代教育的地位頗相似。六藝也可以分爲禮樂的前兩種，射御書數的後四種。禮樂是完成人格的教育，射御書數是訓練技能的教育。論語：「君子博學於文，約之以禮。」（雍也）而以禮爲教育上最高的目標，故禮是陶鑄中國民族性的模型，影響二千年的教育。徐幹說：「凡學者大義爲先，物名爲後；大義舉而物名從之。」（中論）教育上偏重大義，而忽視物名，因此禮樂爲重，射御書數爲輕。自孔門教人以後，雖仍以禮樂爲中心，而射御書數不講，其精神完全放在六經書本之上，二千年教育，都朝着這個方向走。禮，本來是社會組織的綱領；樂，是調協這種綱領的方式，本身雖寓有教育的作用，但內容理論尙覺單調，未能成爲鍛鍊思想的工具。因此由六藝教育轉入六經教育，學藝思想，範圍縮小，中國科學未能發展，就是這個緣故。六藝教育，大部份雖屬於技能，古代民族，賴此技能以爲生存之道，可是六藝之中，推理的學科，僅限於數，而數又放在最後之一位，思想辯證的論理學，付諸闕如，在智識性質上，自然比不上自由七藝的完備了。自由七藝的文法和修辭，雖相當於六藝的書，但文法修辭的內容，仍以正名為主，文法取其通理，修辭志在善辯，意義也和論理學相近。論理學的要義，柏拉圖說它是一切智識的最高研究，而為科學訓練的基礎。至於後四種的算術、幾何、天文，完全屬於數學的範圍，音樂也附屬於數理之內。希臘的最高智力，偏注於數學，故古希臘的哲學家，也是數學家。在數學之中，尤其精於幾何。柏拉圖認為幾何將引導心靈趨向於眞理，而創造哲學的精神。並且希臘的數學是獨立的學科，為人民的科學，人人可自由來開發它。總括來說，西方學術是沿着論理學和數學兩條大道發展，迨其發展的結果，因而產生科學。中國六藝，雖然列有數學，它的地位，不及西方的重視。六藝課程，不過應付現實生活，其理想的遠景，寄托在禮樂之上，而缺乏深思鑽研的精神。古代東西民族思想的差異，可由這種學藝以審衡之。

葡萄牙人西美度（F.A. Semedo），明末留居中國，西紀一六四零年以意文著有中國偉大著名的君主國史（The History of that Great and Renowned Monarchy of China）一書，於它的特別的科學和自由藝（Of Their Science and Liberal Arts in Particular）一章，列舉文法、論理學、修辭、算術、幾何、天文、和音樂，叫做中國的自由七藝。這種說法，並非正確。美國人丁韙良W.A.P. Martin），光緒六年（西紀一八八零年）任京師同文舘總教習，於其所著中國教育哲學與文學（The Chinese Their Education, Philosophy, and Letters）一書，認為禮、樂、射、御、書、數爲周代的通才教育，聯想起和中世紀自由七藝的三科（Trivium）與四科（Quadrivium）相類似。丁韙良氏的看法，較爲恰當。可是六藝和自由七藝的性質各異，因此應用爲學校課程的持續力也不同。假定由周初開始施行六藝教育，至平王東遷，「禮樂廢，詩書缺」的時候，六藝因而衰歇，則施教時間不過三百六十年。禮樂雖還留爲中國教育的中心，書數於後代也繼續講求，但六藝已不復完整地爲學校全部課程了。自由七藝，雖以中世紀爲最盛，表面上看，似乎也只施教八九百年，但自中世紀以後，學校課程，仍不離這些學科。直至近代，像美國的哈佛、哥倫比亞、耶魯等大學的創立，特別標榜這種通才教育。可見自由七藝的影響力，較六藝爲大。

第四節　六藝的評價

世界古代各民族，因其生活方式，社會需要，思想發展，和教育目的不同，故學校課程有別。古埃及教育，授課有法律、醫藥、修辭、數學、天文、建築工程、文學、藝術、宗教等。印度的婆羅門學，有四吠陀論，分爲壽（養生繕性）、祠（享祭祈禱）、平（禮儀占卜兵法軍陣）、術（異能伎數禁咒醫方）。佛教創興，七歲之後，漸授五明大論，一爲聲明（釋詁訓字，詮目疏別），二爲工巧明（伎術機關，陰陽曆數），三爲醫方明（禁咒閑邪，藥石針艾），四爲因明（考定正邪，研覈眞僞），五爲內明（究暢五乘，因果妙理）（大唐西域記卷二）。希伯來則爲音樂、詩、法律、天文、數學。古希臘時代，斯巴達教育，爲運動與軍事訓練，道德社會公民的習慣，法律、跳舞、音樂。初期雅典教育、爲讀、寫、算、音樂、運動訓練、軍事技能、公民道德。後期雅典教育，爲讀、寫、算、運動、文法、修辭、哲學。至於希臘的學者，蘇格拉底列課程爲體操、跳舞、幾何、天文、算術、心理、及倫理。柏拉圖定小學教育爲體操、音樂、及文學（文法）；中等教育爲算術、幾何、天文、及音樂。亞里斯多德對於中等教育的課程，第一爲實習性，體育及體操；第二、創造性，音樂、圖畫；第三、理論性，文法、修辭、辯證術、算術、幾何、天文。由上述的課程來說，從性質上分類，不外智仁勇三者；從內容上分類，則以文法、數學、倫理、和體育最爲重要。中國六藝，雖然因應當時社會的需要，也暗合民族智力自然發展的原則。如果保持平衡發展，不是偏輕偏重，那麼，中國文化自向另一方向進展，故六藝對於民族教育的培養，可以說是相當完美。

六藝教人，陶冶民族性，是尚實的、勤勞的、進取的、鬪爭的、和深思的。禮樂是教人規規矩矩享受諧和的社會生活，淺近的地方，雖然爲日常生活的矩範，和社會交際的儀容，但精深處包括哲學、宗教、政治、法律、道德、倫理的意味。這些學科，統屬於禮樂的觀念和範圍之內，是以仁爲中心的。射御是教人端端莊莊的姿態，寓軍事於通常體育和運動競賽之中，雖不表露鬪爭的形式，而寓有尚武的精神，這和斯巴達教育相近，但中國以尚武僅爲教育的一種因素，並非像斯巴達放在第一位。柏拉圖認爲體操當作道德的及體格的訓練，性質上大部份屬於軍事的。射御的目的，也有些相似。它的鍛鍊體格，崇尚競爭，保持作戰的習慣，培養勞動的活力，而爲一種軍國民的教育。書數是教人讀寫和計算，純爲智識的範圍。每個人對於自己所應用的文字，必需了解精通，爲傳遞思想意志的基本工具。印度的聲明，西方的文法修辭，中國都把它包括在書之內。認識六書，釋詁訓字，漸進爲文學修辭，這是文字學習的階梯。同時每一個人，又需要學算，爲生活上必需的能力。高深的數學，爲測算天文曆數，建築工程，工匠製器；但通常生活上度量衡以至農事貿易，無一不需要計算。六藝有數的一門，證明古代應用數算，似很普遍，因有這種需要，數遂列入學校的課程。古代的正德利用厚生的理論，後儒引爲實用教育的根據，故兵、農、錢、穀、水、火、工、虞之學，都是不離數理的。這樣說來，書數是學習智識的門徑，應付生活的技能。

世界教育史上，古代各民族，爲着環境上實際的需要，和思想自然進展的結果，都有他們自己的通藝，列爲學校的課程。中國古代教育，自然也是一樣。禮、樂、射、御、書、數，每一種學科，當然有它的價值。這些價值是陶鑄中國古代靑年，團結於共同生活，而成爲有道德、有活力、有智慧的民族。孔門以四術教人，後儒秉承孔子遺敎，以六經爲教育的內容，這是教育上一種高級專門的書本學問，等於私立的專修學校，與六藝原有的教育雖像有些偏差，但以禮樂爲中心，學旨總是相同的。其次，後代儒家，有主張理學的，是側重禮樂；而主張實學的，每側重書數，都包括在六藝之內。故六藝實爲中國古代教育一套完整的課程，當時列爲小學鄉學的教材，也是代表中國民族的基本思想，這是民族教育的一條大道，由道德、活力、智慧的三位一體，來構成這種通才教育，它的目的，不能說是不正確。它的內容雖然簡單，却具有充份的教育意義，這是研究教育史者所應重視的。

中華社會科學叢書

六藝通論(修訂本)

1912

作　　者／劉伯驥　著
主　　編／劉郁君
美術編輯／鍾　玟

出 版 者／中華書局
發 行 人／張敏君
副總經理／陳又齊
行銷經理／王新君
地　　址／11494 臺北市內湖區舊宗路二段181巷8號5樓
客服專線／02-8797-8396　　傳　　真／02-8797-8909
網　　址／www.chunghwabook.com.tw
匯款帳號／華南商業銀行　西湖分行
179-10-002693-1　中華書局股份有限公司

法律顧問／安侯法律事務所
製版印刷／維中科技有限公司　海瑞印刷品有限公司
出版日期／2017年7月再版
版本備註／據1977年9月修訂初版復刻重製
定　　價／NTD 350

國家圖書館出版品預行編目（CIP）資料

六藝通論 / 劉伯驥著. -- 再版. -- 臺北市 :
中華書局, 2017.07
面 ; 公分. -- (中華社會科學叢書)
ISBN 978-986-94068-7-1(平裝)

1.教育 2.中國

508　　106008212

NO.F1012
ISBN 978-986-94068-7-1（平裝）